重新定义培训

让培训体系与人才战略共舞

何欣 著

中国法制出版社
CHINA LEGAL PUBLISHING HOUSE

推荐序

欣闻何欣先生的新书《重新定义培训：让培训体系与人才战略共舞》即将出版，在此首先表示祝贺：希望这本从业务视角出发分析及建设人才培养体系的书籍，能够真正地从实操、落地的角度给读者带来启发和新思维，跳出“专业的深井”，真实地思考业务战略、业务指标之下的人才管理及培养体系建构的问题。

有大量的人才培养类书籍仅就专业谈专业，忽略了一个基本的共识：所有人才工作的基本前提，都是助推业务战略落地及指标达成。我想，这也是多年前我跟何先生在北京一叙之后达成的共识。作为一个 HR 老兵，很开心在这本书出版前写上我阅读后的体会和心得。

这是一本写给卓越的培训及人才管理者的原创经验集，这是一本笃信培训的专业来自与业务有效联动的工具书，这是一本融合了“互联网+”思维的培训运营手册，它凝结了一个从业 16 年的世界 500 强企业大学校长、职能部门总经理的重要心得，并且还能把各种实操性要素总结为工具图表并毫无保留地奉献给读者，这一点我认为相当难得。比如，关于 HR 应该如何有效与业务单元互动，作者就有自己独特的见解，独创性地总结出 HR 与业务部门有效联动的五大方式，即通过“上级承诺、效果实证、业务转岗、条线对接、难度下降”形式有效实现联动，这是 HR 工作的起点。

此外，这本书采取了一个极为紧贴业务的视角来展开内容。从一开头，作者就明确表示“人才战略的根基是业务战略”，并将人才战略需要回答的五大问题系统、全面地整理出来。这个独特的观点，不同于过去只从培训技巧入手分析人才培养，它更加有高度和战略视野，更能清楚地启发大家对培训体系的上游——人才战略的全盘思考。知道我们的起点在哪里，我们才能更好地思考终点。

同时，为了让大家更好地理解企业的人才战略，作者从人才战略实施技能的角度，结合自己多年的人才管理经验及对市场、企业战略的了解，为大家完整地总结出人才战略关键技能罗盘——由市场趋势、公司战略，到人才战略的外延及内涵技能。这是一个很有深度的原创，也是一个真正从市场端到人才端的管理框架。对这个罗盘，作者也做了很详细的分析，这里面的很多关键词，如“选跑道、选选手、选 KPI”等，我认为只有多年从事企业管理且有相当战略视野的人才能有效提出并分析出来。由人才战略的分析，落到培训体系的建设，这是一种客观的、上下承接的有效关系。

从一些观点上来说，作者的很多关于人才管理、业务视角的看法，我也非常赞同。例如，作者写道，“老板对人才的关注就是满足业务需求的人够不够多、好不好用，即人才供应链，这是结果；而‘大而完备’的培训体系，只是过程手段，与这个结果没有必然联系。千万不要盲目追求专业上的完备性，而忽视了老板需求的精准性”等。没错，只有从公司整体、业务本源去看，我们才能真正建立起人才培养的战略思维，做到密联业务。

从关键人才培养的角度，作者将其切分为关键管理人才、关键业务人才的培养，讲到了管理者成长的“五个看”、业务人才成长的“师带徒”等内容，体现了极其全面的人才培养体系建构经验。

在整本书的逻辑体系当中，培训体系建构的关键在于从业务痛点出发，作者在详细分析“柯氏四级评估”优劣势的基础上，原创性地提出了个人的观察——全员需求调研的“532 模型”，这个模型和我们多年从事 HR 工作过程中总结的企业的痛点、尖叫点相一致。在互联网时代，无论前台、后台，都要有产品意识，有效地抓住客户的需求进行产品的设计，是产品工作的原点。

从模型、工具的视角来看，这本书里面有不少实操性很强的关键模型，如“关键岗位打造五步法”“三位一体式行动学习系统创新”等，而在全书结尾处的“五大紧贴业务的企业人才培养工具”“面向未来的八大培训能力”是对人才培养者能力的很好的总结，我相信读者在仔细阅读的时候，会时常和作者的观点产生共鸣。

看得出来，何欣先生在整本书的经验分享上，是下了相当大的功夫的，如果这是一部电影，我想用一句话来形容它——没有“尿点”。希望读者在翻开这本书的时候，也能够体会到作者的用心和细致。

著名人力资源专家

贺清君

自 序

如果你想要画出树枝的样子，那你要先去听听风的声音。

这本书是我对过去近 20 年从 500 强外企、央企到民营企业的人才管理、企业大学建设工作的经验总结，整条主线是按照“从业务战略到人才战略，再到培训体系建构”这一从业务出发的视角来推进的。在大家进入这本书的正文之前，我想先就人才工作的四大关键问题跟大家谈谈我的看法。

第一，什么是“人才战略”？

这是一家公司除了业务战略之外最主要的考量要素。人才战略就是企业管理者通过战略性的人才规划及前瞻性的管理，确保组织能力与工作流程能够在适当的地点、适当的时机可持续地提供适当的人才，以满足短期及长期的商业目标。简单来说：人才是最应该先行的业务。对人才的思考，应该是一种战略性、前瞻性的思考。关于对“人才战略”的全局思考，我会在第一章与大家进行探讨。

第二，人力资源工作的价值是什么？

我想这也是很多同行在思考的问题。在我的实践观里，人力资源工作的价值分为直接和间接两大部分。用一句话来说，人力资源工作的价值，是直接打造企业的人才供应链，进而间接支撑业务战略与指标的落地。如果你把人力资源的每项工作都直接用业务指标来测算，就会发现自己是在将后台职能价值与前台职能价值直接画等号，我想这是很多人力资源从业者对价值苦恼的根源。

第三，什么是“人才供应链”？

试想，如果你是公司老板，当你打算做一个新的项目或者进入一个新的区域时，你的脑海里想的是什么？这个问题我问过许多业务管理者，主要答案可归结为4个方向：战略方向对不对、指标如何能达成、有没有人、人是否好用。而“有没有人＋人是否好用”，指的就是人才供应链——这是人力资源的关键业务成果，无论你把人力资源切分为传统的六大模块，还是按照业务流切分为“选育用留”，抑或是按照业务功能切分为“三支柱”，它都是这件事的本质。人力资源工作是以人为核心，以业务为动力的。因此，务实地界定自身存在的意义，是所有人力资源工作的原点。

第四，人才培养工作的目的是什么？

简单来说，人才培养工作是通过对人才供应链的“数量缺口补充＋产品品质打造”来支撑公司的战略和运营指标落地的。数量缺口补充，就是为了应对业务发展带来的“有没有人”的问题，人才梯队、后备干部队伍、管理培训生项目等都属于这一类；产品品质打造，就是为了应对随之而来的“人是否好用”的问题，在职人员专业技能培养、问题研讨、新员工适岗、干部晋升后的培训等都属于这一类。对于很多人头疼不已的人才培养价值呈现问题，除了对传统的四级评估优劣势进行分析并提出操盘建议之外，我在书中也提出了一个自己的实践名词——“人才出栏率”。

这本书的编写，汇集了我对人才培养体系与业务工作联动的大量分析，我尽可能将它们整理成简单易懂的工具表格。在提出对上述四大问题的观点之后，我想用书中的一张工具表开门见山地提出HR与业务部门有效联动的实践性思维：

《HR与业务部门有效联动的五大方式》

方式标签	方式释义	关键能力	时间需求
上级承诺	通过撬动更高一级管理者的影响力，在权力端推动业务管理者介入	考验对更高一级领导的沟通能力	短
效果实证	通过呈现实际参与或未参与后达到的效果（成功或失败的案例），来说服业务管理者介入	案例选取要客观、有说服力	中

续表

方式标签	方式释义	关键能力	时间需求
业务转岗	HR与业务部门相互转岗，有助于HR团队本体加强对特定业务的认知	转岗要控制好时间，总结复盘	长
条线对接	按照业务条线对接工作，通过日常的协同性工作，加强认知并强化彼此的工作理解	对人员编制有要求，可兼任	长
难度下降	在对接的时候，主动分解、承担起一部分专业性工作，让业务部门专心发挥其专长	区分协同工作中不同的专业项	短

这本书中提供了超过50个类似的工具及其分析，全部来自于我在家乐福、华润、万达、碧桂园、平安这些世界500强企业的工作实践总结。“说自己做过的、做自己说过的”，这是写这本书的原则。同时，这本书里也加入了我对于“互联网+”环境下培训体系建设的一些思维。

从2010年左右，移动互联网席卷了所有行业，业务嗅觉灵敏的创业者创造了大量的互联网服务、科技和金融公司。作为培训从业者，真正走向互联网的时间很短，至少是在互联网业务兴盛了5年后，随着智能手机、移动社交APP等互联网软硬件的兴起，部分培训从业者才开始逐渐借助移动互联网进行培训的设计、实施等关键环节，实现真实意义上的O2O式学习。从过去只依赖PC端的E-learning，到基于微信等移动社交的“社群学习”，再到现在日趋成熟的移动学习APP、在线直播等，形式上可谓百花齐放。但是万变不离其宗，“互联网+”只是个壳，培训的本质未变——培训的任何创新必须来源于战略和业务，最终落地服务于战略和业务。

我将这一思路总结为三句话：客户化运营，专业化生存，项目化运作。

与大家共勉。

何欣

目录
CONTENTS

第一章

人才领航：**对人才战略与人才供应链的基本思路**

第 1 节　HR 基于人才战略的定位思考：人力资源的三大“原罪” // 003

第 2 节　人才供应链的数量和质量是人才战略的关键 // 009

第 3 节　人才战略还要锁定“关键岗位”，建设“培养基地” // 012

第 4 节　人才战略需要回答的五大问题和基本过程 // 015

第 5 节　人才战略关键技能罗盘：人力资源从外到内的整体思考 // 017

第二章

人才引爆点：**关键岗位打造五步法**

第 1 节　关键岗位打造五步法之一：界定 // 022

第 2 节　关键岗位打造五步法之二：供给 // 026

第 3 节　关键岗位打造五步法之三：识别 // 030

第 4 节　关键岗位打造五步法之四：培养 // 033

第 5 节　关键岗位打造五步法之五：评价 // 035

第三章

谁是真的用户：**跳出培训规划及需求设计的“天坑”**

第 1 节　关键思维：谁是真的用户 // 040

第 2 节　关键思维：意愿不等于行动 // 043
第 3 节　重要工具：基于“532 模型”的需求调研法 // 045
第 4 节　重要工具：战略推演法 // 054

第四章
选、育、用、留：**打造内部讲师平台生态圈**

第 1 节　选：谁来做、做什么 // 060
第 2 节　育：怎么做、什么要求 // 068
第 3 节　用：日常激活、动力激励 // 076
第 4 节　留：讲师池动态管理 // 080

第五章
源、点、线、面：**基于客户的培训项目运营手册**

第 1 节　前端手册：培训项目需求管理及立项（源）// 085
第 2 节　中端手册：培训项目设计及交付（点 + 线）// 095
第 3 节　后端手册：项目效果、教学复盘、能力提升（面）// 101

第六章
有用：**从数量、质量双维度看人才培养的效果**

第 1 节　对四级评估的应用级建议 // 107
第 2 节　“人才出栏率”：从人才供应链数量角度思考培训的价值 // 113
第 3 节　从“满意度”到“有用度”：从人才供应链质量角度思考培训的价值 // 117

第七章
三位一体：**项目总培养策略的三大驱动要素**

第 1 节　知己知彼：项目总在组织中的定位和工作模式 // 126
第 2 节　全面 + 视野 + 聚焦：项目总培养的“三位一体”// 128
第 3 节　协同作战：对项目总培养协同操作的思考 // 138

第八章
多维度：**管理者成长的“五个看”**

第 1 节　向上看：领导、一把手 // 142
第 2 节　向下看：下级管理者、员工、职场小白 // 143
第 3 节　向同行看：本公司、其他公司、其他行业管理者 // 146
第 4 节　向专家看：外部专家、讲师 // 149
第 5 节　向自己看：自身 // 150

第九章
师带徒：**企业师徒制的建设与效果落地**

第 1 节　专业岗位师傅 // 155
第 2 节　新员工导师（带岗人）// 162
第 3 节　管理者导师 // 171

第十章
系统化、职涯化、三件套：**学习地图在专业岗位人才培养中的应用**

第 1 节　系统化 + 职涯化：对学习地图设计工作的有益实践 // 177
第 2 节　F 计划：员工全生命周期学习管理 // 185
第 3 节　“三件套 + 六个凡是”：打造专业学习地图的全方位应用 // 187

第十一章
学习经验 + 避免犯错：**智慧型组织案例建设**

第 1 节　一个商业案例、多个解读角度：对商学院型案例系统的分析 // 195
第 2 节　战略、组织、个人：小微案例的萃取及建设思路 // 199
第 3 节　“11130 教学法”：启动微课案例核武器 // 205
第 4 节　天下粮仓：企业案例系统的管理及应用 // 209

第十二章

战训结合：**三位一体式行动学习系统创新**

第 1 节　关于三位一体式行动学习系统的原创思考 // 217

第 2 节　主题作业：基于项目问题解决的行动式学习 // 221

第 3 节　战训结合：基于业务管理实践的行动式学习 // 227

第 4 节　ALRM：实战式行动学习地图 // 231

第十三章

创新不止步：**五大紧贴业务的企业人才培养工具**

第 1 节　动态问题挖掘工具——雷达侦测 // 236

第 2 节　客户化运营工具——前台打分 // 240

第 3 节　能量开发工具——“雁过拔毛” // 242

第 4 节　资源供给工具——产品说明书 // 245

第 5 节　“空降兵”工具——生存宝典 // 247

第十四章

未来已来：**面向未来人才培养的思考**

第 1 节　管理者承诺：HR 密联业务的五大方式 // 254

第 2 节　面向未来的八大培训能力 // 256

后记// 257

第一章

人才领航：对人才战略与人才供应链的基本思路

苹果公司 CEO 库克曾经说过，我每天、每周、每月、每年都在思考三个问题并把它们放进三只水桶：人、战略和执行。作为在人才培养行业摸爬滚打 15 年的老兵，在我的眼里，战略是人依据“市场趋势、竞争对手、政府政策”三项要素制定的，而战略制定和执行落地的主体就是人，因此我一直认为这三个问题中最重要的是人，如果你没有把这一项搞对，无论在其他两项上花多大精力，都好似给一个羸弱的身体狂吃人参，根本不受补。对人才的界定、供给、识别、培养、评价这五大工作，重在日常，是一种过程性管理，而非结果管理。简单来说：人才是最应该先行的业务。对人才的思考，应该是一种战略性、前瞻性的思考。

什么是“人才战略”呢？简单来说，人才战略就是：企业管理者通过战略性的人才规划及前瞻性的管理，确保组织能力与工作流程能够在适当的地点、适当的时机可持续地提供适当的人才，以满足短期及长期的商业目标。

在这里，有两个重要的关注点。

第一，一个必要的前置条件：企业决策层（即管理团队）是人才战略的“天花板”。人才战略是否能够紧贴公司战略、是否有组织纬度的精力投放，主要的制约因素在决策层。如果决策层在制定公司战略的时候仅仅依靠市场判断、完全不考虑人才因素，将会直接导致人才战略对公司战略的支撑不力。比如，看好一个市场，有财力支持（风投 / 银行）、有资源支持（研发优势），但在现有人才的数量（够不够）和质量（好不好）角度没有充分思考，那么对应的市场策略、产品线策略、竞品策略将很难开展成功，甚至会被占有兵力优势的竞争对手在战场上“吊打”。因此，管理团队对人才战略的关注及参与，是人才战略成功的第一要务。需要提醒的是，作为管理团队的一员，HR 的一把手，也就是管理团队内部最直接的人才战略推手，需要在充分理解公司战略意图的同时，用最快的速度、高质量地和老板及其他管理团队成员在人才战略工作方式上达成共识，然后快速推动 HR 与业务团队协同作战。

第二，软硬结合的两大抓手：组织能力与工作流程。其中，组织能力是人才战略的软性要素，是战略成功的人性基础；组织能力的背后，是人性。所谓"蓝天之上，其实都一样"，人的本性是由"恐惧（敬畏心）+ 贪婪（进取心）"两个要素组成的，我们对这两个要素的影响，最终决定了组织作战能力的大小。工作流程是人才战略的硬性要素，它包含人才战略的一系列决策过程与支持机制，当我们明确了人才战略的内容之后，就需要将其中的重要步骤固化为工作流程，进而使组织内的相关部门、人员有效地参与进来，相互支撑。

第 1 节　HR 基于人才战略的定位思考：人力资源的三大"原罪"

关键词：万能的救世主、"密联业务"的幻觉、员工满意度陷阱

在思考未来人才战略的过程当中，我们需要关注三个关键词：人才供应链、关键岗位策略、培养基地。

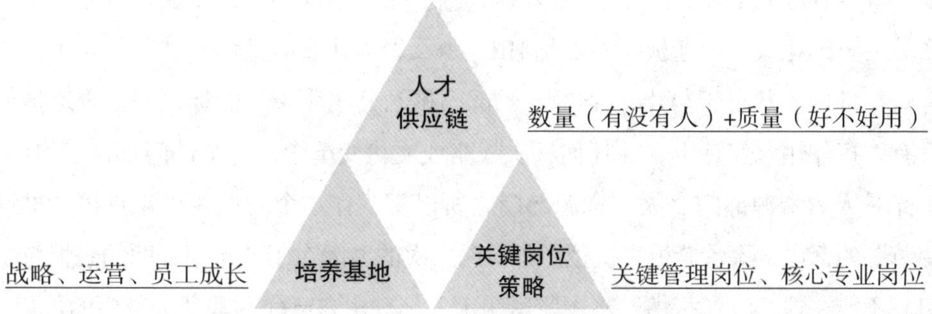

图 1-1　迈向未来的人才发展战略的三个关键词

第一个关键词，人才供应链。这是人才培养工作的直接目标，可以说，人才培养工作是通过对人才供应链的"数量缺口补充 + 产品品质打造"来保障公司的战略和运营指标落地的。人力资源工作者在定位时很容易犯的错误，就是将人力资源工作的成果盲目拔高，造成价值验证的极度困难。比如，前几年动辄出现的 HR"推动公司战略转型、文化变革"项目，看起来专业性十足，但真的是这样吗？

- **人力资源三大“原罪”之一：万能的救世主**

多年前我入职一家公司，在进行从重资产向轻资产模式转型时，该公司将自身的很多商业项目交由社会众筹，而公司自身转为资产运营方。当时作为培训副总的我就带着团队思考我们应该从培训角度设计怎样的项目来助力公司的这项业务变革。讨论了一周之后，我们将名为《×× 学院：助力公司轻资产转型》的项目方案提交给了总裁办。三天后，总裁办秘书将方案附上总裁意见返还给我们，上面赫然写着三个字“有点大”。当时我们就猜测这三个字的意思，是说预算有点多？人员覆盖面太大？还是说调子定得有点高？带着思考又讨论了一周之后，我们将项目略作调整后重新递交，题目改为《×× 学院：助力公司轻资产转型下的人才培养》。这次只花了一天，总裁办秘书就将方案返还，并附有两个字：同意。

为什么同意？为什么上一个方案“有点大”？其实原因很简单，公司的任何战略调整、业务变革、文化转型都是自上而下的，其根源在于老板做这件事的动力和资源，而各部门只是各司其职、助推落地。换个角度思考，如果没有HR、没有企业大学，老板要做业务转型，能不能做？显而易见，只要老板的判断正确、资源充足、实力强劲，做战略、业务的转型就不困难；公司战略、文化变革的“天花板”是老板，而不是 HR。那么，为什么信息化、财务、审计、PR 等管控部门不热衷于打出一个“×× 部门推动公司变革”的标语呢，难道他们没有发挥作用？实际上，在任何一次战略或文化变革中，各个部门都在起作用，不光是人力资源部门。人力资源部门之所以喜欢在这个时候跳出来打出“推动变革”的标语，除系老板直接授意外，深层次的原因在于“价值证明的恐惧感”：担心不能在这一波“行情”当中紧密跟上并体现出自己作为非业务部门的价值。

那么 HR 在公司战略、业务助推当中到底起了什么作用呢？

我的答案是：人才供应链。

在某公司总部应聘学院院长的时候，集团副总裁问过我一句话：“你来做学院院长，能让学院起什么作用？”我下意识地回答了一句：“能够帮业务解决问题。”他反问我一句：“你能帮业务解决什么问题？”我回答：“帮助解决业务痛点和组织发展问题。”他又问：“如果我们的区域总经理自身的专业性足够，能够直接解决业务问题，而他们同时又是区域团队建设的第一负责人，那么培训学院起的作用到底是什么呢？”这句话当时给了我很大的压力和启发，也让我想起几年前那个“有点大”的问题，让我陷入了沉思。

是的，人力资源工作者很多时候容易犯的错误，就是将人力资源工作的成果盲目拔高，造成价值验证的极度困难。比如，人力资源的任何工作，都要直接和业绩、销售挂钩，市场趋势好，则人力资源有用；市场趋势不好，则人力资源无用，似乎人力资源必须乘着“东风”才能生存。

短暂思考之后，我回答：“我做学院院长的目的，是通过对人才供应链的数量缺口的补充，以及对在职管理干部质量水平的提升，来达到保障公司战略落地和指标达成的目的。”听到这句话，他看看我，回答：“好，你去做吧！”

人力资源工作是以人为核心，以业务为动力的。因此，务实、落地地界定自身存在的意义，是所有人力资源工作的起点。人力资源工作者应关注自身能做什么、能达到什么效果，而不应盲目拔高、取代业务成果、职责或认为自身可以直接成为战略的推动力。人才供应链，就是人力资源工作的核心；如何通过“选育用留”，补足人才供应链的“数量＋质量”的缺口，是任何人才工作者都需要认真思索的问题。而人力资源工作的“原罪”，第一是认为自己就是“万能的救世主”（盲目拔高、与业务抢成果），第二是创造了一种“密联业务”的幻觉。

- **人力资源三大“原罪”之二：“密联业务”的幻觉**

五年前，有另外一个企业大学的院长带着团队来我这边参访交流，其间他抛出一个观点：“我认为所谓的HR密联业务，有一个非常突出的表现，就是我们的人资同事去业务线领导那里，可以聊两个小时业务，而不聊人资。”那一刻，我突然觉得眼前这个人和我在两个维度思考问题，我忍不住反驳了一句：“如果这就是HR密联业务，那只能说明一个问题，就是你们的业务部门的专业太水了。”这样说的理由是什么呢？

任何公司都是一种权力或专业职级架构，任何业务部门由下至上都有类似专员、主管、经理、总监、副总、总经理这样的梯级架构。一个业务部门的新任专员之所以能成为专员，代表他至少在学生时代学过类似的专业（3—4年），那么他需要多久才能成长为经理呢？再快也要3年左右的工作时间，再往上就必然需要更长的时间。一个基本没学过相关专业，也几乎没有相关专业工作经验的 HR，凭什么跟对方的部门领导对话两个小时的业务，而不聊人资呢？这种类型的对话，本身就类似于“十万个为什么”，类似于小孩子向父母求科普性质的发问。你认为是在对话，但在对方眼里，其实就是一场非常皮毛的、来自水平差异巨大者的“讨教”而已。如果你真的能用两个小时和对方水平对等地交流业务，那么真是只能说明贵公司的业务太水了。这样的 HR，很明显是缺乏一种对业务专业的“敬畏心”。试想，如果一个做产品研发的经理，走到人力资源部要跟你聊两个小时的“STAR”“人才盘点”“薪酬分位设计”而不聊业务，估计没有一个 HR 会相信。过往我学院的有些同事，找到业务部门经理，名义上是想“交流”，实际上也就是这种“讨教”。所以业务部门对 HR 这种水平的“对话”不耐烦也就是情理之中了。

我接着问他：“你们两个小时的对话，聊了些什么？”他说，“我们会问他：‘× 总，您这个部门今年业绩情况怎么样？团队人员稳定度如何？执行力有没有问题？哪些地方需要我们支持……’”很显然，这个场景就是典型的“十万个为什么”和“求科普”，试想，坐在对面的那个“老司机”，在那一刻又做何感想呢？

• **人力资源三大“原罪”之三：员工满意度陷阱**

人力资源的第三个“原罪”，叫作“员工满意度陷阱”。实际上，这里牵扯出一个问题，就是 HR 在对内管理上，关键精力应该“向上看”（重点看老板和战略），还是“向下看”（重点关注员工满意度）。我在一家企业担任学院院长的时候，一个区域的 HRD 来电问我：“院长，我们区域准备做一次团队建设，您经常组织一些公司层面的活动，给我们个建议吧！”

我问她：“你原计划做什么团建活动？”她说：“我安排小伙伴们问了办公室的员工们，他们都很高兴，有的说想去野营登山，有的建议去卡拉 OK，还有的说想去国外，有个别员工问如果地点远了会不会派车，还有员工问能不能带亲属一起参加。所以，我们想做一次户外的团建活动，大家去远足、露天烧烤、唱歌，这样应该很开心。”听到这里，我后背一阵阵发凉，忍不住问：“你确定要这样操作吗？”她说：“院长，其实我也困惑，这样老生常谈的团建方式是否足够好，我想听听您的建议。”我说：“这不是好不好的问题，如果你问我的建议，那么我建议你再找两类人问一下。一类是各部门的总监或副总，另一类就是你们的大老板。”

这位 HRD 在当天下班前给我回了个电话，她说：“院长，我问了您建议的两类人。首先问了几个部门的副总，其中管规划设计的刘总说，他们部门日常和营销部门经常有一些业务上的 PK，而且除了业务工作之外大家来往不多，所以他建议在这次团建的时候能够让这两个部门同事穿插在一起活动，增强感情；另外他们部门平时有很多人出差，这次难得聚在一起，也给他们一点时间，在轻松的环境里做一下工作复盘。然后我问了区域总经理张总，张总说这次团建很好，应该早点举办。区域这半年人员流动比较大，趁这个机会大家可以好好地融合一下；另外这半年新入职的同事不少，到时可以找一个放松的环境，比如游泳池、会所等，每个部门选一位新员工代表跟他交流一下，让他多了解一下大家；还有，这次不光是玩，最好还能够找一个外脑，跟大家分享一下行业发展的新动态；最后，这次活动一定要办出质量，如果费用上有问题，随时来跟他汇报，他会向财务打招呼……”我问她：“现在，三个层级的人给你的意见不太一样，你听谁的？你此刻的想法，还是去远足、烧烤和唱歌吗？”

从上面这个案例里，大家不难看出，HR 的很多活动的指向，实际上来自一种组织的需求，而组织是分层级的，对于“高、中、基”三个层级来说，我们应该如何去看呢？经过大量的工作实践，我总结出来一个“532 模型”，可以反映出我们在工作定位时候的关注点。

表 1–1　全员需求调研的“532 模型”

定义层级	对应职级	客户痛点	客户尖叫点	调研有用度
高层	总经理级、总裁级、老板	组织战略及运营方向	利润上升、市场取胜	50%
中层	部门经理、总监、副总级	部门管理及业务目标	绩效达成、团队提升	30%
基层	专员、主管、技术骨干	个人成长及专业技能	能力提升、领导认可	20%

在我们设计人力资源相关活动，如招聘、培训、团建等活动时，公司的中高层才是我们真正的“大客户”，由于每个层级的“痛点”“尖叫点”不一样，我们必须有所取舍。公司的高层决定了你做这件事的方向，中层决定了你做这件事的内容，而基层的建议可以做一些形式上的补充。关于这个模型及使

用方式，我会在第三章里跟大家详细交流。

为什么我会说，“员工满意度”是一个陷阱呢？上面这个案例是个很鲜活的例子，员工提出的很多建议都是活动的形式，可如果我们只在形式上做文章，甚至花大价钱在形式上，那么必然离业务内容、战略方向越来越远，做多错多。《乌合之众》这本书里有一个比较现实的观点：在我们的社会群体当中，总有这么一群人，他们无法掌握个人的命运、生活规划，却总喜欢给他人提建议。为什么根据员工需求设计的培训，在安排了课程后员工却不来呢？真的是他所说的“很忙”吗？即便是真的，他为什么而忙，他的行动力是受谁控制的？显然，部门管理者和公司高层起了很重要的作用，他们对员工的工作安排控制了员工的行动力。因此，任何 HR 工作，如果着力点只是奔着“员工满意度”去走，那么很遗憾，即便是全体员工对你这个 HR 的满意度都是 100 分，你依然有可能被老板淘汰或边缘化，因为你并不贴近业务，忽视了战略实施对组织能力的真实要求。所以，HR 应该重点“向上看”。

上面这个故事还没结束，在这个团建活动结束之后，我正好去这个区域给他们开管理会议。从现场来看，这位 HRD 在会议组织、行政接待方面非常出色，大家对她评价都不错。但在会议结束后，我和区域总经理单独吃饭聊天的时候，他突然跟我说：“院长，你长期在总部，帮我物色一个优秀的人事总监吧。”我吃了一惊，装作镇静地问他：“你们不是已经有一个人事总监了吗？怎么，不合适？”

他接下来说的话很有意思：“我需要的，是一个能帮我解决问题的 HRD，不是一个居委会大妈。”

什么是居委会大妈？负责居委会里的家长里短、杂七杂八的琐事，离战略、业务很远；虽然她令员工满意，但随着时间的推移，依然逃脱不了被业务出身的领导淘汰或边缘化的命运。那一刻我想了很多，关于我们工作的定位、我们的价值呈现，为什么总会有人“吃力不讨好”，我想这是最大的原因。HR 管理者应该重点向上看，不要从行政角度找价值，而要从业务内容的关联性上思考自身存在的意义，这才是 HR 密联业务的本源思考。

第 2 节　人才供应链的数量和质量是人才战略的关键

关键词：三大供应链工具、“人才出栏率”

在公司参加一次集团高管会议的时候，我和几位区域总经理做了一次交流，主要话题围绕新区域建立首要考虑的几大问题。印象最深的一句话就是：当我们开拓一个新区域的时候，最先考虑的是两大因素，一是战略落地与指标的达成，二是人才与团队。

我很感兴趣，问其中一位：“在人才与团队中，你最需要什么？”

他说：“足够的人才，合适的人才。”

另一位插了句话：“没人，谁干活？没人，谁能干活？”

足够的人才，就是人才的数量问题（有没有人）；而合适的人才，就是人才的质量问题（好不好用）。一句话概括，业务线总经理对人才问题关注的本质是：快速找到合适的人才以组建起持续的、有战斗力的团队。这，就是人才供应链。

- **三大供应链工具**

反观 HR，我们有哪些能够支撑业务线人才需求的工具呢？从商业管理的视角，可以主要分为三个渠道：Buy（招聘）、Build（培养）、Borrow（借用）。以下做一个简单分析：

表 1–2　对人才供应链三大工具的效果分析

人才供应链工具	速度角度	成本角度	精益角度
Buy：招聘	高	高	中
Build：培养	中	中（可以通过实践）	高
Borrow：借用	高	低（一线居多）	中

招聘端大家都很熟悉，看起来在补充人才上速度很快，那么是否更精益呢？实际上我们拉长时间来看，在企业内通过人才梯队成长起来的骨干，看起来花了一定的培养时间，但完成了与企业磨合和技能落地的过程，对企业的适配度、忠诚度更高，流失的概率也较低；而外部招聘的人才虽然到岗速度更快，但需要花时间去与企业磨合，还有一定的在试用期“阵亡”的可能。

不光是高管的“空降兵”序列有“水土不服”的现象，还有很多一线员工也同样难以适应，尤其是在以业务、销售为主打的企业，常常是这个月上千人被招聘后又离职，下个月接着循环往复，成本实在不低；再加上对中高层招聘所需要的猎头费用，精益程度较低。在很多公司，填补人才缺口的方法，通常是“招聘 + 培养”，两者往往各占 50% 或根据实际微调。

而处在中间的“借用”手段，往往是企业发生阶段性缺人的时候发生的补充行为，分为外部和内部两种方式。外部方式是指一个新的业务区域成立后，可以临时从外部人才机构借调人才使用。比如，大量的销售代理公司，可以派驻销售人员现场支持，那么销售中心就不用招那么多固定岗位；还有像 FESCO、51、智联这样的人才代理机构做的财务、法务等支持性岗位的派遣，都以在一定阶段补足企业的人才缺口为目标，但和招聘一样也存在和企业的内部磨合问题。内部方式则是从内部成熟的部门借调人才做暂时性支持，由新老人才组成“混编军团”，推动团队快速成熟，这比单纯地做几场企业文化培训、OA 宣讲要有用得多，但这样的人才，也是需要内部培养的。

•“人才出栏率”

由上文可见，人才培养工作是人才供应链的重要支撑，培训是为人才供应链服务的。根据人才供应链的需求特点——数量（有没有）+ 质量（好不好），我们所有的人才培养项目都可以分为两类，以下以我在一家世界 500 强企业的实践为例：

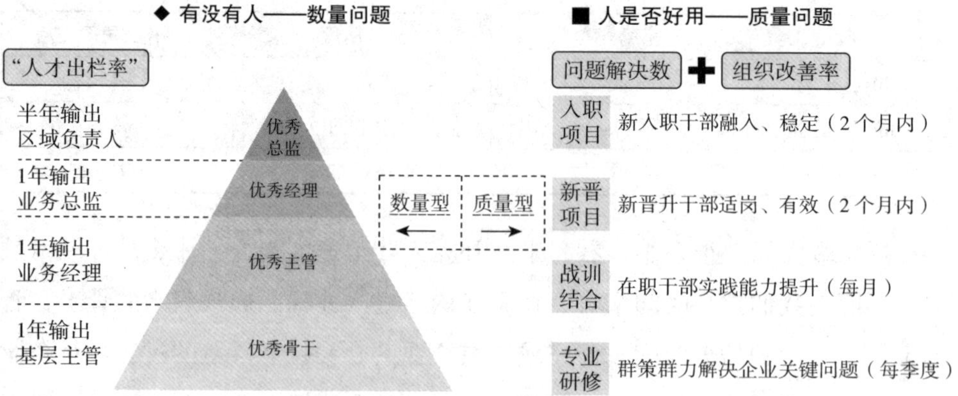

图 1–2 × 企业实践，从人才培养角度看数量和质量问题

第一类，数量级的培养项目，目的是快速补充业务战略所需的人才。在上述案例中，左侧（金字塔）就是明显的数量型培养项目，这类项目就是通常意义上的“人才梯队”培养。它的目的，是在规定的时间段内，培养出对应层级的人才，填补相关人才缺口。这类项目通常容易被操作地“务虚”，简单地从培养领导力素质入手，上一堆领导力课程，培训结束没有产生实际效果，浪费了企业的成本。经过多年工作实践，我总结出一个公式：领导力 = 素质 × 绩效。人才梯队项目的培养，不能简单聚焦管理素质，而应该瞄准上一级绩效能力的要求进行。同时，需要量化的评价指标，这个指标，就叫作“人才出栏率”，即在规定的时间产出预期数量的人才。上图左侧每一个梯级的预备人才（金字塔内部）都会在规定的时间输出成为最左边的目标人才。那么，在我们设定项目的时候，就可以先和大领导确认本项目的“出栏率”，如参与培养项目的 100 个一线销售人员，将会在 1 年中经过 4 个模块的学习、实践、沙盘、考评，最终完成一次联席会审，80% 将会成为基层销售主管。“人才出栏率”就是数量级人才培养项目非常重要的“价值指标”。

第二类，质量级的培养项目，目的是通过提升在职人员的作战能力，助推绩效的达成。在上述案例中，右侧就是明显的质量级培养项目，包括入职培养、新晋升培养、在职的战训、专业问题的研修班等（行动学习也常常包含在这一类的项目中）。这类项目主要是使在职人员“好用”，而“好用”的价值呈现就是能解决问题，提升绩效。因此，在这一部分我提出两个“价值指标”，一个叫作“问题解决数”，一个叫作“组织改善率”。前者针对学员在课堂当中的 Q&A、能量集市、与老师的线上线下互动环节中解决的个人业务问题，我们会进行统计，汇编成册后推广以便于更多学员学习；后者则针对每个学员在对应主题学习中提出的关于本项目管控、工艺、流程等方面改善的建议，我们会把这些建议提交给他的直接领导，由他来打分（100 分制）。这样，就把衡量质量型培训价值成果的权力也给了业务方，充分推动问题的有效解决和组织改善，达到的目的叫作：学习经验 + 避免犯错。

“人才供应链”是人才培养工作的关键目标，也是准确定位 HR 工作、密联业务之后的精准思考。我们既要快速跟上业务步伐，培养业务所需的人才（数量），也要使在职人才具有适应未来战略发展的组织能力（质量），这样才能成为“业务伙伴”。关于人才培养效果端的系统性分析，我会在第六章与大家更详细地交流。

第3节 人才战略还要锁定“关键岗位”，建设“培养基地”

关键词：关键岗位、三个维度、3A 原则、两个密联

- **关键岗位**

“人才供应链”为企业人才战略提供了持续的、稳定的人才来源，支持了业务战略的落地。在确立打造供应链的基本思路后，一个好的人才战略，还必须锁定“关键岗位”，建设“培养基地”，才能有效保证人才供给的数量和质量。

为什么人才战略需要锁定关键岗位呢？简单来说，组织的资源是有限的，只能把有限的资源投放到和战略强相关的人才和岗位上去，而不是“阳光普照”，这样才符合管理的“精益性”，才能确保人才战略的有效性。关键岗位可以分为“关键管理岗位”和“核心专业岗位”两大类，关键岗位建设需要考虑的是关键岗位的“界定、供给、识别、培养与评估”这五个重要方面。这部分的详细内容，我会在第二章跟大家详细交流。

- **三个维度及 3A 原则**

接下来的问题就是人才的“培养基地”了。在不同公司，培养基地有不同的表现形式，如人力资源板块内的培训组、业务单元的培训中心、一线的“产学研”基地、企业大学等，但无论是何种形式，一个有效的人才培养基地，其作用均应涵盖三个维度，即战略、运营以及员工成长。

在战略端，人才培养基地的作用是“立足现在、放眼未来”，既要考虑当下人才培养的任务，也要考虑老板未来战略布局（区域、产品线等）变化带来的新的人才培养需求。比如，公司现在主要在华东区域发展，但未来要进入华北区域，那么就要在继续培养华东区域现有人才能力的同时，与招聘端协同，进行华北区域人才的储备（包括考虑现有人才的储备性转岗、人才

盘点等）；或者说，公司现在的产品是手机，但未来要进入电动车市场，那么就需要在继续培养现有手机业态人才（质量）的同时，充分考虑面向未来的电动车人才的补充性培养（数量），从而有效支持公司未来的战略落地。

在运营端，人才基地的培养作用是“提升业务部门为完成指标所必需的关键能力（包括运营管理和专业技能）”，这恰恰是业务管理者、中层管理干部的痛点。在人才培养基地里面实施的大量的专业技能培训、实践活动、师带徒、战训结合等活动，都是为了有效支持完成指标所需的专业能力提升而服务的。同时，为了更好地完成指标，还必须在内部专业学习端有效地进行案例建设，达成学习经验与避免犯错的双重目的（关于案例建设的内容，我会在第十一章与大家详细交流）。同时，为了避免企业内的“重复发明”现象，进行复盘学习并在业务线推广也是很有效的工作思路。

在员工成长端，人才基地的培养作用是“为员工执行战略和达成业绩提供必要的学习工具与平台”。一个组织的资源是有限的，那么放到员工端的资源，更应该与战略、业务强相关，而不是盲目地满足员工不同类型的个性化需求。组织在发展，那么就必然要考虑成本的精益、更多员工群体的覆盖，达到发展员工完成业绩的必要素质及能力的效果，简单来说就是“投入少、覆盖广、效果好”。同时，在客观上组织变大之后带来的员工办公地点的分散，尤其是办公形式的多样化，使得移动端的学习已经是一个非常重要的趋势，它弥补了线下人才培养成本高、速度慢、地点固化的缺点，与线下的交互式学习共同构成了一个有机的企业内部员工学习生态，符合 3A 原则（Anybody，Anytime，Anywhere），让任何人在任何时间、任何地点都能学习，这就是碎片化学习的本质。

- **两个密联**

为了打造好一个人才的培养基地，还必须做到“两个密联”，一个叫作“管理者承诺”，一个叫作“员工发展”。

什么是“管理者承诺”呢？HR 在实施人才培养活动的时候，由于对员工并没有实际控制力（员工分属于不同部门，受其领导管控），是需要获得业务线管理者承诺的。在人力资源的“三大原罪”当中，我提出了“员工满意度陷阱”这个现象，在职场当中，下属的行动力是被上级的工作指令控制的，所谓“我很忙没时间”都是表面现象，实质上是对你安排的活动不感兴趣。而一旦你获得了“管理者承诺”，那么其实就是从另一个角度控制了员工的行动力。“管理者承诺”是有职级的，公司是一个由上至下的权力结构，因此上一个职级可以直接辐射影响下方的职级。比如，CEO可以直接影响一群副总，副总可以直接影响一群总监，总监可以直接影响一群经理，经理可以直接影响一群员工，所以你获得的“管理者承诺”职级越高，你越能影响更高层面、更多数量的员工；假如你只获得了基层员工的承诺，你则几乎没有任何影响力。因此，安排高级别的培养项目，就必须让更高层级领导参与进来，在需求调研、方案设计、培训交付、效果呈现等角度都要与其建立有效连接，如果他临时参与不了，那么在时间允许的情况下，宁可等他或降低难度让他参与进来，或至少由其授权安排副手参与，因为他能给项目本体带来足够的影响力。过去我负责很多人才培养项目的时候，会有意识地去与更高一级的领导协调时间，请他参与启动、实施或汇报的某个关键环节，如果他临时有事，我宁可等一下或暂缓进行，因为“管理者承诺”的作用很大，有时会直接影响某些高级人才项目的成败。

什么是密联“员工发展”呢？“员工发展”这个词大家应该不陌生。中国有句古话叫：无利不起早，人才培养的活动必须在对员工发展中起到明显的推动作用，才能使培训成为一种必要。比如，员工参与某培养项目，就获得了晋升前的一个考核机会，或者参与培训是转岗调动、评优、绩效加分、岗位竞聘的前置条件，那么其参与培养项目、服从安排的动机就会大大增强。如果HR安排人才培养项目时只是告诉学员，你可以更好地认识自我、提升能力、学习知识，那么管控力会弱很多，对于员工而言也只是多了个福利选择而已。因此，既然人才培养活动是一种企业成本的投入，那么就必须使其成为一种必要，在培养品质的同时，强化对其受众的管控。没有好的体验感（动机）与参与感（介入），就不会有相应的获得感。

举一个小的例子，假如HR宣布说今天下班要开始一个学习项目，此时张三说工作忙需要请假，那么当下如何才能更好地管理学员呢？我见到一些经验尚浅的HR会对学员说，请参与学习项目，支持一下HR的工作。这样的话并不可取，因为对于学员方来说，他的工作是被他的业务领导考核的，那么他支持你的工作有什么收益呢？（可能还要冒着工作完不成被领导批评的风险）在这个时候，如果出现下面这两句话是很有意思的。

第一句是："今天这个培训，你们 × 总会过来讲话。"或"你们 × 总会在结束时过来与大家互动。"

第二句是："我们在下个月会进行岗位晋升述职活动，如果你不参加今天这场培训的话，那么你就没有参与述职的资格，需要等到参加完这个培训才能参与述职。"

这两句很平常的话，恰恰命中了两个密联。第一句话密联了"管理者承诺"，第二句话密联了"员工发展"。这是需要在前端做工作的，如和业务线管理者的沟通、晋升要素的设定等。这两个密联，会使 HR 的人才培养活动成为一种必要，提升管控效果。

第 4 节　人才战略需要回答的五大问题和基本过程

关键词：五大问题、TTSC、"三化"

- **五大问题**

人才战略的根基是业务战略，我们对人才战略的工作分解，需要思考五大问题，这些问题涵盖了公司战略和人力资源管理的重要内容。

问题一：我们的战略对人才的挑战是什么？这涉及对企业战略目标的理解，以及对战略目标下人才数量缺口、能力质量不足的预判。

问题二：我们需要什么人才？这涉及对关键人才的界定与识别，以及对人才盘点的设计、操作和结果应用。

问题三：我们如何打造人才供应链？正如上文提到的，人才战略的关键内容就是打造人才供应链，即人才的"有没有"和"好不好"，这主要涉及吸引人（招聘、雇主品牌、薪酬策略、团队建设等）和培养人（培训项目、企业大学、师带徒制、评估反馈等）两大维度工作。

问题四：我们如何有效保留人才、激活组织？这主要涉及使用人（日常工作规范、绩效考核、动力管理等）和发掘人（内部创新与创业、挑战性任务、人才转岗与内部交流等）两大维度工作。

问题五：谁来执行此项任务？我有三个工作项的思考，首先是人才战略的顶层设计，这是公司决策层、高管（含人力）的主要工作；其次是日常的选育用留，属于业务管理者在一线的团建工作（主责与实施），以及 HR 在后台及综合板块的常规性工作（制定、支持、监督、指引）；最后是公司的文化建设，它是由老板发起、HR 助推、全员践行的一项系统工作。

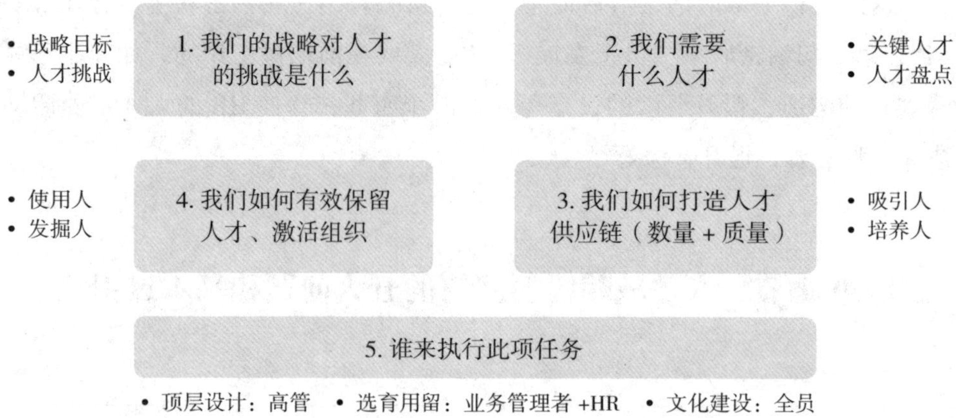

图 1-3　人才战略需要回答的五大问题

• **TTSC 及“三化”**

上面这五大问题是人才战略实施要考虑的关键问题，为了从一个逻辑链条上来更好地理解人才战略，我对它的基本过程作了一个梳理，主要分为四大步骤。

图 1-4　TTSC- 人才战略实施的基本过程

这个逻辑链条理解起来比较容易，从理解公司的经营目标出发，到建立满足需求的人才标准，再到建设一条可持续供应的“生产线”（即人才供应链），最后将这个环节固化为公司的人才管理制度与流程。总体思路就是我们常说的

“三化”：复杂的问题简单化，简单的问题流程化，流程的问题客户化。人才战略的客户，毫无疑问就是公司的老板，主要任务是帮助老板打造内部雇佣军。

第 5 节 人才战略关键技能罗盘：人力资源从外到内的整体思考

关键词：“老板变化快”“选跑道、选选手、选 KPI”

我花了很长时间去思考人才战略由外而内的关系，尝试着把它梳理成一个层层递进的罗盘，便于我们更好地理解人才战略与公司战略的关联，以及通常被很多 HR 同事所忽略的要素，即最外围的“市场趋势”与最内核的“组织与文化”。

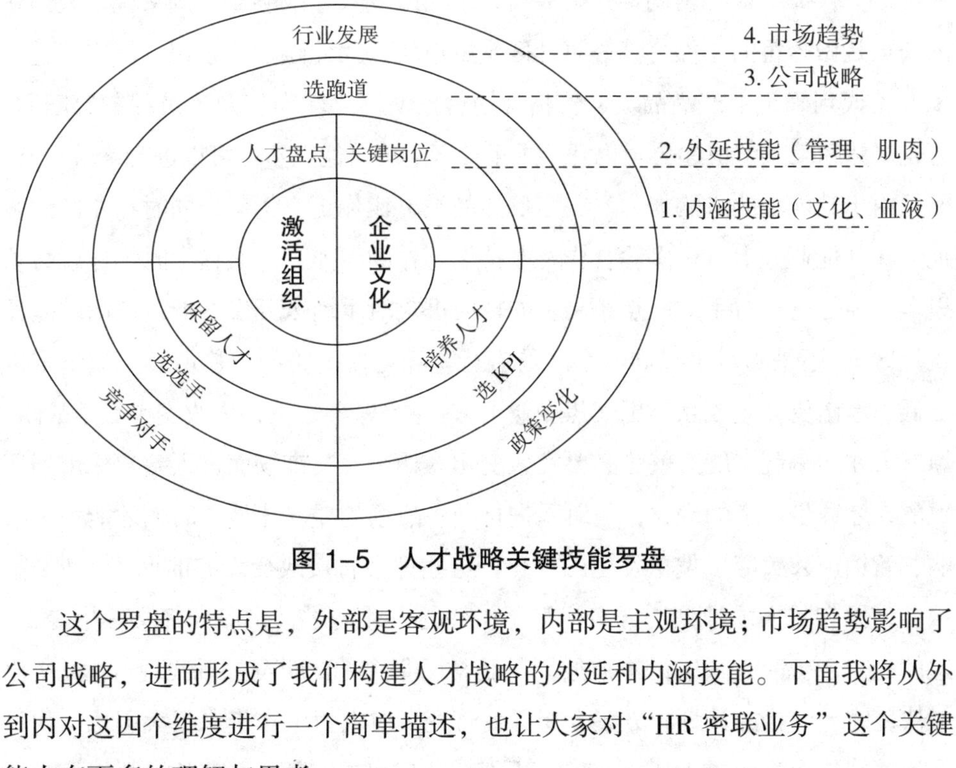

图 1–5 人才战略关键技能罗盘

这个罗盘的特点是，外部是客观环境，内部是主观环境；市场趋势影响了公司战略，进而形成了我们构建人才战略的外延和内涵技能。下面我将从外到内对这四个维度进行一个简单描述，也让大家对“HR 密联业务”这个关键能力有更多的理解与思考。

- **“老板变化快”**

维度一：市场趋势，包括行业发展、竞争对手、政策变化三要素。公司战略受市场趋势的影响明显，进而对处在下游的人才战略带来质的冲击。以行业发展来说，如果你处在手机行业，2017 年行业开始新技术发展，兴起了全面屏手机，各家厂商纷纷通过新产品抢占市场，如苹果的 iPhone X、小米 MIX2、三星 S8 等，在这时候如果你的公司战略中不考虑建立全面屏手机产品线，那么毫无疑问公司会在行业发展带来的产品进化方面处于劣势；但如果你开始布局全面屏产品线，那么显而易见的问题是，研发技术能力跟不跟得上，资源需求（全面屏采购、生产线建设）能否得到满足，围绕全面屏生产的关键技术、品控、营销及后台管控人才是否能及时到位、能力够不够。很明显，这给人才战略带来了新的挑战。这也就是我们常说的，由新技术变革带来的产品战略变化，进而对人才战略带来的直接冲击。这样的思考，就叫作"HR 密联业务"层面的思考。

以竞争对手来说，如果竞争对手的策略发生了变化，而本公司无法再保持战略优势，那么就必须调整竞争战略，进而改变人才战略。举例来说，假如你的公司是做零售的，你打算进军社区生鲜市场，为此跟物业公司、供应商进行了多轮谈判确定了产品品类、价格、销售策略、终端布点及人员编制等问题。但是突然间某大型快递公司也开始进军社区生鲜，他们不仅可以进行终端布点，而且由于其强大的采购能力，在定价、品类上比你更有优势，同时物业已经跟他们在其他业务上有过多轮合作，有持续合作的可能。那么这个时候你就必须思考，你是避开对手的网点布局（如转而进攻对手尚未开发的低端或高端差异化社区），还是和对手在同一个战场进行差异化搏杀（如为抢占客户流量定价更低、承诺更高，或品类更聚焦专业）。在这个思考之下，你改变了竞争战略，原有人才的编制、能力就势必要发生变化。如避开某市场而进入差异化市场导致的人才数量需求的变化，与对手进行同一战场的差异化搏杀时人才能力（采购、营销、公关等）偏重发生的变化，这些都会直接改变现有的人才战略；紧接着，原有的人才计划、方案，甚至谈好的人才需求、供应商都会发生变化，这就是"老板变化快"的本质原因。我常听很多 HR 朋友告诉我说：老板变化太快，昨天铺排的计划、方案今天说变就变，对人力工作带来很大困扰。我只能说，持这个观点的 HR，一直在以员工和 HR 的专业视角思考问题，亟待拓展个人的管理视野，否则密联业务，只能是一句空谈。

从政策变化这一角度来说，国家的不同政策会给行业自身的战略带来直接影响，进而影响人才战略的铺排。以地产行业为例，2016 年至 2017 年几个城市都推出了“租售同权”“共有产权”政策。作为 HR，就应该思考这些政策对行业带来的影响，而不应该通过部分新闻断章取义、盲目判断。如果老板理解政府是为了抑制房价过快增长，那么显然公司战略并不是收缩，而是考虑价格在不同人群、需求及不同区域之间的匹配，进行产品线优化，实现相对精确的“供需比”。在这个战略下，应该战略布局哪些地区、补充哪些人才、快速提升哪些人才的能力，这是 HR 需要重点思考的问题。身为行业 HR，关注本行业政策变化、思考业务的应对策略并多和业务单元交流想法，是一种非常重要的能力。

- **“选跑道、选选手、选 KPI”**

维度二：公司战略，我把它简单归结为三个要素：“选跑道、选选手、选 KPI”。一家企业自身进入战略（区域、产品线选择）方面的选择，就属于“选跑道”，代表你这个 player 打算奔跑在哪条战略跑道上。比如，天美工作室选择做“王者荣耀”，而不去做一款棋牌游戏，这就是“选跑道”。而当你选了跑道之后，你会发现这个跑道上充斥着同行业的各类选手，你可以从这个跑道当中选择合适的人加入你的公司（挖猎），你也需要杜绝本跑道及另一条跑道的 player 来抢走你的人才（防御），因为现在的人才战争，是一种“超限战”。例如，我在地产公司的时候，我发现家电企业会来挖本公司的人，原来他们内部做了一个新的地产业态；而某家地产公司专门挖金融的人，因为他们做了一个新的业态——社区金融。现在大量的企业都在走“以主营业务为中心的多元化”战略，因此人才的“超限战”比比皆是。最后，当你选好了选手之后，就需要考虑对业务成果和团队绩效的管理（内部管治），这个过程就叫作“选 KPI”。某通信企业的一个创意研发部门，每天中午 12 点才上班，其他部门都是上午 9 点就上班了，但从来没有人对这个部门有意见，因为这个部门晚上 12 点左右才下班；同时，这个部门实施不定时工作制，不需要像一些后台部门一样准时打卡，考核指标以“创意点数”“外部客户评价”为主。选择某些独特的管理方法，我把它简化称之为“选 KPI”。

“选跑道、选选手、选 KPI”，就是多年来我作为一个 HR 及企业大学管理者对公司战略的一个简化思考。在公司战略的这三个要素之下，我们来思考基于公司战略的人才战略。

这里面包括两部分的关键技能，一部分是HR非常容易理解的人才管理能力（外延技能），如人才盘点、保留、培养、关键岗位建设等。关于人才培养、关键岗位建设等其他重要内容，我们会在后续章节陆续展开。另一部分是比较容易被HR忽略的能力，我们把它叫作“内涵技能”，也可以理解为内环境，包括企业文化和激活组织这两个要素。

在武汉大学CHO班授课的时候，有一位HRD跟我交流说，“老师，你为什么要把企业文化作为人才战略的内涵技能，它如何能左右人才战略呢？”我问他：“在你眼中，什么是企业文化？”他说，“我们企业倡导的诚信、务实、市场化、客户化，这些都是企业文化。我们已经上了墙，还印在了员工手册里面，都已经做成日常化了。”我又问他：“你确定这个就是企业文化吗？”他说，“是啊，我们早就司空见惯了，员工都知道。”我回答他：“这个内容叫作‘价值观’，是企业文化的一部分，而你们的企业文化，首先代表的应该是老板在创立公司时期的思考，即公司要做什么、做得多大、应该坚持什么战略，这叫作‘愿景’；同时还有企业对自身发展、社会及员工责任方面的思考，这叫作‘使命’；这两部分确认之后，才会有要求管理层及员工共同遵守的‘价值观’。”因此，企业文化，尤其是愿景和使命，是在战略之上的思考，决定了公司战略的大框架、基本方向，它是人才战略的基础和内环境。

对于“激活组织”而言，组织的活力对人才战略的实施起到了极其重要的作用。比如，组织是否有发展性的职位供给，是否有灵活的内部创业或合伙人机制，团队建设是否卓有成效，是否能激发员工的进取心，这些都是一个组织自身活力的体现。但需要说明的是，就像这一章开头我提到人才战略的“天花板”是企业决策层一样，组织激活的天花板就是公司老板及管理团队。从一个最小的角度来说，如果老板不参与团队建设，那么团队建设的效果必然大打折扣，哪怕去火星上团建。因此，在实施人才战略的时候，和老板、管理团队在作战意图上达成一致，推动老板充分参与、授权，是一个组织能够真正激活的必要条件。换言之，HR在实施人才战略的时候，必须主动“向上看”，加强对上的沟通能力；战略，无论是业务层还是职能层，都是由上至下的。

第二章

人才引爆点：关键岗位打造五步法

阿基米德说过，给我一个支点，我可以撬起整个地球。再“重”的工作，如果找准了关键点，那么效果就是事半功倍。我们在做人才培养工作的时候，由于自身精力有限，无论是集团总部的人才培养者，还是区域、下属公司的人才培养者，我都不建议大家盲目地去追求大而全的培训体系建设，那一定不是老板的期望。老板对人才的关注就是满足业务需求的人够不够多、好不好用，即人才供应链，这是结果；而“大而完备”的培训体系，只是过程手段，与这个结果没有必然联系。千万不要盲目追求专业上的完备性，而忽视了老板需求的精准性。

那么，我们在有限的精力下，如何做好人才培养工作呢？答案就是，抓住关键人才、培养好关键人才。关于这部分我想和大家分享我通过 15 年的企业大学管理梳理出来的关键岗位打造“五步法”，分别是界定、供给、识别、培养、评价。

表 2-1 “关键岗位打造五步法”整体框架

关键步骤	主要动作	成功的关键要素
界定	明确什么是关键岗位	关注“利润的来源与实现、战略偏好”
供给	了解关键岗位的来源	建设高层与中层的不同供给渠道
识别	识别关键岗位的胜任	识别“空间 + 时间”双要素
培养	承担关键岗位的培养	密联“人才发展”及“管理者承诺”
评价	培养效果的有效评估	形成“学习、实践到评估”的闭环

第 1 节 关键岗位打造五步法之一：界定

关键词：蓝天之上、立足现在、放眼未来

第一步，界定，即明确什么是关键岗位。“关键岗位”这个名词大家都不陌生，而且还有很多 HR 和企业高管动不动就会说，×× 是我们的关键岗位。这些判断是否准确呢？关键岗位是一群人还是某个特定的人呢？这就要从关键岗位的本质说起。

关键岗位，是指直接影响组织发展及绩效达成的、起到了至关重要作用的管理类及业务类岗位的总和。值得注意的是，它包含了后台管理及前台专业两个类别。在不少人眼中，通常只关注了管理者，即企业中高管；还有些人直接定义一批无差别的岗位为“关键岗位”，如“销售员”“工程师”这种群体。定义越宽泛，我们就越没有精力把对关键岗位的培养工作做到位、做出有效成果。那么，我们应该如何有效界定关键岗位呢？

先看容易分辨的后台管理岗位。5 年前，在我参加完一个沙龙活动的时候，一位 HR 同行问我，在他们做人才盘点的时候，老板亲口说，后台管理岗位中层以上都是公司的关键岗位，这个观点对吗？我说，按照业务管理者“简单粗暴”的个性来说，颇有道理。

后台管理岗位往往指各个职能板块，如人力、信息化、财务、公关等，他们主要负责“制定、支持、监督、指引”四大管控工作流。以人力资源为例，让我们来看两个场景：场景 A，你所在的公司人力资源只有 5 个人，你是经理，下面都是主管和专员，那么经理（含）以上都是关键岗位；场景 B，你的公司比较大，人力资源部有 80 个人，分出了薪酬、绩效、培训、员工关系、党建等几个板块，每个板块都有一个负责人，职级为总监或经理，都分别向 HRVP（人资一把手）汇报，那么每个板块总监或经理（含）以上的都是关键岗位。简单来说，后台管控板块符合“中层以上 + team leader”两个要素组合的，就可以确定为关键岗位，因为他们肩负起部门或板块的独立专业管控或团队管理职责，起直接决策或推动作用。

再看人数众多的业务类岗位。通常而言，关键业务岗位解决的是两大问题：利润是怎么来的？利润是如何实现的？凡是符合这两大特性的岗位（族群）都可以称之为关键岗位。举个例子，在某制造业，业务线的关键岗位在哪里呢？我们先问自己，利润是怎么来的？利润是附着在产品里的，那么对产品的“生产研发”这类岗位就是关键岗位；再问自己，利润是怎么实现的？利润是通过产品的营销行为实现的，那么“市场营销”这类岗位就是关键岗位。由此我们就找到了两类业务线的关键岗位：生产研发和市场营销。

再以零售行业为例，第一，利润是怎么来的？显然，没有所谓的“生产研发”部门。那么产品是如何出现的呢？采购部门。显然采购部门是一个关键岗位，如果采购的商品品类、品质出了问题，那么利润将无从谈起。第二，利润是怎么实现的？卖场的销售和区域的市场营销人员，他们同样也属于“市场营销”这类岗位。

由于行业众多，我就不再一一举例了。总之，凡是符合“利润是怎么来的、利润是如何实现的”这两大特性的岗位（族群）就可以称之为业务线的关键岗位，大家可以结合自己所在的行业做进一步思考。但并不是说只要判定为是“关键岗位”，HR 就应该“一视同仁”，将自己的工作精力不加判断地倾斜。组织的精力是有限的，对关键岗位的培养和支持，也必须考虑到“战略偏好”的影响。

记得在 2017 年给一个商学院 CHO 班上“人才战略”课程的时候，一个企业的 HRD 在课间问我：“何老师，我们企业的销售人员都是我们的关键岗位，但数量有 3000 多人，人力资源部没有那么多精力做培养怎么办？”我回答她的第一句话就是：“你确定这 3000 多人都是你的重点工作范围吗？”

业务线的人员，哪怕是属于我们常规的“关键岗位”范围内，我们依然需要关注两个战略：区域竞争战略和产品竞争战略。先说区域竞争战略对关键岗位的影响。假设一个老板看好华东区域未来的发展，重兵布局华东区域（主要指投资），那么就必然特别关注华东区域的业务团队人数够不够、有没有作战能力，否则战略没法落地，那么华东区域的业务团队很明显就是目前公司的“关键岗位”，需要 HR 在“选育用留”角度重点关注，甚至直接接手、派人驻点支持；而假设华北某个区域是一个成熟的、逐步退出的市场，那么即便是同样的一个业务岗位，HR 在关注点上也应该有所区别。不属于重点关注区域的岗位，完全可以交给当地自行负责日常的培养支持工作。HR 密联业务的首要关注点，就是要紧密地根据老板的业务战略，制定并调整自身的人才战略；人才战略是随着老板的业务偏好而产生偏向的，好钢要用到刀刃上。

再举个例子，2017 年我到一家央企给经理人团队做人才战略分享，现场问了大家一个问题："假设你的上海公司年营收 30 亿元，而乌鲁木齐公司年营收 3 个亿，哪位总经理的薪酬应该更高呢？"

以常规的"绩效论"理解，理应上海公司总经理的工资更高，但会不会出现乌鲁木齐总经理工资更高的情况呢？以我上面给大家举的区域竞争战略的例子，假设老板将乌鲁木齐设为未来公司的业务增长点、新的"粮仓"型区域，而上海只是普通区域之一，且业务增长性低于乌鲁木齐，在这个条件下，乌鲁木齐总经理的工资不仅要高，还需要公司 HR 重点帮扶他的团队建设、人员激励、人才培养等一系列问题，要大力支持这个区域由新变强。而作为开疆拓土的重臣，对这个总经理的能力要求也会比较高。换言之，如果给低了，就不符合公司未来的战略发展。HR 的思考，应该是一种战略维度的思考，而非对简单现象的、技术层面的思考。蓝天之上是战略，是本质；蓝天之下是执行，是技巧，战略远高于技巧。

再说说产品竞争战略对关键岗位的影响。业务战略有一个重要的特质，即立足现在，放眼未来。假设我是一家做洗衣粉的公司，那么我当下对业务线关键岗位的关注当然是洗衣粉的研发、营销人员是否足够、是否得力；而假设未来公司的战略重心将会转移到做洗衣皂，那洗衣粉的市场占有率就会逐年降低，那么我对关键岗位的关注必然也会发生变化。我需要思考，面向未来的产品战略（洗衣皂）之下，我需要招聘、培养多少人才来补充新产品线的需求，需要从内部转岗哪些人才来支持新产品线的需求。洗衣皂产品线的研发、市场、管理岗，会逐渐变为我的关键岗位，而随着市场占有率的下降，洗衣粉产品线原有的同类岗位对关注度的需求逐步降低，就要考虑转岗、淘汰、优化原有的岗位人员。公司未来的关键产品线中涉及研发、市场、管理的重要岗位，往往就是关键岗位，需要充分考虑相关人才的储备、培养、薪酬、激励等问题，他们是公司的明天。承接业务战略的基础也是 HR 思考人才战略的重点，即立足现在，放眼未来。

这就是区域、产品竞争"双战略"对业务线关键岗位的影响，我们需要精准地、动态地判断关键业务岗位，除了通常关注的生产研发与市场营销之外，还必须关注"战略偏好"。

在我看来，人才生产本质上也具有产品生产同样的属性。从“产品生产”的视角来看待关键岗位建设，可以得出以下三点结论：规模产出、质量控制、注重效益。所谓规模产出，就是我们需要多少个关键岗位人才；质量控制，就是指我们培养出的关键岗位人才自身的能力如何、好不好用；注重效益，则是从关键岗位对绩效的影响来说的，即产出的关键岗位能够在多大程度上支持绩效的达成。这种思考类似于富士康的苹果生产线，要产出多少台手机，品控如何，效益怎样。规模产出、质量控制、注重效益不仅是生产的三个关键管控点，也是人才生产的三个关键管控点。

以上就是对关键岗位打造的第一步：界定。我们清晰地分析了 HR 在战略维度思考之下对公司关键岗位的界定过程。密联业务、紧跟战略，是这一步的关键基础。

第 2 节　关键岗位打造五步法之二：供给

关键词：看护成本、离职动因公式、领导力 = 素质 × 绩效

第二步，供给，即了解关键岗位的来源。由于各家企业的专业线差异太大，下面我以管理者为例来聊一聊供给的逻辑。因以主管、高级专员职级为代表的基层干部通常意义上不列入关键管理岗位，我们就重点说一下中层、高层管理干部。

在“人才供给”方面，高层管理干部供给的原则是：短期强化外部挖猎，长期稳固内部供给。高级管理干部自身的社会、行业与技能属性，决定了补充高级管理干部的目的是引领组织发展与多元化综合能力的提升。这里面包含两个维度，一个是引领组织的战略及团队发展，另一个是打造组织以主营业务为核心的多元化业务能力。因此，我们有三个主要的供给渠道：行业挖猎，内部绩优，跨行业搜寻。三个渠道的特点如下表所示。

表 2-2　高层管理干部三大供给渠道及重要提示

主要供给渠道	操作手法	重要提示
行业挖猎	通过猎聘手段寻找行业优质人才	1. 买到最好人才不等于挖猎顶尖人才 2. 期望内的回报 - 意外的失望 = 较强的离职动因 3. 雇用高潜质人才（hire potential）
内部绩优	提升内部绩优人才以补充关键岗位	1. 提前建立、培养内部人才梯队 2. 领导力 = 素质 × 绩效
跨行业搜寻	在非相关行业寻找合适的人才	1. 后台管控人才及多元化人才 2. 人才的"超限战"（主营业务相关多元化）

渠道一，行业挖猎。一般观点认为既然是要花钱"买"人才，那么自然要买到"最好"的人才，因此我们就有一个悖论公式：

买到"最好"的人才 = 挖猎"顶尖"的人才

4 年前，我曾经花较高的薪酬从一家全球型企业挖猎了一位培训总监，给了他比之前还略高的薪酬。为了使他加入，我甚至找到公司副总裁特批。我以为买到最顶尖的人就一定能创造最好的绩效，但他在入职 3 个月左右选择了离职，给了我一个巨大的耳光。

我问他："我给你的薪酬不满意吗？"他回答："不是薪酬的问题，实际上略高一些的薪酬平摊到每个月税后也差不多，而且我下一家的薪酬还没有您给的高。"我又问："那到底是什么原因呢？"他说："薪酬本身并没有给我带来什么惊喜，我之所以选择这里，还是希望有一个更好的平台。但来了之后发现管理比较官僚化，人际关系复杂，这是我比较失望的，我觉得我更适合选择一个更为简单的地方工作。"

将最好的人才等同于顶尖人才是很多 HR 从业者容易犯的错误。殊不知，顶尖人才在市场上具有极强的议价性，他对个人价值的定价往往比较高，你给他的薪酬不一定能带来惊喜，但如果你的企业出现让他不够满意的地方，如工作模式、领导风格、企业文化等，他就有很高的离职意愿。由于极高的议价性，顶尖人才的忠诚度培养也会花掉企业较高的成本。我总结出一个顶尖人才的离职动因公式：

期望内的回报 - 意外的失望 = 较高的离职动因

从“人才商品”的本质理解，由于顶尖人才对个人的定价比较高，企业给他的交易价格往往不能有效地给他带来惊喜，尤其是在人工成本上控制得比较严格的企业，而当“意外失望”出现时，就会产生负向效应，商品就会有在市场上重新选择更好买家的可能。就像看护名贵的商品一样，顶尖人才的“看护成本”要远高于一般人才，人力资源的“选育用留”手段都构成了对顶尖人才的一种“看护成本”。

故事还没结束。在这位培训总监离开之后，我又遇到之前在另一家企业做培训总监的候选人。面谈之后我觉得他的专业能力和视野虽然没有前一位那么高，但学习能力非常强、人比较踏实，同时我这里常见的一些培训项目他也都负责过，于是就让他入了职。这一位的薪酬定得比上一位要略低，但比他之前的薪酬要高出 20%。结果这个人在我两年后离开公司的时候还在，而且职位还晋升了。临走时我问他：“这家公司有些官僚，内部也没有那么简单，难道你没有过失望吗？”他的回答让我印象深刻：“这些负面因素我也感受到了，但公司平台不错，而且我的薪酬也不低，所以我很珍惜这个机会，希望能做出点东西出来。”

在那一刻，我在心里写下了一句话：用一流的薪酬，聘二流的人才，靠大家的努力来完成这份梦想。这就是从“人才商品”的角度给行业挖猎行为的建议。所谓“二流的人才”，并不是不好的人才，而是高潜力的人才。杰克韦尔奇在多年前的《赢》那本书里面提到“hire potential”，即“雇用高潜质人才”，和这个理念是完全一致的。

渠道二，内部绩优。这个渠道主要指的是要提前建立、培养内部的人才梯队（关键人才库），定期从中甄选绩优人才作为高层管理岗位的后备，这样选出的人才既了解公司的业务，又具备一定的忠诚度。完善高管内部供应链，就是为了填补战略扩张、变革所带来的高管缺口以及解决现有高管的能力提升问题；高管领导力提升与后备项目就是围绕这一战略需求展开的。对于高管的能力而言，我曾提出过一个公式：

领导力 = 素质 × 绩效

我们培养高管的领导力，就是为了完成高绩效。如果学习一堆管理素质只是为了增强一些管理意识，而不为绩效，那么必然会造成高管培训当中的

“无用”现象。从这个公式来说，如果一个高管管理素质为100，而绩效为0，那么他的领导力就为0。领导力必须落实到绩效才有真实的意义。因此，关注优秀人才的领导力，就是同步关注其管理素质与现实绩效。

渠道三，跨行业搜寻。有两类人才我们可以做到跨行业搜寻，一类是后台管控人才，另一类是以公司主营业务为中心的多元化发展所需求的人才。前一类人才（如人力、财务、信息化、公关等）由于其后台管控的工作特性，在不同业态之间不会产生本质的工作差异（如房地产行业的楼盘设计与手机行业的移动产品设计），故而可以实现跨行业搜寻。我周围就有很多从零售、金融行业跳槽到地产行业的人才，我自己也从地产跳槽到过金融行业，也从零售跳槽到过地产行业。

跨行业搜寻的难点在第二类人才。在“人才超限战”条件下，由于在本公司内原有业态里培养出一个新业态的领导者，会带来专业管理上的障碍，外部挖猎一位管理者过来，就是优选的人才战略之一，有类似需求的公司都会进行跨行业的高级人才储备。这个行业的“狼”把另一个行业的“狈”挖过来，希望联手做顶尖的生意，我想这就是互联网新时代的“狼狈为‘尖’”吧。作为HR，我们必须充分了解公司以主营业务为中心的多元化战略对多元化人才的需求，做好跨行业人才在新的专业能力、企业文化、管理风格上的匹配甄选、培养工作，带给公司更多优质的人才，避免“空降兵”水土不服。

在“人才供给”方面，中层管理干部供给的原则是：强化内部供给为主，外部供给补位为辅。中层管理干部主要是为组织发展提供坚实且稳定的腰部力量，这类人才可以大幅度地从人才梯队当中培养出来。职位“金字塔”的腰部空间相对足够，同时大量内部培养人才在能力适配度和忠诚度上也高，所以很适合大幅度内部培养。从中层管理者培养角度，我非常建议使用“战训结合”的方法，用这种方法培养“三个特质”的中层管理干部，即

■适应企业文化、流程的业务人才

■对职能管控有充分理解的板块负责人

■对公司事业坚定不移的潜力人才

这是我们培养中层管理干部的重要特质，关于“战训结合”这种培养方式，我会在第十二章中与大家详细交流。

第 3 节　关键岗位打造五步法之三：识别

关键词：空间维度、时间维度、区域发展三阶段

第三步，识别，即识别关键岗位的胜任能力。我们知道了谁是关键岗位，也了解了关键岗位供给的策略，接下来我们就需要识别关键岗位的人才其能力是否与企业匹配。关于识别能力这部分，我的建议从两个维度展开，一个是空间维度，一个是时间维度。前者主要是以胜任力素质模型（或招聘及用人标准）为代表的人员能力识别方式，比较普遍，我们所谓的"一个萝卜一个坑"多半指的是这个应用场景；后者是指不同时间阶段对人才的特质要求不同，即便是同一岗位在不同发展阶段也有不同的要求，这是一个很容易被人忽略的问题。换言之，我们在识别人才能力时，通常关注的是空间维度，而忽视了时间维度，造成了很多"冤假错案"。

- **空间维度**

先说说空间维度，也就是岗位的任职标准，由这个岗位的"物理"位置所决定，常见的就是胜任力模型。即便你的企业暂时没有一套岗位胜任力模型，但最起码应该有不同岗位的 JD；同时，企业的价值观里面多少也会有一些普遍意义的任职标准，如诚信、市场意识，等等。HR 通常会通过这套标准，联动业务部门一起完成对关键岗位能力识别（面试、测评、考核等）的过程。胜任力建设的部分不在本书的重点讨论之列，在业内已经有很多种调研、分析、建模的方法，只要做到既关注冰山上的行为和业绩，也关注冰山下的潜在素质，能够为决策提供更多有效的支撑依据即可。反观目前行业的做法，大部分企业、甚至咨询机构都强于胜任力模型的构建，弱于胜任力模型的应用，对于岗位任职标准的主要应用方向，我有四点建议：

■方向一，招聘：建立针对每项素质的结构化面试题。

■方向二，培训：建立相匹配的培训课程资源体系。

■方向三，自学：建立相匹配的自学阅读书籍体系（可做拆书会、社群学习等）。

■方向四，实践：建立相匹配的个人行动 / 在职实践指引体系。（可嵌入 PDP 个人成长计划、师傅指导计划中）

• 时间维度、区域发展三阶段

时间维度是一个比较容易让人忽略的岗位识别角度。举例来说，企业中经常出现从行业内外挖猎了比较优秀的人才，其背景不错，过往业绩也能够被证明，也属于本公司同类岗位人才，可在实际工作当中就是表现不够好，或者长期无法证明业绩，或者因表现很一般而主动或被动选择离职，造成企业的管理成本增加。这是什么原因呢？我以下图为例，跟大家做一个分析：

表 2–3 业务管理阶段及管理者特质分析表（以区域或项目管理者为例）

区域发展阶段	主要任务	组织气质	负责人状态	负责人角色	核心特质
0–>1	站稳脚跟	拓荒开路 脚踏实地	苦干	操作者 + 管理者	抗压与适应
1–>100	争夺市场领先地位	狭路相逢 勇者胜	猛干	管理者 + 操作者	进取与团队激励
100–>1000	傲视群雄 引领市场	舍我其谁 自我颠覆	巧干	领导者 + 管理者	大局观与资源整合

在这张表里，我以“业务区域负责人”这一岗位为例，来说明时间要素对岗位能力识别的作用。通常情况下，我们可以把一个业务区域的发展阶段分为三段：初始阶段、争斗阶段、引领阶段。在初始阶段，区域的主要任务是站稳脚跟，组织气质以“拓荒、踏实”为主，负责人应该有的能力特质是“苦干”，角色为“操作者 + 管理者”。也就是说，负责人必须充分了解业务细节、公司标准化、操作流程，能够直接在一线带着大家一起成长，才有可能获得市场竞争的成功。他应该是一个 70% 的操作者与 30% 的管理者，业务技能和流程掌握是摆在第一位的，授权则是摆在第二位的。在这一阶段，团队成员也刚到这个区域，大家对于很多打法、思路都不够熟悉，加上新区域一定会有一定数量的外来员工，更是对公司的标准化两眼一抹黑。如果这个管理者只懂得授权，对业务操作不太关心的话，那么进入一个新区域就很有可能催生一堆“乌合之众”。此刻最重要的管理方式，就是通过专业化和标准化来快

速塑造团队的专业性，这也就是我们说的“标准化 1.0”。假如你现在面试一位区域候选人，他跟你说，我原来的公司授权体系是很发达的，我们的主要任务还是思考战略和创新，业务工作、细碎的操作内容都是授权下去的。显然这位候选人并不适合你的新区域，他即便来到你的新区域可能也存活不下去，因为管理者能力特质和区域发展阶段不匹配。

在争斗阶段，区域的主要任务是争夺市场领先地位，组织气质犹如《亮剑》当中李云龙提到的“狭路相逢勇者胜”，负责人的状态就变为了“猛干”，一定要有冲劲、有激情、有梦想，他的角色是 70% 的管理者与 30% 的操作者。因为这个阶段，为了争夺市场领先地位，管理者就必须强调快速反应、高执行力，主要任务其实就是 PDCA 管理循环，即由计划到行动的快速推进、根据市场迭代；而同时，由于团队经历了第一个阶段的摸索，对于工作流程、专业打法有了一定掌握，就可以进行适度授权，由具有专业能力的副手带动大家提升专业，管理者重点考虑如何快速应对市场。这个时候就进入了“标准化 2.0”的阶段，即“标准化 + 授权”的双线并行。业务区域发展的“初始阶段”到“争斗阶段”的时间，通常越短越好，如果长期把工作重心放在对内提升专业能力、建立标准化的阶段，那么竞争对手就很容易先发制人。显然，如果你面试的一个管理者，专业能力和管理能力都不差，但明显是个“守成”类型的，那么就不太适合在争斗阶段的区域任职。

在引领阶段，区域的主要任务是引领市场，组织气质应该是“霸气 + 变革”，即既对组织能力有充分的信心，同时又敢于否定原有打法、快速创新。这个时候的管理者角色是 70% 的领导者 +30% 的管理者，应该把主要精力放在战略和创新这两个维度，而将常规业务工作大幅度授权给副手由其带领团队执行；管理者应该有极强的大局观和资源整合意识，能够向前看（预判）、向外看（对手）、向另一个维度看（跨行业）。这个时候的团队应该是在作战能力上比较成熟的、经过了磨合的，能够在标准化的基础上翻新、抢占市场先机可以进入“标准化 3.0”的阶段，也就是“变革与创新”。显然，如果你面试了一位“苦干”型的管理者，其坚忍不拔、斗志昂扬，但就是缺乏视野、胸怀和创新意识，那么他就不太适合在引领阶段成为一把手。

上面以一个案例分析了管理者特质与三个业务阶段的匹配情况，就是我们所谓的“时间要素”，如果把不适合某个阶段的管理者放到该阶段，那么必然会造成人才的主动变成被动流失。在这个时候就需要考虑，如果候选人能力没有问题，组织当中还有没有适合的阶段、岗位适合他，而不要盲目操作给候选人和组织带来遗憾。人力资源管理里也常有一句话，“垃圾就是放错了地方的人才”，其实就是这个意思。

第4节　关键岗位打造五步法之四：培养

关键词：“两个密联”“四个看”“三化”

第四步，培养，即利用一定的项目、手段来完成关键岗位的培养工作。在提到人才培养平台、培养基地的时候，我们经常提一个观点：无论是企业大学、培训中心、培训部、实训基地还是人才交流等形式，其实都是人才培养工作的一个载体，关键看你要干什么，是如何密联战略和业务的。你是追求“大而全”，还是“小步快跑”，甚至是让你的培养计划兼具政治和文化属性，这都是你的策略之一，没有严格意义的对错。人才培养的系统、手段、方法是本书的重点，多个章节都会谈到，我在这个部分要提“两个密联”“四个看”“三化”，从这三个方面来思考我们关键岗位人才培养工作的制胜要素。

- **“两个密联”**

首先是“两个密联”，关键人才培养工作要想取得成功，必须密联“人才发展”和“管理者承诺”。先说密联“人才发展”，人才发展工作在个别企业属于培训板块，合并成为“培训发展部”，简称“培发部”。“培发部”负责培训体系搭建、实施落地的同时，也前置性地、过程性地负责人才发展体系、人才梯队建设、评估考量的相关工作；而在大部分公司，尤其是有大型企业大学的公司，培训工作由于分工的精细化，都相对比较聚焦：以培训体系建设为基础、以关键人才培养为抓手、以人才供应链为直接目标。那么在这个时候，人才培养工作要想取得成功，必须与人力资源这个战场的“战友”，即人才发展板块的工作密联。原因很简单：培训管理者并不掌握公司的 database，对于广大员工的入职、转职、升职、离职了解得也比较滞后；同时由于部分培训项目仅仅是为了组织学习，甚至成为一种福利选择，这在客观上缺乏对员工的吸引力。而一旦密联了人才发展，即关键人才培养项目与参与对象的职业生涯发展发生正相关，那么就在客观上使得培训成为一种必要，这是培训原动力一个非常重要的来源。比如，某类后备人才晋升的必要条件是通过了某个关键人才培养项目及考核，某类人才参加评估、述职等发展相关活动的前置条件是通过了某个关键人才培养项目或某些课程及考评，因此，培训工作者的一个重要工作逻辑就是：让培训成为组织的必需品。

关于密联“管理者承诺”，我在第一章当中已经有过详述，HR在实施人才培养活动的时候，由于对员工并没有实际控制力（员工分属于不同部门，受其领导管控），因而是需要获得业务线管理者承诺的。“管理者承诺”是有职级的，安排高级别的培养项目，就必须让更高一层领导参与进来。“管理者承诺”的作用很大，有时会直接影响某些高级人才项目的成败。归结为一点就是，人力资源的管理工作，本质是管理人性。当我们掌控了员工的“进取心”和“敬畏心”，那么实际上就完成了一次很好的“权力代理”，会让培训管理者成为“无冕之王”，更有利于人才培养项目的推动和落地。

- **“四个看”**

再说说“四个看”，当我们进行关键人才培养的时候，自身的培训能力很重要。通过检视自身能力的强弱，能够影响培训项目操盘手在设计、实施、落地中与业务部门联动的手法、整合资源的方式，进而深度影响培训的效果。这四个看指的是：

表2–4 实施人才培养工作中的“四个看”

方向	工作内容	考察能力
向上看	重要的需求和培训主题的来源	对战略方向和管理痛点的理解
向下看	了解业务一线真实的想法和他们的困难	对业务内容和市场竞争的理解
看同行	了解同行好的做法，有学习心态	转化力：学我者生，似我者死
向外看	1. 看对手、行业外 2. 建立外部顾问联系，引进好的资源	1. 取长补短、跨界学习的能力 2. 甄选外部优质资源的能力

这“四个看”是我对于自身常年从事人才培养工作的一个总结。“向上看”里面涉及的其实就是第一章跟各位提到的需求定位的“532 模型”；“向下看”是基于对“密联业务”的思考，这在很多章节里都有描述；而“看同行”最忌讳的就是无原则地抄袭，现在行业的论坛、学习活动很多，HR 和企业大学从业者又是最喜欢学习的那一群人，很容易在某个地点听到一番高论就不顾企业自身现实盲目移植，造成“刻舟求剑”或所谓的“老板不懂我”现象。我引用齐白石先生的这句话“学我者生，似我者死”，是为了提示各位，“转化力”是“理解力”的更高一个层级，我们都要“因地制宜”；最后的“向外看”，是在互联网环境下我们做人才培养的反思。很多行业的竞争对手也有很多很好的人才培养手段，有的“小而美”，有的在某个点的创意值得借鉴，我们都可以取长补短，甚至学习培训之外的一些设计、操作思路，如某个工程师、设计师的思路，说不定就有助于你把培训做得更好；至于外部资源的整合，也是对关键人才培养很重要的一个思考，发挥组织内的专业、实操优势，发挥外部的视野、高度优势，可以使你的人才培养项目“统合综效”。

- **“三化”**

关于“三化”，简单来说就是三个词：客户化运营、项目化运作、专业化生存。这三个词是培训工作密联业务的最浓缩总结。我们工作的整体框架是客户化运营，确保其“密联业务”的属性；工作的内容是以项目的前、中、后来运作，并有效地使业务部门全程卷入进来，确保其运作的“完备性”；工作的效果，需要靠培训从业者自身的专业来证明，而专业施展的深度，视企业老板需要我们实施的内容而定。这，就是“三化”的整体逻辑。

第 5 节　关键岗位打造五步法之五：评价

关键词：前后对策、基于场景、“三堂会审”

第五步，评价，是指对人才培养项目效果的有效评估。这里面首先需要提出的是，学习、实践、评估，是三位一体的一个闭环，也是我们设计所有

人才培养项目的三个基础要素，缺少任何一个，都会使学习活动的效果减弱。如果一个培养项目只有学习内容，一方面会缺少反馈机制；另一方面理论性过强，多少有点纸上谈兵；如果一个培养项目只有实践，那么就相当于让士兵在战场上自行拼杀，领悟力强的活下来，领悟力弱的死掉，多少有点机会主义；如果一个培养项目只有评价，那么就与绩效考核、考试、竞赛之类的活动无异。学习、实践、评估，三者的有机结合，就符合"理论联系实践""学习与反馈机制"的关键逻辑。在这三者的基础上，我们就可以做很多的学习创新，如你说我可不可以在正式学习之前安排一个翻转课堂，或者可不可以在实践的现场安排一场模拟考试，再或者可不可以用神秘访客的方式来做评估，这些都是可以考虑的范畴。

评价往往是操作关键人才培养项目的最后一步，在这个部分我有三条建议，分别是："前后对策""基于场景""三堂会审"。

• **"前后对策"**

先说"前后对策"。我们很多的人才培养项目都会做一些测评，这类东西国内国外有很多机构都在做，而且还不断翻新花样。企业内比较常规的是类似于360综合测评、智商与情商综合测试（如华为、平安在招聘时常用的测评方式）、性格测评（DISC、MBTI等）、管理能力测评（根据素质模型定制化开发）等。我的建议是，最好项目实施前后各测一次，这样才能有效对比出人才经过培养期之后的变化（无论是认知，还是他人评价方面的）。那么问题来了：这样的"前后对策"，到底是用不同的题目，还是同样的题目呢？

在北京参加智享会的人力资源论坛的时候，我把这个问题抛给现场几十位HR同行，有一位马上举手告诉我："我认为是不同的题目，因为同样的题目学员会作弊，这样没有新鲜感，也没有可信度。"

这位HR的判断有一定道理，可又带来了另一个问题：假设你头一次测评得了60分，第二次得了80分，但题目是不一样的，那么你怎么知道不是因为第二次题目比第一次简单而造成的学员得分高的结果呢？这，就是很明显的"对测中的悖论"。

所以我的答案是："前后对策"应该是同样的题目，才能验证学员经过学习之后在测评中体现的变化。但是，如何解决上面那个HR提到的"作弊、没有可信度”的问题呢？

最后的解决方式就是：逻辑重组。

假设我们有100道测评题目，涵盖了领导力评价中的很多维度和内容，那么当我们再次安排学员测评的时候，我们只需要将所有题目的前后顺序、题目内的选项顺序、题干本身的表达方式做一个整体的逻辑重组，就可以有效规避学员第一次蒙题、第二次作弊的情况，因为对他来讲，题目内涵是差不多的，但是表达方式、选择逻辑发生了变化，他必须依靠这一段的学习再次做出思考和判断。而因为题目的内涵是一致的，我们就可以有效对比出学员学习前后的变化情况。

- **“基于场景”**

再说说“基于场景”。我本人是比较推荐用场景化的方式进行人才测评的。在某公司的时候，我们经常用真实的业务场景来考察“项目操盘手”学员（即营销项目总经理后备），如用某新区域的客观环境、指标要求、团队情况、竞争对手等要素做一个组合，让学员通过无领导小组、指定问题答辩、现场PK等方式来进行一次区域运营的研讨。研讨问题是：假如你是区域负责人，你会怎么做？这样的题目，往往都是真实存在的区域提出的现实问题，我们会提前让区域负责人提出来，并参与现场打分。这样的“现场研讨式评估”会作为该培养项目的收尾评估，参与的学员既研讨了问题、完成了评估，也帮助现实的区域出了问题解决的建议，可谓“一石三鸟”。这是一种非常有效的评估方式，也紧贴了业务痛点，它的本质就是一种企业内的评价中心技术。除此之外，在某公司，我们还曾让一部分业务后备管理干部进行行动学习，提前征集业务难点问题，通过现场驻点的方式研讨解决问题，回到总部汇报评估，由评审委员会打分，好的成果纳入业务实施建议，这也是一种“基于场景”的评估方式。

- **“三堂会审”**

最后再说说“三堂会审”。当我们对业务线关键岗位进行培养项目评估的时候，往往会有个问题：如果不请业务线管理者参与评估，那么业务的专业水平、管控水平无从把控；但在评估过程中，还希望能看到他的一些理论学习成果、职涯规划的思考等，这几个元素天然就不是一个评审可以搞定的，如何能够全面可信呢？答案就是“三堂会审”。

这个词的本身来自古代断案，它原意是指政府的几个部门领导联合对嫌犯进行会审，以期增强评审的说服力，最后将评审结果向更高一级领导或皇上汇报。反思基于业务的人才培养评估，如果要在一个评估现场达到“短平快”的客观公正，那么一个评审肯定是不够的，需要几个角色不同的评审组合，才能有效互补。例如，之前我曾经安排三个角色联合对业务操盘手学员进行评估：一位区域高管、一位人力资源高管、一位企业大学负责人（我本人）。这三位的角色可以用如下的表格来反映：

表 2–5　人才培养评估的“三堂会审”模式

评审角色	分工内容	效　度
区域业务高管	评估学员在业务操盘角度思维、打法的可行性	50%
人力资源高管	评估学员在团队意识、职涯规划方面的想法	30%
企业大学负责人	评估学员对于学习过程中的知识框架的掌握	20%

评估现场的模式，还是以学员汇报、评审出题或随机 PK 形式进行，但三个评审各自考量学员的维度不一样，三位一体，相对完整地考量了培养项目结束时学员在业务、职涯、理论三方面的掌握情况。同时，为充分考虑到学员作为业务线管理者后备的特性，还从效度角度做了设计，区域业务高管评价占 50%，人力资源高管评价占 30%，而培训负责人只占 20%，这样就还原了业务管理者应该有的素质侧重点，更符合现实，避免“满腹经纶、百无一用”的书生出现。在这个过程中，作为企业大学负责人的我，主要工作还是做系统、搭台子，我的重要性并不来自那 20%，而来自对整个过程的把控及人员的有效安排。这样的思考，也是一种“密联业务、尊重业务”的体现。

第三章

谁是真的用户：跳出培训规划及需求设计的“天坑”

“定位”是商业管理领域的一个关键词，作为商业组织的一部分，培训管理自然需要遵循定位原则。可以说，所有的培训无用，问题 80% 出在需求定位上。

从商业的视角看，我们的用户应该对培训拥有最终解释权，能够从需求端、成果端验证培训的效果。而事实证明，单纯地根据大面积员工调研来推导培训需求定位是无逻辑的、错误的。这些年，不少培训管理岗被这个逻辑误导，跳进了一个又一个“天坑”。如何跳出这个天坑，让培训需求的设计回归“有用”的轨道？在这一章我会跟大家聊两个关键思维：谁是真的用户、意愿不等于行动，然后向大家介绍完成培训规划（含需求调研）的三种作战方法。

第 1 节　关键思维：谁是真的用户

关键词：“分流而治”“532 模型”

写这段文字的时候，正好是 2017 年的下半年，深圳还算温暖，而北方的天气已经开始微凉。每年到这个时候，大量培训管理者就要开始做培训总结和新一年的培训需求调研。而此刻在我们面前就有一个很明显的“天坑”。

15 年前，我在家乐福南区做一名普通 trainer（专员级）。记得一次年初做全员需求调研问卷，回收后发现员工的需求五花八门：有区域内市场环境分析，有案场导购技巧，也有人提出想学习德语、法语。我印象最深的是一位怀孕 5 个月的准妈妈，情真意切地告诉我：“Eric，我很快要当妈妈了，很想学习一下育儿之道。”那时我资历尚浅，老老实实排出了一份详尽的《年度培训计划》。当我拿着这份计划去区域培训经理处审核的时候，她看完回了我一句让我至今记忆犹新的话：“Eric，你为什么要调用组织行政资源去满足员工的个性化需求？组织的行政资源是有限的，而员工的个性化需求是无限的。”

• “分流而治”

那么，什么是组织行政资源？什么是员工的个性化需求？关于什么是组织行政资源，这个答案很简单，凡是组织可以良性调动的内部资源（人、财、物等）都可以称为组织行政资源。关键问题应该是：员工的个性化需求，我们应该忽视还是应该去满足呢？

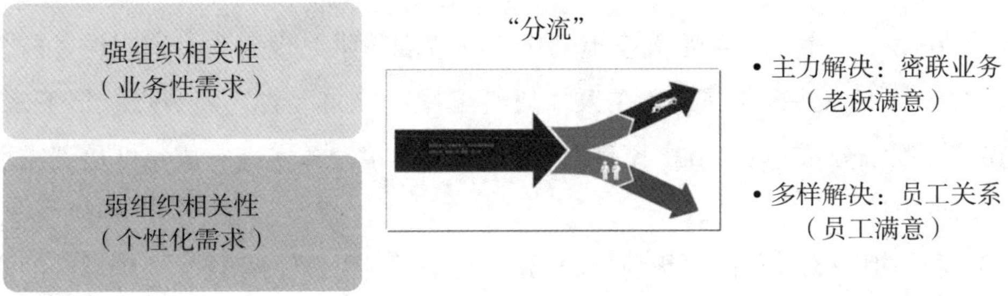

图 3–1 员工培训需求的“分流而治”

这个问题分两方面去看：一方面是和组织内战略、战术及外部市场活动相关的需求，如上文提到的“新进入城市的市场环境分析”“导购技巧”等；另一方面属于个人的学习成长需求，如“学习法语”“家庭育儿”等，我们说的“员工个性化需求”往往指的是后者。作为培训管理者，如果利用主要组织资源去满足员工的个性化需求，实际上就构成了一种偏离了组织战略需求的“成本浪费行为”。那么，新的问题是，是否可以在工作计划里删去这部分需求？

科学证明，凡是一概而论的工作，往往都没有好结果。既然在调研当中出现了业务性需求与个性化需求，那么就要学会“分流”。业务性需求，自然是培训主力去解决，为的是让老板满意，不然也谈不上“密联业务”了；而很多员工的个性化需求，可以分流到员工关系的范畴，如团建、亲子活动等，或鼓励自我学习范畴，如建立图书角、读书漂流等，带来的是员工满意，但不一定非要设立一个培训项目去解决。

• “532 模型”

那么，谁是我们真的用户？如果拿企业三个阶层（高、中、基）来做一个关于需求有用度的分析，我们就能得出一个“532 模型”，这个模型在我们的第一章当中曾提到过。

表 3–1　全员需求调研的“532 模型”

定义层级	对应职级	客户痛点	客户尖叫点	调研有用度
高层	总经理级、总裁级、老板	组织战略及运营方向	利润上升、市场取胜	50%
中层	部门经理、总监、副总级	业绩指标及团队管理	绩效达成、团队提升	30%
基层	专员、主管、技术骨干	个人成长及专业技能	能力提升、领导认可	20%

在第一章中，我曾跟大家提到过“满意度陷阱”现象和一本叫作《乌合之众》的书，并提出了 HR 在人才战略工作中“向上看”的观点。接下来，我们详细来分析一下“532 模型”，以及如何简单、务实地完成年度培训需求调研的方法。

我们把一家公司的层级简单分为三级：基层、中层、高层，三个层级的痛点、关注点各不相同但又连成体系。其中，高层对应管理团队成员，他们的痛点是公司的战略与运营方向，即“立足现在，放眼未来”；他们的尖叫点是企业的利润上升或市场占有率的提升。如果我们的精力是 100%，那么对他们的调研至少要花去 50% 的时间，这部分精力决定了接下来培训规划的方向，即什么样的培训主题可以有效地支持公司的战略和运营。

中层对应部门级的管理干部，他们的痛点是部门的业绩指标和团队管理，即“完成指标、带好团队”；他们的尖叫点是绩效的达成和团队作战能力的提升。我们对他们的调研精力要占到 30%，这部分精力决定了接下来培训规划的内容，即什么样的培训内容可以有效地支持部门业绩指标的达成。

基层对应的是员工、执行层的基层干部和技术骨干，他们的痛点是个人职业生涯的成长和专业能力的提升，即“职涯发展、能力成长”；他们的尖叫点是获得个人能力的提升与领导的认可。我们对他们的调研精力要占到 20%，这部分精力决定了接下来培训规划的形式，即什么样的培训形式可以使员工有效地学习成长。

显而易见，公司的中高层是我们的主要客户，他们占我们需求调研的80%的精力以解决战略与指标问题，决定培训需求的方向与内容；而员工层则构成了对形式的补充。对于这三类人群的具体调研方式及实践，我们会在后面详细举例说明。

第2节　关键思维：意愿不等于行动

关键词：客户喜好、乌合之众、员工动力

从调研有用度的角度上来看，单纯地根据大面积员工调研来推导培训需求定位是无逻辑的、错误的。比如，我们在做企业培训需求调研的时候，往往会遇到这样一种情况：根据大部分人的需求安排了培训，大家也觉得挺重要，可是最终培训交付的时候，就总有那么一拨人推托工作忙等原因来不了，可恰恰就是这拨人提的培训需求。于是培训管理者就开始困惑，到底应不应该兼顾大多数人的需求安排培训？为什么培训参与度低？什么是破解员工参与培训动力之道？

10多年前，索尼推出一款掌上游戏终端PSP，一代产品推出了黑白两色，大获成功，成为当时移动娱乐终端的代表产品。当时游戏事业部准备推出PSP2.0的产品，希望以更多配色获取更大的市场，于是安排了一个客户调研，询问客户对颜色的喜好，有近54%的人都选择了黄色。如果按照纯粹市场调研的结论，二代产品应该首推这个颜色。就在内部会议做决策的时候，有位微软过来的资深工程师突然回了一句：“到底我们是应该跟着客户的喜好走，还是根据市场过去发生过的选择行为走？”经过讨论，索尼最终决定还是大量生产黑白两色，少量黄色。果不其然，大部分客户购买的还是黑色，即便是少量的黄色，也发生了滞销。

互联网时代，挑选很简单，决策不容易，所以真正衡量有效客户的标准，并不是客户的口头承诺。因为每当涉及个人需要花费自身时间、金钱成本的时候，往往选择就变得慎重起来，而只是征询意愿的行为，往往得到的答案都比较“轻佻”。锤子手机创始人罗永浩用一个条件来确定他的客户，就是每个预定客户需要象征性地交纳300元订金，发货前再补齐余款。这么一个动作，看似提高了客户承诺的门槛，实际上却能提前甄别有效客户。有本书叫作《乌合之众》，我读完之后最深刻的感受就是，千万不要让不能掌握自己命运的人的需求来左右你的精力投放：企业内有很多员工，他们不清楚自己的职业规划、工作中的需求和问题，也左右不了自己的时间，那么当你安排培训来满足这些员工的需求的时候，往往他自己忽然“想清楚了”，或他的上级对他有别的工作安排，他就来不了了，然后回复你“工作忙、没时间”，这就是很多员工参加培训不积极的“本质”。

那么谁卡住了员工的咽喉？谁决定了员工的行动力呢？还是企业的高层和中层。他们决定了企业的战略和战术，是我们的主攻对象，是需求方向的来源；而员工层则可作为一些需求补充，是培训形式的来源；对员工调研中发现的共性问题反馈，则可以作为管理改进建议，有效反馈给中高层，作为培训调研的副产品，也算是一种“组织改善建议”。我在第一章中提到了“管理者承诺”现象，对员工的行动力和推动力做了分析，大家如果遗忘，可以温故而知新。

如果培训管理者对员工的培训需求不加甄别、分流，就去调动组织的资源，这就是在错误的方向下执行：虽然看似有群众基础，过程很美好、热闹，即便年底所有员工都给你打了100分，你还是有可能被一个务实的领导边缘化或开掉——因为不贴近业务，浪费了组织成本。

在对“532模型”分析的时候我们提到过，对员工的调研决定了培训规划的形式，我们不能通过形式去递推内容，而应该从战略方向去思考我们的培训协同动作，所以公司的高层才是我们真正的“大客户”。当然也有人会告诉我，也许部分员工也能提出对企业战略的独特见解，为什么不让员工发表对战略和运营的看法，为什么他们不能决定培训规划的方向呢？我举个非常生活化的例子。北京的很多出租车司机对于国家大事能够滔滔不绝地论道；但如果你要了解中国的国家战略规划，你是去听国家领导人的演讲，去学习党的十九大精神，还是找一位北京“的哥”去“纵论江湖”呢？所谓“不在其位，不谋其政”，这句话是职场的铁律，你行走的半径决定了你的视野。接下来，我们结合实践来分析一下，如何有效地完成一份靠谱的年度培训规划。

第 3 节 重要工具：基于“532 模型”的需求调研法

关键词：工作逆转法、痛点与需求的不对等、“汇报式”调研

在我操盘过或给过建议的企业培训规划工作中，有三种常见的形式。第一种是战略推演法，由业务战略推导到人才挑战，再由人才挑战推导到人才培养，再由人才培养推导到培训体系；第二种就是我们接下来要说的基于组织内部调研完成的培训规划。当然，还有最简单的第三种，在假定企业业务逐年无变化的情况下，类比去年，简单地进行课程的更新或修补，这种属于培训管理的初级阶段，一些业务发展缓慢或主张“培训即福利”的企业常用这种类比更新法。第一种必须对于公司业务战略、人才战略有清晰的分析，属于顶层设计，需要调用较高的战略意识，越往上走的 HR 越容易使用这种培训规划方法；第二种需要有良好的调研分析技巧，属于培训管理的中等难度技巧，需要通过“532 模型”合理地覆盖企业的高、中、基层级，涉及战略、运营、员工成长三个维度；第三种是以纯课程体系建设为轴心的，方式较为单一，通常培训管理者都可以通过课程微调、强化内部讲师和适当补充外部课程的方法来完成。

表 3–2 基于实践的三种培训规划方法

培训规划方法	关键步骤	关键能力
1. 组织战略推演法	由业务战略推导到人才挑战，再由人才挑战推导到人才培养，再由人才培养推导到培训体系	顶层设计，需要调用较高的战略意识（解决培训体系定位）
2.“532 模型”调研法	对高、中、基三个层级全方位调研，高层决定工作方向，中层决定培训内容，基层决定补充形式	良好的调研分析技巧，属于培训管理的中等难度技巧（解决培训计划设计）
3. 类比更新法	类比去年，简单地进行课程的更新或修补	以纯课程体系建设为轴心，方式较为单一（解决课程体系更新）

由于第三种方法比较单一，是一种典型的资源补充型的作战思路，在这

里不再展开分析了，重点跟大家聊聊前两种。

- **工作逆转法**

首先我们还是回到“532 模型”，先分析一下基于“532 模型”调研的培训规划方法。前面的模型表格中，大家已经看到了“532 模型”的基本思路，那么如何落地这 50%、30%、20% 的工作呢？让我们先从对员工调研的 20% 开始。

员工培训调研是最常见的一种培训管理动作，有些初入门的培训管理者习惯用发放需求问卷来完成，这不仅需要设计一堆开放式、封闭式问题，收到问卷后还要做大量的整理工作，我认为吃力不讨好。本来对员工层的调研我们就只需要花 20% 的精力，何必越做越复杂，越做越“专业”呢？因此，我建议首先需要抽选调研对象，不要做广义的员工层全员调研。调研对象的选择有两个方向，方向之一是“新旧”，各个部门选择入职不到一年的“新手”和入职三年以上的“熟练工”各一位，调研了解“新手”“熟手”完成个人工作所需要的关键技能；方向之二是“高低”，各个部门选择上一年度绩效考核优秀“高手”和中下等的“低手”各一位，调研了解“高手”“低手”对个人工作完成所需要的关键技能。从实践来看，两个方向没有明显的优劣，这两个方向的人群也会出现一定程度的重合，只要起到抽样的差异性就可以了。关键的问题是要问什么。

问什么呢？先给大家看一个我认为不那么专业但很常见的调研问卷。

表 3–3　A 公司 20×× 年度培训需求调查问卷（调整前）

<table>
<tr><td colspan="5">感谢您填写“20×× 年度培训需求问卷”调查，此次问卷旨在协助人力资源部持续了解员工对公司培训工作的看法、实际需求、建议和期望，帮助公司发现并解决培训工作中的问题，提升培训工作能力。调查结果和您的宝贵建议将作为公司制订 20×× 年度培训计划的重要依据。为了能有效收集数据，请您认真如实填写问题，谢谢您的参与。
说明：您的信息、意见和建议将得到充分的尊重，我们会认真阅读并对您提供的信息严格保密。</td></tr>
<tr><td colspan="5">基本信息（姓名、部门、职位、入职时间等）：</td></tr>
<tr><td colspan="5">培训需求调查（请勾选您认可的答案）</td></tr>
<tr><td colspan="5">1. 在上一年，您参加公司组织的培训次数为　　　次，在数量上您认为怎么样？</td></tr>
<tr><td>□ 绰绰有余</td><td>□ 足够</td><td>□ 还可以</td><td>□ 不够</td><td>□ 严重不足</td></tr>
<tr><td colspan="5">2. 您参加公司组织的培训次数较少的原因是什么？</td></tr>
<tr><td>□ 工作太忙</td><td>□ 没参加的必要</td><td>□ 非所需要</td><td>□ 没兴趣</td><td>□ 其他（请说明）</td></tr>
</table>

续表

为了更好地帮助您完成今年的业绩目标，请您根据自身的实际情况，选择并陈述出您最希望在 20×× 年接受的培训。				
3. 您认为个人 20×× 年培训需求重点在于哪个方面？（最多可选三项）				
□岗位技能	□商务礼仪	□人际关系	□职业素养	□行业及产品
□目标管理	□时间管理	□企业文化	□其他（请说明）	
4. 您希望外部部门提供给您哪方面的知识培训？请在表格中针对所选课程详细阐述您希望获得培训的具体内容。（可多选）				
□产品设计类	□市场营销类	□财务管理	□行政管理	□信息化技术
□政府关系	□供应商管理	□领导能力	□人力资源	□其他（请说明）
5. 如果公司根据您的培训需求提供相关培训课程，您是否会去参加？				
□会参加	□可能会参加	□不一定	□看时间	□其他（请说明）
6. 您希望自己所在部门能够给您提供哪些专业培训？（详细阐述能帮助我们准确了解您的需求）				
7. 除本问卷所涉及的内容外，您对公司 20×× 年培训还有哪些建议和期望？				

这份问卷内容可谓是“问题百出”，我结合这份员工需求调研问卷跟大家来做个分析。首先，问卷开头那段话里说，这个调研是为了“协助人力资源部”“提升培训能力”，这句话就完全是 HR 本位主义的工作风格。大家想想，其他部门的员工为什么要来“协助人力资源部”呢？公司是一个由上至下的管控架构，各部门员工的工作都是由自己部门的业务主管亲自控制、考核的，人力资源部又无法控制员工的行动力，考核他业绩的好坏，那么业务部门的员工为什么要抽出时间来协助人力资源部呢？这是一种本位主义、一厢情愿的做法，做这张表的 HR 活在自己的世界里。聪明的 HR 行事风格是把自己的工作变成别人的工作，即“工作逆转法”。让业务部门意识到这份工作对他业务的直接推动性和必要性，由“选择做”变为“必须做”。因此，切忌出现这种要求别人来配合你工作的“爱的呼唤”。如果单纯从问卷开头这段话提建议，可以改为：“为配合部门业绩指标达成，全面提升员工自身专业及综合能力，助力个人获得更好的发展空间，公司人力资源部特邀请大家填写此需求

表。您的信息、意见和建议将得到充分的尊重，我们会认真阅读并对您提供的信息严格保密。”这么一段话，最起码在关注点上，由“关注自己”转变成了“关注他人”。

其次，我们再来看第一个和第二个问题，我认为这两个问题完全没有提出的必要。培训不是以数量来取胜的，不是说办得越多越好，所以你问员工上一年参加培训的数量几何，无论员工如何回答，都是主观的、无效用的。培训的具体数量、内容是依据组织战略、运营的需要去安排的，而不是员工个人认为应该多与少。第二个问题问员工“过去参与培训少”的原因，这又假设了一个前提，即员工过去天生对培训是没有兴趣的。在这个假定前提下，员工的回答内容又是无意义的，他选择五个选项中的任何一个，作为操作者的HR，又能采取什么实际动作呢？无效的问题，必然带来无用的答案，我们不能为了问问题而问问题。

再看问题三和问题四，其实都是问培训课程的需求，但又复杂地区分了内部和外部，同时选项又在语义上过多重复。如果换位到员工本人，你会发现其实无所谓什么内部的、外部的，那只是HR的一个分法而已，这个分法对HR而言貌似专业，但对业务线员工而言毫无意义。管他内部外部的，只要是需要学习的内容就好，选项过多，反而会带来困扰。“伤其十指，不如断其一指”，HR的工作一定要简单、务实，要从客户的角度考虑问题，千万不能走入专业的深井。所以这部分宜直接把它简化为一道开放式的问题：“为了更好地完成明年的工作，您希望学习什么内容？”至于分不分内部外部、题目内要不要给出选择项，我认为实在不是要考虑的问题。

第五个问题属于“自毁前程”，问员工如果安排了他会不会参加，实际上就是要求员工提前做出一个承诺，但这个承诺又是不用负责任的，因此口头说说就好了；这种问题还会变相地暗示员工：我即便照你说的安排了，你也是有可能不来的。这就像某地产商在开发之前做调研，问到某私营老板：“× 总，您看我们的项目如果在这个地段、这种配套、这个价格，您会不会买呢？”私营老板回答：“当然会啊，这么好的项目，一定会买。”两年后地产商开盘，这位老板并没有买，地产商不解地再问他：“我们的项目已经开盘了，为什么不见您过来买呢？”私营老板很干脆地回答两个字：

“没钱！”这就是“承诺的随意性”问题。

第六个问题，也属于一个废问题，已经有了前面几个问题，反复、变着花样地问员工培训需求，这时候又问一句，表面上看，是想了解这个部门内有没有专业培训；但实际上，这个问题应该问部门负责人啊，这类管理动作的发出者是部门管理者才对，你问员工本人，答案是有或没有、好或不好，你知道部门负责人的意图吗？他是有意安排或不安排，还是有其他原因？这个结论你从员工调研中无法判断。

最后一个问题，也即第七个问题，属于补充建议，我认为只要员工回答了自己的培训需求本体就够了，不要让不专业的人干专业的事情。员工在业务上专业，在培训管理上是不专业的，问这类延伸性建议，员工很容易答偏，甚至转移到一些纯行政组织的工作上来，如吃得好不好、住得好不好、服务满不满意等。这些又能不能满足呢？答案显然是否定的。既然无法满足，又问什么呢？这就违背了培训管理的一个关键原则：不要从行政组织里去找价值，而要从内容本身去找。关于这个原则，我会在第六章里跟大家详细分析。

因此，如果我来设计这份问卷，我会将其简化如下。

表 3–4　A 公司 20×× 年度培训需求调查问卷（调整后）

为配合部门业绩指标达成，全面提升员工自身专业及综合能力，助力个人获得更好的发展空间，公司人力资源部特邀请大家填写此需求表。您的信息、意见和建议将得到充分的尊重，我们会认真阅读并对您提供的信息严格保密。
基本信息（姓名、部门、职位、入职时间等）：
培训需求调查
1. 任务：根据部门要求，您 20×× 年的重点工作任务是什么？
2. 能力：为了更出色地完成以上重点工作，获得高绩效，您个人需要进一步提升的专业技能有哪些？
3. 延伸：除本问卷所涉及的内容外，您对个人的学习和成长上还有哪些期望？

表 3–4 这份问卷与表 3–3 相较，基本上是“换头”式的变化，我只问

了三个问题，改动了 80% 以上的内容，同时极度简化，只关注三个要点：任务、能力、延伸。我需要了解的就是员工新一年的重点工作任务，以及完成任务挑战所需要的技能，最后问一句，员工在学习成长上的期望作为补充。这份问卷比起上一张密密麻麻的问卷，好像不是那么“专业”，尤其是没有什么选项、格式之类的。但我需要反问一句：我们的 HR 工作是要“看起来专业”吗？我们的工作应该是简单而务实的，一定要落地；专业而复杂，同时带来过多的后期工作量，整合之后很多答案还是无用的，要这样的调研干什么？

以上是对员工调研的对象选择（抽样）和内容（三个问题），我建议选好对象，直接发个问卷，设定时间专人回收简单整理，顶多占我们需求调研的 20% 的精力。

- **痛点与需求的不对等**

接下来我们再来聊聊对中层的调研方式。在“532 模型”中，我们提到了对中层关注点（痛点、尖叫点的分析），结合公司中层的特性，我的建议是：

表 3–5 “532 模型”之——中层管理者调研模板

1. 调研对象	分部门，优选部门一把手（最终解释权）；如果很忙，建议选择二把手，但需要和一把手打个招呼或取得确认。
2. 调研形式	直入主题。如果你和业务部门非常近，如你就是一位 HRBP，我建议直接找过去就好；如果比较远，可以考虑电话或微信的方式，让对方简单反馈即可，这部分我就不建议用问卷了。
3. 调研内容	切入主题，关注中层管理者两大痛点：指标达成和团队管理。
3.1 指标达成	您部门明年的指标是多少？（此问题作为了解和铺垫）
3.2 业务能力	为了达成指标，您希望我们协助您和团队提供哪些专业技能培训？（关键问题 A）
3.3 团队能力	为了团队的成长，您希望我们提供哪些管理和素质类培训？（关键问题 B）

关注这三个方面，可以使我们非常简单、务实地完成对中层的调研，指导我们培训内容的安排，尤其是专业类培训内容，由于 HR 对业务的了解不

如业务管理者，他们的建议就更加重要。但这个部分，我们需要关注的是，业务管理者反馈的管理和素质类培训需求，是否现实可操作？这件事情的本质，是“痛点”和“需求”不对等的问题。

我的一位朋友发生过这样一个故事：某一天，他的肚子左侧下方突然疼痛，没办法，他就马上去了医院，但去了医院并不知道应该挂哪个科室，于是他就问挂号处的护士。“我的肚子左侧下方疼，要挂什么科啊？”“左侧下方是吧，我看看，哦哦，是肾，你挂肾内科吧！”于是他交钱挂了号，去到了肾内科。肾内科的医生需要仪器的判断，于是让他交钱明天来做B超。他交钱，预约了B超之后，第二天排队做了B超，几天后去医院把结果给医生看，医生看完后的第一句话就是：“先生，你的肾很好，没问题，恭喜你依然拥有幸福的人生！”于是那位朋友就纳闷了：那我那天下午肚子左下方疼到底是因为什么呢？问了半天，他的一个跑友告诉他，是因为前一个小时跑步过快造成了岔气，他们也经常遇到。折腾了半天，原来是这么个结果。

在这个故事当中，“肚子左侧下方疼”是痛点，而实际上需求变成了“验证肾有没有问题”这个动作。这类现象在组织管理者当中时有发生，它的本质叫作“痛点与需求的不对等”。

2016年，我在北京参加了一个行业论坛，发表了一段关于组织能力建设的演讲。讲完之后有位本地企业的业务部门负责人跟我说，“何老师您之前在某企业做过，有机会来跟我们讲讲执行力吧。”我下意识地问他：“您希望我来讲执行力，是希望解决什么问题呢？”他说：“我觉得我们部门的员工执行力不行，工作热情不够，惰性太大，希望您能过来打打鸡血。”我笑着对他说：“如果是这么一个目的，恕我爱莫能助；不过我可以告诉您，通常组织的执行力弱，有三个原因。原因之一，是业务指标过高，员工没有信心完成，造成执行力低下。在这个时候，我们需要告诉员工完成指标的方式方法、目标的分解，并提供必要的资源协助。原因之二，是业务指标虽然正常，但部门内有不少新员工，缺乏完成指标的必要专业能力，所以执行力低下。在这个时候我们需要告诉员工执行任务的专业技能，甚至用老带新的方法去提升他们的执行力。原因之三，是业务指标正常，也有完成工作的必要能力，但组织内部的一些员工，在公司工作一段时间之后，没有挑战性的任务或发展平台，对工作本身丧失了热情，成了‘老油条’，所以表现出来的状态也是执行力低下。在这个时候，我们需要考虑的是员工的成长和发展问题，给他们一定的挑战和激励，甚至通过组织裂变、事业合伙人等方法去激活他们的战斗力。”

因此，一个简单的“执行力”问题，背后隐藏着的都有可能是组织的管理问题，这就是“痛点与需求的不对等”。你的需求是“执行力”，但“痛点”却和上面的三个原因有关系。在组织当中，我们对中层进行调研的时候，也会有这样的现象，作为培训管理者，千万不能盲目“接单”。我们的建议是，在对中层调研的时候，凡是属于专业性的问题，以中层反馈为主；如果属于管理和素质类问题，建议先了解一下组织情况，问问中层管理者要安排这类培训的原因，再作出判断，是安排培训，还是提出对组织的改善建议。如何了解组织情况？这个功夫不在调研的那一刻，而在日常你与业务部门的联动中。

还有一个问题，当中层管理者反馈的培训需求和部门内员工反馈的需求产生不一致怎么办呢？从业务管理的现实来说，中层管理者担负了部门的业绩指标，他们定义的部门内员工为了完成任务所需要提升的各项技能，是我们需要优先考虑的，具有更强的管理意义，属于组织行政资源应该倾斜的方向。员工为了完成部门指标所需要的技能，本身就应该和中层管理者的定义相一致。与其一致的，可以直接考虑进来；不一致的、个性化的需求，不一定要100%删去，我们前面提出过建议，可以通过“分流”的方法去解决。因此，在所有管理动作的调研上，我们始终建议“向上看”。

- **“汇报式”调研**

接下来我们再聊聊对于高层的调研方式，在“532模型”中，我们提到了对高层关注点的分析。高管最关注的是组织战略和运营情况，他们决定了我们培训规划的方向。而高管有其自身管理高度的特殊性，我对其调研的方式建议如下：

表 3–6 “532 模型”之——高管调研模板

1. 调研对象	建议管理团队（即分管公司各主要板块的副总裁级别）都能调研到，他们的建议对未来培训的方向有指导意义
2. 调研形式	2.1 最好面对面调研，没有什么固定的问题，要给予对方充分的掌控和自由度 2.2 不建议使用诸如 BEI 行为访谈之类的结构化的调研方法，更不要让高管去填写问卷；否则，这种机械式、低层次的行为，一定会招致高管的厌烦。对高管最好的调研方式，就是“汇报式”的调研
3. 调研内容	
3.1 内容汇报	在综合中层管理者和员工调研的基础上，将公司明年的培训重点做了一个整理，然后有重点地标注出来，拿给高管提建议
3.2 补充建议	让高管提出自己对明年培训的建议或补充

对高管的调研核心，就是“汇报式”的调研。

虽然看起来高管团队调研的方式简单，但要花去的时间却最多。我建议主要管理团队成员一定要当面调研，听取他的建议，即便他长期出差不在，也可以通过邮件、微信、电话的方式进行“汇报式访谈”，最后还要整合到一起给老板汇报、定案。由于是面对面的，所以花的时间最多，但成效最大，因为他们是最懂公司战略和运营方向的人，甚至他们的建议可以对前端中基层调研的结论进行一定程度的纠偏，重新指导方向。

有人会说，为什么不一开始就去问呢？直接开口问高管明年公司的战略是什么、您有什么培训建议不就好了？这就完全忽视了高管的职位特性。公司是一个由上至下的管控结构，高管最喜欢的是在了解下层思路的基础上做出决策，喜欢看的是集思广益、明确的依据、量化的数据，因此千万不要“空对空”地去找高管做调研，一定要有中基层的调研作基础支撑，并采取他最熟悉的“汇报式”调研的方法，才能使这样的沟通有效。

“汇报式”调研分为内容汇报和补充建议两步。我们在综合中层管理者和员工调研的基础上，将公司明年的培训重点做了一个整理，然后有重点地标注出来，拿给高管提建议，同时让他提出自己对明年培训的建议或补充，这样就完成了一次“汇报式”的调研。同时，我建议管理团队里的每一位成员都能调研到。在最后，整合出明年的培训规划之后，将完整的规划思路汇报给 CEO，请他最终提出建议或补充，完成定案。

以上我们就结合“532 模型”对组织中的三个层级调研的方式做了一个系统的分析，由于内容比较多，为了便于大家理解与操作，我再把它浓缩到一张表格当中。

表 3–7　全员需求调研的“532 模型”（全盘操作）

定义层级	调研对象	调研形式	调研内容	调研有用度
高层	公司管理团队（副总裁—总裁）	现场汇报式调研	在中基层调研基础上，请对方给予建议及补充	50%
中层	各部门一把手（或二把手）	现场或微信调研	三大问题：指标达成、业务能力、团队能力	30%
基层	员工抽样（新旧 / 高低）	问卷抽样调研	三大问题：任务、能力、延伸	20%

第 4 节　重要工具：战略推演法

关键词：战略目标、人才挑战、人才培养、培训体系、培训计划

之前跟大家完整地介绍了基于“532 模型”的培训需求调研方法，这是一种最常见的培训规划方法。最后我再跟大家补充一下基于战略推导的“组织战略推演法”。这个方法的核心分为三步：由业务战略推导到人才挑战，再由人才挑战推导到人才培养，再由人才培养推导到培训体系。这个方法比较适合在公司人力板块中职位比较高的管理者操作，因为他相对会更容易理解公司战略，或获取到公司战略的相关数据、概要，并能够结合个人资历完成有效的分析。大型公司培训体系建设、企业大学建设，大多都使用这种“组织战略推演法”，从顶层设计端去思考培训体系规划。我以企业实践工作为例，将这三个步骤给大家做一个示例。

- **从战略目标到人才挑战**

表 3-8 战略推演第一步：从战略目标到人才挑战（示例）

业务战略目标	战略目标实现举措	人才战略挑战
1. 20×× 年营业额达到 700 亿人民币 2. 3 年内净利润进入行业前三名 3. 扩大 A 产品线规模，为盈利结构调整到占比 40% 的长远目标奠定基础	1. 战略导向，配置资源 2. 在 15 个区域增加更多项目（目前 80 个，要达到 200 个） 3. 进入更多的二线、三线城市，高效复制成熟产品 4. 落实三级管控，提升组织能力	1. 业务迅速发展，200 人的经理人队伍，无法满足项目裂变的需求 2. 要进入更多的二线、三线城市，城市公司总经理及管理团队的储备不足 3. 专业人才，尤其是在投资、设计、营销三个领域高级人才配置不足 4. 有经验的专业人员主要靠市场招聘，80% 的人加入公司不到 2 年 5. 整体队伍较年轻，近几年大量招聘应届毕业生，但培养需要周期 6. 明年是客户服务年，客服高端人才尤其是大客户经营类储备不足，近几年还频繁遭遇挖角

上面这部分实现的是由业务战略目标到人才挑战的一个推演，各家公司情况不同，内容会有差别，但基本的思路，是由公司的业务战略思考，到公司实现战略的业务举措，而业务举措就会带来对人才、组织能力的挑战。中欧国际工商学院飞利浦人力资源管理学教席教授杨国安说过，企业成功 = 战略 × 组织能力。上面这部分的分析，就出现了这两个支撑企业成功的要素。紧接着，我们会从人才挑战的思路，过渡到人才培养的思路。

- **从人才挑战到人才培养**

表 3-9 战略推演第二步：从人才挑战到人才培养（示例）

人才战略挑战	人才培养思路	下一步重点工作
1. 业务迅速发展，200 人的经理人队伍，无法满足项目裂变的需求	1. 将培训中心建设为人才基地，加强各级人才培训与发展	1. 管理梯队培养：打造 A、B、C、D 四个高潜项目（含项目总监及经理人队伍）

续表

人才战略挑战	人才培养思路	下一步重点工作
2. 要进入更多的二线、三线城市，城市公司总经理及管理团队的储备不足 3. 专业人才，尤其是在投资、设计、营销三个领域高级人才配置不足 4. 有经验的专业人员主要靠市场招聘，80% 的人加入公司不到 2 年 5. 整体队伍较年轻，近几年大量招聘应届毕业生，但培养需要周期 6. 明年是客户服务年，客服高端人才尤其是大客户经营类储备不足，近几年还频繁遭遇挖角	2. 培养不少于 1600 人的中高级关键岗位人员和 1200 名应届毕业生 3. 强化企业文化培训，各层级人员都需要进行文化与价值观的熏陶 4. 建立与实施针对关键岗位人员培训与发展需求的班级与课程体系 5. 建立内部讲师与课件管理制度，培养一支高素质的内部讲师队伍 6. 建设培训管理与网上学习的信息化系统 7. 加强应届毕业生的培养	2. 大学生培养：每双月开办一期大学生培养班，每期 200 人 3. 打造 6 个适岗项目：包括管理人员培训、新晋升干部班、新入职干部班、内训师培训、文化宣讲师、员工大课堂 4. 打造 4 个专才项目，包括专业研修、精英俱乐部、培训操盘手、内外标杆 5. 打造一个案例学习平台 6. 打造一个在线移动学习平台

• **从人才培养到培训体系**

有了人才培养的思路和下一步的重点工作布局，便可以思考如何建立一个支撑企业业务战略的培训体系，结合表 3–9 的企业案例中的各项思路、关键逻辑，我们就可以落地到企业培训体系的推演，如图 3–2 所示。

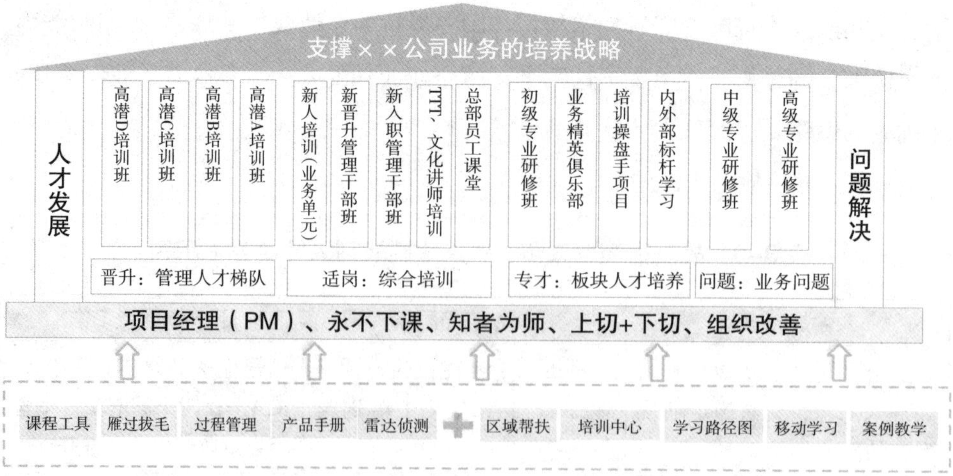

图 3–2 战略推演第三步：从人才培养到培训体系（示例）

• **培训计划**

剩下的工作内容就是一些培训项目的时间、操作安排了，这样的内容比较简单，有的企业使用甘特图，有的使用表格直接呈现，体现出培训计划操作的意图，这部分比较简单，结合图 3-2 的思路，我列一个简单表格，大家就能理解了。

表 3-10　培训体系之下的某年度培训计划（示例）

着眼点	项目名	项目介绍	举办时间	师资
高潜（4个项目）	高潜系列	培养 ×× 关键岗位（主任级以上）及优秀大学生中的潜力人才，以形成人才供应链为目的	高潜 A：3 月、8 月 高潜 B：3 月、5 月 高潜 C：2 月、6 月 高潜 D：3 月、7 月	内部讲师
适岗（6个项目）	1. 管理人员培训 2. 新晋升干部班 3. 新入职干部班 4. 内训师培训 5. 文化宣讲师 6. 员工大课堂	通过对新入职、新晋升的员工、管理者及预选讲师群体的培训，使目标人群充分掌握目前岗位应知应会的关键内容	总部员工课堂： 3—12 月（10 次）； 其他 5 个项目每季度一次	内部讲师、区域高管、外部咨询公司、外部优秀企业代表
专才（4个项目）	1. 初级专业研修 2. 精英俱乐部 3. 培训操盘手 4. 内外标杆学习	通过对各专业条线员工的培训及项目参观交流活动，充分提升其专业才能	初级研修班：按区域举办 业务精英：4 月、7 月 培训操盘手：6 月、11 月 标杆学习：每季度一次	内部讲师、区域高管、项目骨干员工
问题（2个项目）	1. 中级专业研修班 2. 高级专业研修班	通过对综合性问题研讨，安排与问题相关者参加，每个班均有问题解决成果产出	中级研修班：各专业条线每月 1 次，学院协助 高级研修班：每季度一次	内部讲师、职能条线高管、外部咨询公司、外部优秀企业代表

以上我们就结合实践介绍了完成培训规划的主要作战方法，以及两个关键思维（谁是真的用户、意愿不等于行动）。还是那句话，单纯地根据大面积员工调研来推导培训需求定位是无逻辑的、错误的，所有的培训无用，问题 80% 出在需求定位上。需求定位准了，规划靠谱了，才有可能真正做到培训的“上接战略，下接绩效”。

第四章

选、育、用、留：打造内部讲师平台生态圈

讲师也属于内部人才的一种，也需要符合人才的标准，符合人才管理的逻辑。那么，我们如何从人力资源的“选、育、用、留”的角度，来打造内部讲师平台生态圈呢？在这个生态圈的打造过程中，我们会涉及内部讲师建设操盘当中各个方面的问题。它们是：

- 选：谁来做，做什么；
- 育：怎么做，什么要求；
- 用：日常激活，动力激励；
- 留：讲师池动态管理。

第 1 节　选：谁来做、做什么

关键词：讲师分级、VIP 讲师、学员讲师、内训师的三个渠道

先来说说内训师建设的“选”。我们让谁来做我们的内部讲师呢？根据“知者为师”的逻辑，就是要有“具备优秀的主题相关经验，具有被证明的绩效”的内部人员。无论是业务单元还是职能部门，都可以诞生我们的内部讲师；甚至无论是新人还是旧人，哪怕是刚进公司的新人，如果他在过往公司中具有相应优秀的职业经验，也可以给我们“他山之石”的案例教学。只要能让组织吸取经验智慧，身份如何并不重要。

从实践角度来说，我们可以从三个渠道来思考我们的内训师来源。首先是大量的业务线“老师傅”，他们是业务线从一线员工到中高层管理者的全体，他们可以为组织贡献关于“业务价值链”的各类专业课程、经验，也可以贡献基于项目运营、团队领导力的各类管理课程、经验，甚至是一些关于内部协调沟通和客户基础服务方面的素质类课程、经验，有些在企业长时间任职、“根正苗红”的老员工，还可以成为企业文化的“宣传大使”。他们不光是内部讲师的来源，更是培训需求调研的组成部分。关于这个观点，我们在第三章中已经聊过了基于“532 模型”的全员需求调研法以及战略推演法。

- **讲师分级**

对于业务线的中基层讲师，我是建议分级的。我在 2016 年担任智享会发布嘉宾的时候，也有意识地留意了一下，近 500 家企业中有半数左右认为是应该分级的，他们认为级别的划分是激励内部讲师自我提升的手段之一，资质复审和等级晋升，不仅可以提高讲师的授课能力，同时也能作为一种荣誉和精神激励。此外，不同等级的讲师所具备的能力不同，可开展授课的范围及达成的效果也会有所差异。因此，级别的划分能够在一定程度上帮助人力资源专业人士合理、有效地配置讲师。有半数左右的企业认为讲师无须分级，他们认为创造“鼓励分享、强调公平”的氛围是其初衷。这个想法是比较美好的，但事实上，如果完全不分级，在对内部讲师的激励上就会有“大锅饭”的导向，授课或开发课程质量高低不同的讲师，必然要有不同程度的激励，这点和人力资源考核、激励的逻辑是一样的，我们考核的秤可以公平、统一，但对结果的激励，必然是因人而异的，要么“多劳多得”，要么按照重要性进行划分。不过站在另一个角度，要进行科学的等级划分也是存在挑战的。在实践中，不少企业简单地采用“授课小时数”等量化指标作为划分依据，这样的做法会有违公平原则；但如果设计一堆复杂的指标进行全面的测评后再评定等级，又会带来人力、物力的成本压力，有违“简单、务实”原则。如何为内部讲师进行分级呢？我以自己操盘过的一些企业内部讲师分级方式为案例，给大家做个分享。

表 4–1　A 企业的内部讲师分级方法（示例）

讲师级别	评级条件
高级讲师	授课过程中灵活性、针对性强，能有效解决课程中的实际问题 能够独立完成与工作相关的课程设计与开发 每年授课时数 36 课时以上 能够讲授 3 门以上课程，或 × × 学院认定的关键性、高难度的 1 门以上课程； 授课平均有用度 8 分及以上 (10 分制)

续表

讲师级别	评级条件
中级讲师	塑造良好的课堂学习氛围，吸引学员参与和互动 能够在他人的辅导下，完成双向互动的课程设计与开发 每年授课时数 30 课时以上 能够讲授 2 门以上课程 授课平均有用度 7.5 分及以上 (10 分制)
初级讲师	表达流畅，条理清晰，能够准确演绎课程内容 能够在他人辅导下，完成讲授为主的课程设计与开发 每年授课时数 24 课时以上 能够讲授 1 门以上课程 授课平均有用度 7 分及以上 (10 分制)

上述这家企业的讲师分级方法，除第一条和第二条是在表达和课程开发角度的非量化指标外，还有第三条至第五条”“授课时长”“授课门数”“有用度”这三项关键指标，这是一种常见的内部讲师分级方法，应该说其适用性是比较广的，很容易理解。让我们再来看下一家企业的讲师分级方法。

表 4–2　B 企业的内部讲师分级方法（示例）

级别	年度内授课课程平均满意度	年授课要求	认证对象（含行政级别）	向上升级条件
初级讲师	≥ 80 分	≥ 10 课时	经理级以下员工	具备 10 课时以上授课经验，应在所主讲的专业领域有两年以上工作经验
中级讲师	≥ 85 分	≥ 12 课时	经理级或总监级，有三年以上授课分享经验	担任初级讲师一年以上，并具备 10 课时以上的初级讲师授课经验，内部讲师年度平均考核良好以上
高级讲师	≥ 90 分	≥ 15 课时	经理级或总监级，有五年以上授课分享经验	担任中级讲师一年以上，并具备 10 课时以上中级讲师授课经验，内部讲师年度平均考核良好以上
专家级讲师（荣誉讲师）	≥ 95 分	≥ 18 课时	总经理级以上，有八年以上授课分享经验	——

这个分级方法在“满意度”“授课时长”角度和 A 企业是一致的，只是表达方式不同。我们先抛开“向上升级条件”不谈（这部分我们会在“讲师池动态管理”里讲到），最大的区别在于它在“认证对象”里加了一个“行政级别”。它的每个分级的讲师，都有不同行政级别的，如“高级讲师”需要是经理或总监级，且有五年以上授课或分享经验。当将行政职级和专业分级条件，如“授课时长”“授课门数”“有用度”等混合在一起作为讲师分级标准的时候，会在实践中带来对讲师分级评价的困难。举例来说，当一个内训师授课或分享了五年以上，但他的职级并不是经理或总监（这种在业务线比较常见），那么他是否永远就是“初级讲师”呢？或者，当一个内部高管级别够了，但他不满足授课的时长，那他到底应不应该存在于内部讲师团队之中呢？这就是我们说的“设计一堆复杂的指标进行全面的测评后再评定等级”的逻辑，明显有违我们的“简单、务实”原则。因此，我的建议是，行政级别应与内部讲师级别无关，只有根据个人的能力、授课水平和其他指标考核评定，才能在一定程度上保证讲师分级制度的公平性和科学性。

- **VIP 讲师**

除了业务线的“老师傅”外，第二个内训师的来源渠道就是公司的管理团队成员，他们掌控着公司的战略方向，是一群公司的“掌舵人”。作为培训管理者，我们很有必要让员工们清晰地知道老板的战略意图、公司的发展方向，进而有的放矢，提升个人的执行力。因此，高管担任一些战略、运营、高级领导力培训等方面的讲师是完全有可能的，只不过，有两个问题需要仔细考虑：

- 高管讲师是否列入讲师分级？
- 如何保证高管授课的积极性？

对于第一个问题，我的答案很简单：高管不列入讲师分级。因为上面我们已经说过了，不建议将行政职级与讲师评级挂钩，这样既会造成指标的混乱，又会影响内部的公平性。那么，如何操作呢？很简单，将其设置为“VIP 讲师”（有的企业冠之以“高级专家”等称谓），只要他属于高管序列，那就自然成为内部讲师，需要在课堂、内部分享会、新员工见面会、团建等活动中分享自己的经验和观点。只要他是高管，他就有培养后备人才、传承经验的职责。对他们无须分级，但激励还是应当要有的，这就谈到了第二个问题——如何保证高管授课的积极性？我们来看一下 C 企业的讲师考核与激励细则。

企业讲师考核与激励实施细则

为了进一步规范培训管理，提升培训质量，引导优秀讲师投入培训工作，对公司讲师考核与激励规定如下：

一、讲师的聘任

讲师不分专业级，内部讲师的来源为两种。

1. 高管：总裁助理、各系统总经理及以上人员，自动受聘为讲师。

2. 中基层干部：各系统或部门，选聘优秀干部担任讲师。

二、讲师的考核方法

依据制度，对讲师教学质量按照讲师积分进行细化考核评定。

1. 讲师积分 = 讲师每次授课积分之和

单次积分 = 授课满意度 × 授课时长 × 课程重要度

2. 指标说明

（1）课程满意度：由学员打分，满分为 100 分，若满意度的分数小于 85 分，则评定为不合格，不计入考核总分；课程满意度连续两次低于 85 分，则评定为不合格讲师，学院将通知该讲师所属单位取消其讲师资格。

（2）授课时长：计算单位为小时。

（3）课程重要度系数：

讲师类型	系　　数
总裁助理级（含）以上讲师	1.3
总经理级（含）以上讲师	1.2
其他高管级别讲师	1.1
非高管级别讲师	1.0

三、讲师的奖惩

1. 依据考核排名每年分系统选出优秀讲师若干名，在每年9月教师节期间予以表彰。

2. 各单位在干部提拔，职位晋升中应优先考虑优秀讲师。

3. 在年终考核中，优秀讲师在同等条件下应优先晋级薪酬。

4. 讲师年度授课时间不少于3天，低于3天者取消优秀讲师评选资格，并且取消所在单位评选先进单位或先进部门的资格。

某企业培训中心

20×× 年 × 月

这份考核与实施细则虽然文字短，但是包括的内容却比较多。首先，他们的讲师是不分专业等级的，但我们从后面看"讲师的奖惩"，他们对讲师优劣进行排序，并且考核结果还会影响薪酬晋级，因此还是有类似分级的考量的。其次，在考核中提到了"课程重要度"，重要度的评价指标是按照行政职级来的，这个和专业分级没有关系，但会影响讲师的积分排名，这个设定是有一定逻辑的。比如，一个总裁助理的系数是1.3，高于总经理的1.2，这是因为更高一级管理干部自身具有更高的管理视野，对战略、运营、市场的理解会更高，符合企业职级高低影响认知的逻辑，这和A企业的"×× 学院认定的关键性、高难度的1门以上课程"逻辑是一致的。通常我们说某门课程是否关键，都要和企业的战略、业务产生直接关联，而最简单的方法，就是类似这样的"课程重要度"系数。最重要的是，我希望大家看到第一条"讲师的聘任"，这里明确写出了"高管：总裁助理、各系统总经理及以上人员，自动受聘为讲师"这句话，这就能够直观地看到这家公司的高管讲师来源。这个逻辑和我上面跟大家提到的"只要他属于高管序列，那就自然成为内部讲师"是一致的。当然，这个"自动受聘法"的实施，和这家公司"董事长带头授课""强执行文化"这两个要素是分不开的；可以说，没有这两个要素，高管"自动受聘"只会是一个"美丽的谎言"，因为现实中谁能直接驱动高管去上课呢？大部分企业的HR显然没有这样的权力，即便有，高管对老板说句"最近业务很忙"估计也能让HR头疼不已。任何管理动作都是由上至下的，打造高管讲师团队也是这样。这和第一章中我们提到的“管理者承诺”现象是一致的。

这个时候大家可能就会有困惑了：假如我的公司老板很忙，我说服了几次也很难达到这家公司的“董事长亲自授课”的水平，那应该如何激励高管授课呢？这样的问题，我也遇到过，接下来我们看一下D企业的《高管授课管理规定》。

表4-3　D企业高管授课管理规定（示例）

VIP讲师（公司高管）有担任讲师的义务和责任，并需要进行课程开发、现场讲授、答疑解惑		
要求与责任	强制性授课要求	VIP讲师强制性要求参与总部大型集中培训、后备系列人才发展项目、大区培训中心集中培训项目授课
	授课有用度要求	VIP讲师授课要求VIP讲师每季度授课课时需在5个小时以上，平均有用度需在95分以上
控制与激励	授课情况公布	VIP讲师授课情况及排名将每季度定期公布于管理人员集中会议、各类人才供应链级培训等
	奖惩方式	××学院每半年对公司所有VIP讲师进行盘点，对完成授课任务的进行表彰（含海外游学及外部EMBA进修计划），未完成授课课时任务的，当月绩效扣减

上面这个案例中的企业的组织文化并不是强执行性的，而且老板也很难亲自带头授课，所以就必须从制度的角度来明确要求高管讲师的授课职责，进行日常控制。我们看到，它对高管的授课进行了强制约定，但实际上每季度5小时的量并不大，如果算上高管参与分享会议，其实很容易达成，难度不大，所以对于高管团队而言并不会有太大的抗性。同时，授课情况的公布是一种公开的荣誉或提醒，公布于管理人员会议上，有老板的参与，会增加这件事的影响度；最后的“奖惩方式”里，有奖励高管海外游学、EMBA进修计划等，其实都是很好的激励方式，因为这类进修计划除了是奖励，也是留人策略。

这是我们对于渠道之二“高管讲师”这一部分的分析，其他激励方式我们会在本章第三节向大家继续补充。接下来分析内训师来源的第三个渠道——

“学员讲师”。

- **学员讲师**

这个渠道的名称可能大家会比较陌生，它将培训中两个人的属性叠加到了一起，构成了一种新的讲师形态。这源自我多年前在某企业工作中对于内部讲师的一个思考，当时我们举办“基层干部培养班”项目，有大量优秀的一线基层干部参加。我们就想，既然这些干部们来自不同区域、不同部门，自身也很优秀，那么除了给他们上课的老师外，他们彼此之间能不能互为老师、相互分享呢？于是，我们设计了一个“专业及协同篇”的学习环节。由来自不同部门的十几位学员代表做课程讲师，除讲述专业岗位内容外，也设置问答交流环节，给学员提供充分了解其他专业的机会，这加强了大家对跨部门专业的了解，奠定了部门协同的良好基础。同时，结合另一门管理课程《跨部门沟通与协调》来提高学员的跨部门协同能力。实行一次之后，学员对这个环节反响良好，他们发现从同学的眼中来学习其他部门的工作是一件很有意思的事情，而且由于职级相同，他们又不存在对什么问题该不该问的担心。后来，这就成了这个项目的必备环节，大家甚至自发组织团队一起交流，收获很大。后来我去到了某企业，我们的很多培训项目都保留了“学员讲师”这个环节。

这也让我想起了我职业生涯中的一位业务线副总裁的一段话：“当年我在上海万科，工程质量和进度的压力很大，来了好多老师教我，都是工程界的高手，但是都解决不了我的问题。于是我北上去请教全万科工程最好的分公司——沈阳分公司，我问他们怎么管可以保证工程这么好，他们说‘我们什么也不做’，这句话点醒了我。我就回家分析，为什么什么都不管还能保证工程好。后来得出：作为甲方，其实只要做好五点就行了。1. 选好施工队伍；2. 签好合同；3. 准时办签证；4. 按时付款；5. 与施工单位上层积极谈判，获取施工单位的有效资源。后来我一直这么做，工程开始前就把这五点做好，工程开始之后可以什么都不管了。事实证明，只要做好这五点，年年得‘白玉兰奖’。也就是这句话让我体会到，在培训中，‘真正能帮他解决问题的是别的同学，而不是老师’，何况某企业拥有一万多名优秀干部，这些优秀干部都可以发挥能量，帮助别人解决问题，这是非常宝贵的资源。”

这段话其实就是对“学员讲师”价值的概括。组织是一个智慧的集合体，作为培训管理者，应该像海绵一样吸取组织的智慧。而大量一线的管理干部，他们本身就有着大量的来自一线的智慧，培训管理者打造案例系统、做复盘、进行研讨，其实都是为了抽取他们的智慧，那么在培训过程中，打造一个平台，让他们相互分享、成长，往往事半功倍。

- **内训师的三个渠道**

为了让大家对内部讲师来源的三个渠道（中基层讲师、高管讲师、学员讲师）有一个全貌性的掌握，我把上述内容整合到一张表里，让大家加深理解。

表 4-4　从实践角度思考内部讲师的三个渠道

三大渠道	讲师群体	讲师作用	是否专业分级
中基层讲师	业务线“老师傅”，从一线员工到中高层管理者的全体	基于业务价值链的各类专业、管理素质类课程、经验，或企业文化的“宣传大使”	分级（高、中、初；或一星、二星、三星）
高管讲师	高管、管理团队成员	战略、运营、高级领导力，让员工们清晰地知道老板的战略意图、公司的发展方向，进而有的放矢地提升个人的执行力	不建议专业分级；建议直接列为 VIP 讲师（自动聘用）
学员讲师	参与培训项目的学员	分享不同部门的专业经验，加强对跨部门专业的了解，奠定了部门协同的良好基础。发挥能量，帮助别人解决问题	不建议专业分级；建议成为培训项目当中的关键环节之一

第 2 节　育：怎么做、什么要求

关键词：“第四道”理论、学习文化建设、“教学相长”、觉醒层级

在打造内部讲师的过程中，“育”的部分，就是要解决讲师能力的问题。“知者”型的讲师与“实践为王”型的学员，是最理想的课堂状态。从这个角度出发，我们可以将培训当中的讲师和学员角色分为两类。

表 4-5　理想课堂状态当中的讲师与学员的角色

内训师的角色	学员的角色
√引导课堂讨论，取得课堂观点 √问题答案的寻找，以学员为金库 √传递理论、工具，及时作出补充 √给出实践建议	√通过讨论形成观点 √寻找答案（针对模糊、开放的问题） √记忆答案（针对特定的问题） √利用实践检验学习

根据心理学家和哲学家葛吉夫提出的“第四道”理论，教学手段可以对应分四段：第一段教学是“只说”，讲师在台上神采飞扬、吐沫横飞，授课之后学员“涛声依旧”；第二段教学是“致知”，讲师有效传递给学员，学员达到了知晓的目的，认为“有道理”，但“知易行难”；第三段教学是“致信”，学员坚信并自信能够用好它，但是通常离开课堂回到工作岗位上，找不到合适的应用场景，学到的是“屠龙之技”；第四段教学是“致用”，学习直指问题，刀刀见血，有效引用到场景。培训管理者要追求的是“致用”，“致信”只停留在课堂，从“致信”到“致用”，不仅需要学员自己相信，还要让他找到合适的应用场景（问题、对手），才能在课堂结束后“致用”。因此，讲师必须具有实战能力，有实践经验的总结，因为他做过、失败过，才能想到学员对该能力的应用场景。

《礼记·学记》中提到“是故学然后知不足，教然后知困。知不足，然后能自反也；知困，然后能自强也。故曰：教学相长也”。在思考学员的角色时，我们必须意识到，教学是相长的，因为学员本身“不专业的课堂表现”，如无目标、倦怠、困惑等，都会影响课堂当中讲师的授课效果。所以，很多企业在培训前都会明确地对学员进行一个“训前训”，即明确告知学员学习目标，领导打气、老板讲话、前任学员分享经验、预先提出挑战性任务或培训后的发展等，可以明确地激励学员在学习当中与讲师“教学相长”。这些表面上是对学员的“训前督导”，实际上是为了帮助老师更好地达成他的课堂使命，进而使培训效果更好。比如，下面是一家企业大学的学员学习公约。

《××企业大学学习公约》

在学习期间中，我承诺：
心态归零，全力以赴地学习 积极提问 主动学习新的思想和方法 绝不缺席和迟到 不在培训室内吸烟 在课堂上，我会将我的移动电话调成静音或震动状态 在培训过程中积极配合讲师及小组讨论，不闲聊 除非紧急事情，我只在课间休息时离开教室 课间休息后，我会及时返回培训教室 积极参加课余组织的文体活动 我会主动积极认真地完成主题作业 努力将我的所学运用于实践来提高我和所在团队的工作质量 承诺人 ________

该公约从行为上对学员的参与要素做了约定，在每次大学培训前进行一个“仪式性”的宣导，让学员形成习惯，这是一种常见的配合讲师的方法。大量的内部讲师来自业务一线，我们不能指望他们都具备良好的培训技巧，所以对学员端的辅助，有助于形成一种组织的学习文化，事实上这也就帮助了讲师，让他们可以更专心于自己的专业内容。因此，组织学习文化的建设，是培养内部讲师的一个先决条件。

当然还有企业通过“密联员工发展”的方法，来推动组织学习文化的建设，如下表所示：

表 4–6　企业后备干部学习成长路径（示例）

实践地点	达成时间	成就解锁
集团总部工作实践	20××年×月左右	第N年左右，晋升：区域副总裁（××方向）
区域业务单元实践	20××年×月左右	第2.5年左右，优秀的晋升：区域负责人（助手）
区域业务单元实践	20××年×月左右	第1.5年左右，优秀的晋升：项目负责人
项目业务单元实践	20××年×月左右	第0.5年左右，挂职：项目负责人助手
总部职能部门学习	20××年×月左右	入职：经理

在这家企业，后备干部项目的学员在活动中能明确得知优秀人才成长的方向，并且由公司总裁亲自宣导，这给学员带来了极其强大的学习动机，激发了学员的进取心，进而使得学员在学习过程中变“要我学”为“我要学”。他们会不断地提出问题，主动探究，这都符合柯维在《高效能人士的七个习惯》中提出的“以终为始”原则，很好地推动了学生与讲师的“教学相长”的风气和组织学习文化的建设，为内部讲师的工作与成长创造了良好的氛围。

有了“组织学习文化”这一先决条件，我们就可以去思考如何聚焦打造内部讲师的能力了。提到内训师培养，很多人第一个想到的往往就是TTT。传统的TTT培训，即以“编导演”为主体的内训师培养，并不能完全解决企业内训师授课能力提升的问题，这和TTT的原始设计有关系。TTT的设计本质，是国际职业训练协会的培训师训练课程，它更偏重于商业讲师类型的培训，即强化呈现技巧、应对学员的技巧、表达方式等。但TTT是不是完全无用，以及我们是否需要“独辟蹊径”去寻找新的讲师培养方式？

首先，TTT的存在，从培养讲师的呈现技巧、环境控制与互动能力的角度来说，是有一定意义的，这一点，我们从常见的基于TTT培训的内训师选拔评审卷就能看出来。

表4–7　企业通用及文化宣讲师选拔评审卷（示例）

项目	评价点	评分标准	满分	得分
1. 仪态	仪表	1—5分：举止规范、得体，适合讲课氛围	5	
	精神状态	1—5分：精神集中，情绪饱满	5	
2. 内容呈现能力	内容呈现	11—15分：讲授清晰，深入浅出，结合实际案例，适应学员需求 6—10分：清晰讲授大部分要点，但重点部分不够突出 1—5分：讲课思路混乱，重点不突出，不能够清晰呈现课程内容要点	15	
	流畅性	6—10分：以课件为纲，挥洒自如，内容准确不跑题 1—5分：照本宣科，讲解生硬	10	

续表

<table>
<tr><th>项目</th><th>评价点</th><th>评分标准</th><th>满分</th><th>得分</th></tr>
<tr><td rowspan="4">3. 表达呈现技巧</td><td>授课方法</td><td>11—15 分：采用适合内容的多种授课方法，使学员积极参与，体验到课程要点
6—10 分：能采用一种以上的授课方法，有效调节课堂气氛
1—5 分：课程设计采用输灌模式，培训为讲师“一言堂”</td><td>15</td><td></td></tr>
<tr><td>肢体语言</td><td>8—10 分：较好地利用目光、手势、走动等肢体语言，提高讲课效果
5—7 分：有多种肢体语言，但运用不够自然，需改进
1—4 分：没有恰当的肢体语言，气氛沉闷</td><td>10</td><td></td></tr>
<tr><td>声音语速</td><td>6—10 分：语音清晰，语速、音量适中并起伏变化，有吸引力
1—5 分：语音含糊，语速、音量不合适，学员听不清或变得厌倦</td><td>10</td><td></td></tr>
<tr><td>应对提问</td><td>6—10 分：能够引导提问，提出合理解释，同时激发学员思维
1—5 分：不能正确应对提问</td><td>10</td><td></td></tr>
<tr><td rowspan="2">4. 课堂控制</td><td>学员控制</td><td>6—10 分：较好地控制学员的情绪，具有良好的课程节奏，收放自如
1—5 分：不能够有效保持学员注意力，课程节奏控制不当，难以应对突发事件</td><td>10</td><td></td></tr>
<tr><td>时间控制</td><td>6—10 分：按时结束课程，并按照课程设计进度展开课程内容
1—5 分：超时或短时 3 分钟以上，或重点内容没有表述完成</td><td>10</td><td></td></tr>
<tr><td colspan="5">☆评审委员建议：□已具备现场培训能力，推荐□尚不具备现场培训能力，需再培训</td></tr>
<tr><td></td><td>总分</td><td></td><td>100</td><td></td></tr>
<tr><td colspan="5">注：讲师候选人得分在 60 分（含）以上者为推荐范围；60 分以下者，则需要进行再培训提升或被指导</td></tr>
</table>

这是一家大型企业的内部讲师选拔表单，由 HR 组织讲师候选人参加标准的 TTT 培训，然后再通过试讲的方式进行认证。在这份表单当中，除 25 分

的分值与内容有关外，大部分是关于呈现技巧，甚至仪态的。企业内很多讲师来自业务一线，他们的专业是业务工作而不是授课，他们最有价值的部分是业务经验而不是口才。作为企业内的培训管理者，应该将重心放在如何挖掘有经验的内训师，如何鼓励他们帮助学员解决业务问题方面，而不是盲目去提升他们的呈现及表达能力。换言之，呈现能力强不强、课件是不是足够漂亮，完全不应该是评价内部讲师的标准。那么，这张评审卷还有没有存在的价值呢？

放眼组织内全员，我们会发现，其实并不是所有的学员都是直奔“有用”而去的，有些学员甚至希望在一个相对活跃的氛围当中去学习。也许他们学了一天下来，没有学到太多的知识内容，只是放松了情绪、交了些朋友，但也觉得很有意义。这类情况和两个因素有关，其一是内容，在一些通用素质培训、拓展培训、新人入职培训中，的确需要大量的游戏环节来提升学员的参与感；其二是觉醒，员工的觉醒层级越低，就会越注重培训中的氛围，如是否有游戏、老师性格是不是足够外向开朗，而容易忽视掉知识和专业内容的本体；而员工的觉醒层级越高，他越关注培训中的专业深度、内容以及对组织业务的推动。例如，商学院的很多教授，在上课过程中并不会带大家玩那么多的游戏，但由于其演讲内容有深度、视野有高度，往往使参与的学员非常乐于思考，并参与到课堂的研讨环节中，进而获得对个人和组织有实战意义的知识。员工的觉醒层级，和员工个人的职位高度、视野、企图心都有关系，也和我们上面提到的“组织学习文化”有关系，组织学习文化越强的企业，学员的觉醒层级越高，越喜欢“捞干货”，这就会让一些只会“正确的废话”或者“一场游戏玩半天”的忽悠派讲师无所遁形。

一家企业既会有一些战略、专业类课程，也会有一些通用、拓展类课程；而内部学员既有觉醒程度高的，也有觉醒程度低的，据此我们就能思考出 TTT 存在的意义以及我们的应对之法。对于讲授通用素质、基础技术、拓展团建类课程的内部讲师，我们可以通过传统 TTT 的方式，侧重于提升他的表达呈现和环境塑造能力，因为这类培训在内容上有其独特性，参与的学员也往往是中基层居多，相对觉醒程度偏低的人数也较多；对于讲授战略、运营、业务管理、高级领导力类课程的内部讲师，就需要重点培养其问题解答和工作指导能力，通过“建构主义”方式，来提升其课堂的引导能力，更好地体现其专业性，因为参与到这类培训的学员中高层居多，相对觉醒程度偏高的人数也较多。在梅瑞尔（M. David Merrill）教授的“五星教学法”的基础上，我总结出一个更容易操作的简化模式，改编为基于成人教学风格的“教学四步法”。

表 4–8　基于成人教学风格的“教学四步法”

步骤	操作方式
1. 聚焦问题	明确向学员表明本次学习所针对的业务问题及工作任务
2. 激活旧知	提问或引发讨论，激活学员对此类问题或任务的困惑、之前做法 / 经验及感受
3. 论证新知	方式 1（倒叙）：引入案例，由学员讨论，进而导出理论、工具（学员为主 + 讲师补充） 方式 2（顺叙）：导入理论、工具，呈现相关案例，由学员讨论（讲师为主 + 学员补充）
4. 应用新知	方式 1（课堂）：通过课堂练习、角色扮演、文本框实战、考试等方式应用新知 方式 2（课下）：给予或建议大家尝试应用，必要过程辅导（在线或群）

为了使大家更直观地掌握该“教学四步法”，并从操作角度应用于我们的讲师培养活动，我以我在某企业讲授的《如何做一名优秀的工程副总》课程为例来介绍培养内部讲师的操作方式。

表 4–9 《如何做一名优秀的工程副总》课程操作样例

步骤	操作方式
1. 聚焦问题	通过本次学习，大家可以： √ 了解一名优秀的某企业工程副总所需要具备的各项素质、能力 √ 对比并分析自身现有能力存在的差距，做出个人的学习发展计划 √ 拓展视野，与优秀工程管理者进行交流，完善个人知识体系
2. 激活旧知	由讲师引导，可选择以下方式： √ 问答互动：过往在工程管理工作中有哪些困惑（学员讲述、讲师引导及记录） √ 分组研讨：将本组工程管理中的困惑进行讨论、分类，每组用一个白板呈现出来 √ 故事分享：每组选一位代表讲述自己在工程管理中的故事，分享困惑和智慧点

续表

步骤	操作方式
3. 论证新知	方式 1（倒叙，适用于以研讨为主的教学方式，时间相对充裕） √ 引入案例：《工程副总王某的一天》 √ 问答互动：案例中王某做得好的地方在哪里，不好的地方在哪里，理由是什么 √ 分组研讨：你认为一个优秀工程副总应该具备哪些素质？试着分类并呈现出来 √ 讲师总结：优秀工程副总的四项能力，需要掌握五大工具，应该具备六个心态 √ 问答互动：你们认为还有没有补充的（讲师可选择达成共识的重要思维补充）
	方式 2（顺叙，适用于以讲述为主的教学方式，时间相对较紧。加入问答及补充环节） √ 导入理论：优秀工程副总四项能力，需要掌握五大工具，应该具备六个心态 √ 案例呈现：《工程副总王某的一天》 √ 问答互动：案例中王某做得好的地方在哪里，不好的地方在哪里，理由是什么 √ 学员补充：你们认为还有没有补充的（讲师可选择达成共识的重要思维补充）
4. 应用新知	方式 1（课堂，可任选搭配） √ 课堂练习：工程副总的一天（十二项任务，重点考察时间管理） √ 文本框实战：工程副总文本框处理（十二项任务，重点考察处理问题的能力） √ 角色扮演：工程副总的四个情境（对上、对下、跨部门、对外部如监理等） √ 课堂考试：某企业工程副总应知应会常识（包括专业、通识、制度流程等）
	方式 2（课下，可任选搭配） √ 实践建议：建议在工作中落实所学内容的场合、实践方式；（如尝试在当月用"管理监理六步法"与监理进行沟通，并在群里反馈管理成效；按照"SMART原则"来衡量你现有的工作目标，并完善；选择最近的一次绩效考核结果，对比目标的执行情况，评价本部门的组织效率，召开部门会议，讨论组织效率提升方案） √ 自我学习：推荐延伸学习书籍（如《工程管理案例集》《某企业哲学》等） √ 建群交流：建当期学员群，促进知识点应用情况（收获、困惑等）在线交流 √ 课后考试：某企业工程副总应知应会常识（包括专业、通识、制度流程等）

这种基于"建构主义"的"教学四步法"，重点在于发挥讲师基于自身业务经验的引导能力、答疑解惑的能力，同时给予学员明确的应用场景，这些内容的设计，都要依赖于该讲师自身的专业能力；专业深度越高的讲师，就越容易取得良好的效果，也就印证了那句谚语："If not you，then who？"一个好的讲师，永远是不可取代的，他本人是一个独特经验和智慧的聚合体。

讲到这里，我们就可以系统地梳理出企业内两种培养讲师的方法，以及其不同的使用范围。对于以“编导演”为主体的传统TTT培养方式而言，适用于通用素质、基础技术、拓展团建类课程讲师，对应觉醒程度偏低的学员；而基于建构主义的“教学四步法”的培养方式，适用于战略、运营、业务管理、高级领导力类课程讲师，对应觉醒程度偏高的学员。如下表所示：

表 4-10　内部讲师能力培养两种方法

培养方法	侧重能力	适用课程	适用学员
传统 TTT	“编导演”，表达呈现 + 环境塑造	通用素质、基础技术、拓展团建	觉醒程度偏低
“四步法”	建构主义，引导能力 + 答疑解惑	战略、运营、业务管理、高级领导力	觉醒程度偏高

当然，不同组织的环境是千差万别的，我们在实际培养讲师的过程当中，甚至可以考虑“混合式培养”，即结合了传统TTT与“教学四步法”的混合式培养方法。当然，我们的目的是“知者为师”，因此，不需要让内部讲师一定要具备和外部商业顾问那样强的表现能力，重点是对其经验的挖掘和传承，目的是让学员学习经验与避免犯错。

第 3 节　用：日常激活、动力激励

关键词：讲师资源库、讲师经纪人、人才发展指标、管理层驱动

很多企业热热闹闹地搞了讲师选聘，甚至发了聘书，总经理签字，上公司OA宣传，可谓“锣鼓喧天”“枪炮齐鸣”，可一旦落到日常，就发现“讲师”变成了“僵尸”，活跃度很差。这就是国内很多企业内部讲师建设的现状：重选拔、轻激活，导致人是有了，活却没人干。内部讲师和企业其他人才一样，都需要激励和激活手段以保持其日常工作的活跃度、意愿度。对于这部分，我们从以下几个实战经验角度进行交流。

第一是最常规的线下方式。应列出培训计划，提前安排讲师时间，实现专人对接，确保其按期授课或参与活动，这样可以保证一部分讲师活动起来。

第二是创新性的"讲师资源库"和"内部讲师经纪人"制度。很多时候我们发现一些内部讲师的课程没有得到使用，而某些业务单元还去邀约外部的一些讲师授课，这样就既造成了内部资源的不合理使用，又带来了新的成本。这里面有讲师授课水平的原因，但也与内部资源没有完全激活，公司内部各业务单元不太清楚有哪些讲师资源有关。如果我们能帮助业务单元打通讲师资源库，那么就可以加强讲师的活跃度。有的企业采取的是定期公布及更新内部讲师资源库的方式，让大家可以相互了解并邀约不同区域或业务单元的讲师，不过直接邀约另一个业务单元的讲师本人有时不那么方便，即便直接打电话或发《讲师邀请函》，也会显得突兀。在此基础上，我们可以考虑在建设"内部讲师资源库"的同时，打造一个"内部讲师经纪人"机制，由不同区域的 HR 或培训对接人担任该区域讲师的经纪人，大家直接邀约对应讲师的经纪人，由他来实现当月内讲师的内部和外部授课活动安排，为讲师的跨区域授课提供便利。下表是一个企业内部讲师资源及经纪人库的示例：

表 4-11　企业内部讲师资源及经纪人库（示例）

讲师类别	讲师姓名	讲授课程	所在单位	讲师经纪人（含联系方式）
管理能力（含战略与运营管理）	A	团队管理	区域 1	张三
	B	项目运营管理	区域 2	李四
专业技能	C	设计工艺改良	区域 3	王五
	D	价格策略	区域 2	李四
通用素质及文化类	E	×× 企业文化	区域 3	王五
	F	跨部门协同	区域 1	张三

第三是讲师活动。除常规安排和经纪人机制外，还可以通过内部的"讲师大赛""教师节活动"等手段，让讲师活动起来，同时也能为组织的学习文化造势。有些企业的教师节活动已经成为老板关注的一件大事，不光有内外部经验分享，老板还亲自参与颁奖，给内部讲师带来极强的

荣誉感。有的企业利用非工作时间，邀请外部顾问为讲师带来形式和话题多样的讲师专属分享会，内部称为“Coffee-break Learning”，让讲师更有归属感。

第四是课酬及课程开发激励。经常有人会问我，内部讲师要不要领课酬？我们先看一个客观数据。某机构的调研数据表明，参调的近 500 家企业中，有 74% 的企业对内部讲师安排课酬。对于这个问题的答案，我只能说因企业而异，如果你的企业是个强管控企业，老板亲自发话，管理人员都必须带头上课，并且列入绩效考核严格管理，那么你安不安排课酬，其实不重要；但你的组织如果不是那么强势，还是以鼓励管理人员授课为主，那么安排点课酬也无妨，只要成本包得住，并不是一个影响很大的事情。

第五是讲师的评奖。按照当年度参与培训的活跃度和效果进行评奖，有的企业会联动评选优秀培训团队，把奖颁给鼓励培训的业务单元或业务单元一把手，这也是一种上下联动的手段，激励讲师的同时，也激励业务一把手关注并重视培训。下面是某企业内部讲师激励办法。

表 4-12　企业内部讲师激励办法（示例）

<table>
<tr><td colspan="2">1. 课酬激励，内训师课酬标准如下，大区可根据具体情况灵活执行：</td></tr>
<tr><th>等级</th><th>津贴标准</th></tr>
<tr><td>高级内训师</td><td>300 元 / 课时</td></tr>
<tr><td>中级内训师</td><td>150 元 / 课时</td></tr>
<tr><td>初级内训师</td><td>100 元 / 课时</td></tr>
<tr><td colspan="2">2. 课程开发奖励，内训师的课程开发，在通过学院认证验收后，由学院统一管理、支付奖励；大区级内训师开发大区级课程奖励可参考本形式执行。课程开发奖励标准如下：</td></tr>
<tr><th>奖励金额</th><th>课程开发奖励标准</th></tr>
<tr><td>10000 元</td><td>3.5 小时以上，与专业或管理密切相关的核心课程（如《××战略管控》），且初次试讲 80% 以上的听众对课程内容满意</td></tr>
<tr><td>8000 元</td><td>3.5 小时（含）以下，与专业或管理密切相关的核心课程（如各专业管理之道），且初次试讲 80% 以上的听众对课程内容满意</td></tr>
</table>

续表

奖励金额	课程开发奖励标准
5000 元	核心课程（如各专业条线课程）；且初次试讲 80% 以上的听众对课程内容满意
3. 优秀内训师评奖 学院每年年终根据内训师考核情况，评选优秀内训师 10 名，奖金 5000 元 / 人，授予“年度明星讲师”证书，并计入个人档案	
4. 优秀培训团队奖 参评区域或项目团队必须完成当年的销售任务，同时内部开发课程不少于 5 门，集团认证讲师数不少于 2 人，区域或项目一把手带头授课时长不低于 10 课时	
5. 内训师赋能培训 学院定期组织内训师赋能培训，内容包括课程开发能力、授课技巧、引导技术等专业能力培训	
6. 讲师活动 学院每年组织一次内训师集中式交流活动（教师节），交流授课及专业学习内容；内训师具有学习优先权，在不影响本职工作的前提下，可向学院申请旁听 / 参与学院组织的各类培训课程 / 活动	

第六是绩效指标类推动。这种操作手段有一定难度，因为业务线往往优先考量的是业绩指标，与培训相关的指标，执行起来占比不会太高；同时，这种指标的设定，还必须要老板的同意，且不能影响业绩指标。大部分企业在设定此类指标时，将之定为“人才发展”项，将培训与发展融为一体，意指管理者必须肩负起带团队的任务，这样就会有其存在的必要性。当然，我们建议还是以评奖类的指标激励为主。

第七是通过一些互联网手段增强讲师的归属感。比如，有的企业建立讲师微信群，在这个平台上，无论是备课期间的疑问还是课后的所思所想，或者是发现了新的学习资料等都可以及时、自由地分享。并且这样一个平台中不仅包括现有讲师，还存在一些“潜在客户”（指主要业务单元的负责人、管理层人员、外部顾问），他们可以了解到讲师团体的工作内容和进度。因此，讲师群的形式不仅能帮助讲师提升知识和积累经验，更拉近了讲师之间的距离，提升了讲师的个人影响力。

第八是管理层驱动，这也是最重要的。老板或管理团队的亲自授课，也是激活内部讲师非常重要的一环。在前文提到的例子中，公司的董事长亲自带头授课，高管自动聘任为讲师，极大地促动了内部讲师授课的积极性，这也是很重要的激活手段。对企业内部管理而言，自上而下的激励所产生的战斗力才是最强的。

当然，除上述八大方式外，还有很多激励讲师的小窍门，包括颁证、赠送礼品、外部进修机制，等等，这里不再一一赘述。

第 4 节　留：讲师池动态管理

关键词：讲师池管理、专职讲师、O2O 式培养

最后，我们说一下内训师的“留”，也就是讲师池的动态管理。之所以提到“讲师池”这个概念，是因为内训师团队是流动的，如有人离职了，有人转岗后不适合再做内部讲师了，有人实在是没时间授课需要退出的。每年都会退出一批讲师，也会有一批讲师升降级，还会新认证补充一批讲师，所谓“问渠那得清如许，为有源头活水来”。以下以一家企业的内训师升降级与退出管理机制为例。

表 4–13　企业内训师升降级与退出管理（示例）

管理方式	落实手段
升降级管理	学院每年对内训师的授课情况评估一次，按照内训师评级标准，对内训师给予晋级；对一年内未达到当前内训师级别要求的，年度授课满意度平均分低于 6 分的（10 分制）向下降一级
退出管理	年度授课少于 24 个课时、离职或因工作调动无法胜任内训师的工作人员，报学院批准后取消内训师资格

在实际操作中，各家企业的升降级管理、退出只是在数据指标方面有区别，但基本逻辑一致，即以满足授课时间及满意度（或有用度）为评判标准。

每年再通过新的讲师培养活动来使新的讲师加入进来。不过我们需要补充一种特殊情况，那就是全职的内训师。

在一些以营销、市场为主导推动的公司中，在内部往往建设有专职讲师团队、督导讲师团队，每年定期通过社会招聘的形式补充讲师队伍的新鲜血液。由拟招聘的人力资源部和培训部门按照公司相关员工招聘规定共同组织实施；外部招聘人员需经过试用、助教和基层学习，获得专职讲师任职资格后方可聘任为专职讲师。这部分讲师的考核与发展，和其他在职员工的考核发展是一致的，因为它已经成了一个明确工种，这部分专职讲师，就暂时不在我们的讨论范围内了。

对于内部讲师的建设，我想除本章我们分享到的一系列思路、方法、工具表单外，很多不同行业的公司还会有自己的创新，如有的公司在线上招募讲师、线下完成培养，形成一种“O2O 式”的讲师培养法，还有的企业培养基于直播技术的讲师等。在“互联网 +”的环境下，创意是无限的。以本章中的很多观点、工具为基础，结合企业实践还可以有更多的创新。培训的创新来自业务的需求，有两句话需要牢记，这是本章的精华：第一，解决问题是最好的学习；第二，知者为师，答疑解惑。

第五章

源、点、线、面：基于客户的培训项目运营手册

培训项目运营属于培训管理的一个主干工作，很多人把这项内容当成一个简简单单的交付工作，这样往往会把运营工作大而化之，将之往小了做、往行政类工作去做，进而造成“培训无用”的结果。实际上，培训运营是一个系统，是一个培训项目的全程管理，它贯穿于一个培训项目从开启到结束的全过程。作为培训管理者，既要兼顾全局，也要思考前端（需求及立项）、中端（设计与交付）、后端（效果与复盘）的全过程。我将这一过程的要素进行了聚合式的整理，将一个培训项目的运营管理分为四个要素，即“源、点、线、面”，如下图所示。

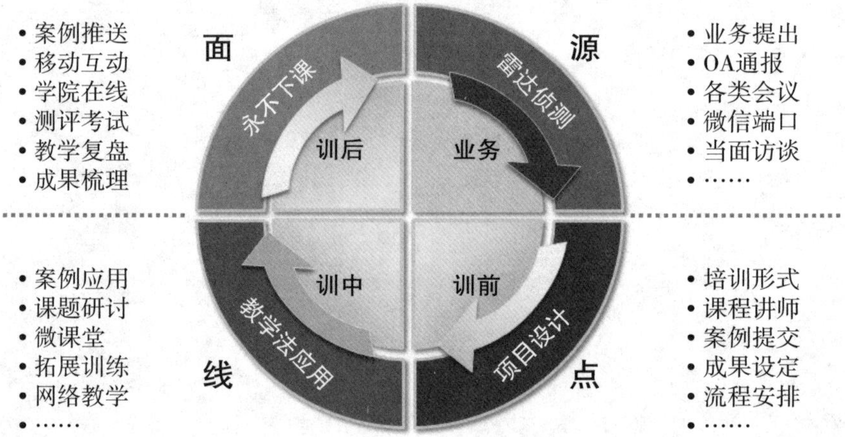

图 5–1　聚焦业务的培训项目运营管理逻辑

源，是指一切培训项目的源头，培训管理者要了解为什么要设计一个培训项目，就要从业务的源头去思考，像雷达一样去侦测业务需求的过程，要去到业务后台管控或前线亲自了解，去听听炮火、感受一下即将到来的战斗，而不能坐在办公桌前纸上谈兵。要了解项目的源头，具体形式有很多，培训管理者可以通过培训项目的需求调研（现场、远程）、公司内的 OA 通报、参与业务会议等形式获取。

点和线，是指培训项目的设计与交付，在这里会出现培训流程的设计、课程讲师的组织、成果设定，以及一系列培训过程中的教学方法，如案例、研讨、微课堂、拓展、网络教学等。这部分支撑了培训项目运营的流程和内容，在本章里将会有很多涉及运营的表单跟大家分享。

面，是指培训项目的广覆盖和延伸。一个培训项目的本体，经过了“源、点、线、面”，已经从组织层面结束了它的旅程，但我们说，“学习是一场永不下课的旅程”。如何使一场单独的培训项目“投入少、覆盖广、效果好”，实现“永不下课”呢？自然，符合“3A”（Anybody、Anytime、Anywhere）原则的移动化学习系统是一个强大的支撑，可以完成一系列在移动端的学习延伸（如在线圈班、考试等），还可以实现更多的培训成果整合，将之推送给更多学员学习（如课堂 QA 手册、项目打法汇编等）。

在这一章，我会结合实践，系统地跟大家聊聊我对培训运营前中后的一系列关键思路。为了让大家便于理解和实施，我把多年来的大量操盘工具整理了出来，这一章节有大量的拿来就用的表单，这些表单整合在一起，就像一个《培训运营手册》，我按照培训运营的过程把它分为了《前端手册：培训项目需求管理及立项》（即“源”），《中端手册：培训项目设计及交付》（即“点和线”），《后端手册：项目效果、教学复盘、能力提升》（即“面”）三个部分；而这个过程也充分体现了我对培训密联业务的三大关键思考：客户化经营、专业化生存、项目化运作。

第 1 节　前端手册：培训项目需求管理及立项（源）

关键词：客户经营五要素、客户对接表、沟通层级对等、培训密联业务

- **客户经营五要素**

我们前面说过，所有培训之所以无用，问题 80% 出在需求定位上。培训项目是人才培养在学习端的落地形式，自然，它的源头、起点就应该是业务客户。显然，了解客户需求是需要一定的调研技巧的，这在我之前的章节里已经有详述（包括“532 需求定位模型”及各层级落地技巧等）；但除了调研，我们还需要常态化地培养客户经营意识，才能更有效地了解我们的业务客户。在设计培训项目之初，我通常通过一张“客户经营表”来将我基于会议、OA、访谈等环节了解到的客户需求，以及对客户经营的五大思路（客户调研、产品定制、客户营销、客户服务、持续改进）进行一个全盘式的整理，以便于从业务客户的角度去思考项目的设计和落地。以下以我在某企业的“客户经营表”（上半部分）为例。

表 5–1　客户经营表（上半部分）——梳理客户痛点及培训工作定位

A.× 系统的需要	在 20×× 年创新管理模式的大背景下，×× 系统需要**“合理分工、提高效率、提高效益”**，各所、部、组管控重心正逐步调整为**培训与考核**，要在人员“精”的情况下做好最有价值的事，要和 × 学院一道，推动并落实内部资源的合理利用、管理思维的统一、管理工具的有效运用
对组织架构的理解	**对业务关注点的理解**
组织架构的调整、人员整合突出一个“精”字 A 部门：人数减少 73 人、一正九副，19 部所 B 部门：人数减少 25 人、技术支持专业并入技术管理部	集团总部与分子公司最重要、最有价值的事 集团总部：前期定位、方案设计、研发工作 分子公司：方案深化、设计图
B.× 学院的定位（即培训的定位）	20×× 年学院工作要求**“有用”“高管高职培训”，充分解决人才供应链的质量和数量问题**。有用就是解决客户的问题，重点培养总部的定位、设计、研发能力，协同分公司、子公司强化其方案落实、提高图纸设计的能力；在架构调整之下，高管高职整体在 ×× 系统 419 人，占比 26%（总人数 1597），人少活多价值高，需要重点关注

上面是“客户经营表”的上半段，侧重于在项目需求调研阶段对客户的理解，捕捉客户的痛点。我们在调研的基础上，对客户自身的业务需求以及组织架构情况做一个梳理，在此基础上思考培训工作的定位。这部分定位往往也关乎人才供应链的质量与数量两个维度，一部分精力用于培养在职专业人才的作战能力，一部分精力用于业务裂变、架构调整之后的人才供应链缺口。简言之，对客户的痛点及需求的理解，都可以归结到“人

才供应链”这个维度，它是培训的落地目标，这部分在第一章我们已经有过详述。

有了对客户的痛点梳理和培训工作的定位，我们就需要思考自身培训项目的设计与开展。不过别着急，既然我们的工作是围绕客户展开的，就需要从客户的角度思考培训工作的运营。有了痛点和定位的梳理，我们就可以在下半段按照“客户经营五要素”开展我们的工作。那么，什么是“客户经营五要素”呢？

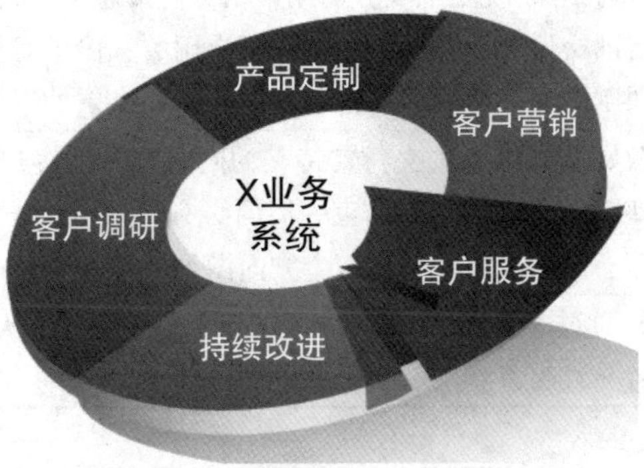

图 5-2 客户经营五要素

结合业务经营和培训管理双重视角，我们将培训管理者的客户经营动作总结为五大要素：客户调研、产品定制、客户营销、客户服务、持续改进。客户调研是一个以培训需求调研技巧为基础，以需求来源渠道（需求从哪里来）和调研机制（日常如何对接）为平台来运营的管理动作；产品定制则属于培训项目自身的设计逻辑，包括项目的重点、目的、内容等，需要调用培训产品的设计能力；客户营销关乎于培训产品如何精准地满足客户需求，如何有效地对客户进行宣传、联动工作；客户服务包括培训项目运营过程中，帮助客户进行的培训组织、现场引导、效果回访、工作创新等内容；持续改进是指在培训项目运营过程中，定期与业务客户一起复盘成果，提升完善的环节。为了使大家更充分地理解这五大要素，以下继续以我在某企业的“客户经营表”（下半部分）为例。

表 5-2 客户经营表（下半部分）——围绕客户经营五要素开展工作

做什么	怎么做
A. 客户调研（平台）	1. 来源：OA 通报、复盘；× 系统所级会议、周会、月度会；× 院、设计中心管理层、老师、学员访谈等 2. 方式：建立明确对接机制（见“客户对接表”），清晰目的、保持频率
B. 产品定制	以绩效为导向，根据 × 系统年度工作重点、阶段新情况进行项目策划，20×× 年计划在“新管控模式”“副总培训”“讲师培养”“送课上门”方面加强定制
C. 客户营销	1. 参与 × 系统培训项目前期策划（对接总工、行政部） 2. 培训交付中加强对在线、案例应用的宣传（对接学员） 3. 利用刊物、网站、高管汇报进行培训成果的宣传
D. 客户服务	在做好基础服务（交付支持）的同时，帮助客户做好培训引导、成果梳理工作，做到培训结束一周内必有回访记录；摆脱惯性，在“在线、讲师、案例、月度会”四个方面做创新
E. 持续改进	每月通过《× 系统月度培训汇报》PPT 形式，与 × 系统确认培训完成情况及改善点

上述表格中的内容就是围绕“客户经营五要素”展开的培训运营工作计划，它属于立项前的一个整体工作思考。培训的管理与创新，源自业务。因此，业务客户对我们的“点赞”很重要，“有没有用”得客户说了算，而不是通过简单的培训场次、人数统计去证明效果。所以在前端就必须思考好运营的全盘思路，使用“客户经营表”去管理自身培训项目运营过程中的客户经营行为，确保紧贴业务不漏项。

- **客户对接表**

在上表中提到了“客户对接表”，它是客户调研平台建设非常重要的机制。我们的培训运营工作是服务于业务客户的，客户的需求不是一成不变的，我们不仅需要在年初进行培训规划的时候对接客户，还需要在日常随时与客户保持联动，确保培训运营的工作方向正确，并结合客户的意见随时调整、完善运营的工作方向。那么，日常如何与客户进行对接、谁来对接、对接要拿到什么成果，就是我们需要重点考虑的问题。我将自身的工作经验整合成了“客户日常对接表”，并将工作实践填了进去，以便于大家理解对内部客户的日常对接工作。

表 5–3　客户日常对接表——沟通渠道及执行动作

七大沟通渠道	责任人	沟通频次	拿到的成果
业务单元分管领导（总经理级以上）	何欣	每个季度一次	业务单元领导对于培训工作的要求和意见
业务单元培训负责人（副总级以上）	何欣、李 ××	每月至少一次电话沟通 每月至少一次面对面沟通	业务单元业务发展动态及培训工作需求 培训策划需求及培训老师需求
业务单元培训对接人（经理 / 主任工级）	李 ××、王 ××	每周至少一次电话沟通 每月至少一次面对面沟通	日常培训运营、培训班实施的需求 业务单元动态情况及领导的新要求
业务单元老师	李 ××、王 ××	每月和当月授课老师沟通（含 TTT 学员讲师）	授课需求、安排和总结；授课技能需求及应用情况。
业务单元学员	李 ××、王 ××	每次班级学员对培训的反馈及改善意见	学员对培训的反馈及改善意见
OA 通报、投诉、复盘、部门级会议	李 ××、王 ××	每周	业务单元相关 OA 通报、投诉、复盘、部门会议中反映的情况及业务痛点
业务单元会议（月度 / 季度 / 年会）	何欣、李 ××	现场参加三类会议，同时学习会议在线资料（按会议时间）	业务单元近期重点工作总结及下一步发展动向；业务问题及痛点搜集

在上面这张表中，我梳理出了和业务客户日常对接的七大沟通渠道，包括对业务单元的管理者（高管、中层、基层干部）、学习者（业务单元老师、学员）、会议（部门级 OA 或复盘会议、业务单元级会议）三大要素。当然，各家公司内部架构不一样，大家可以参考三大要素去适度简化或完善。

- **沟通层级对等**

在“责任人”里，我们强调的是“沟通层级对等”。公司是一个权力制衡机构，不对等的沟通职级，往往会带来执行方面的问题。举例来说，如果我是一个部门总经理，假设我出差了，我安排一个专员去和另一个部门总经理沟通，提出我们的工作配合要求，对方就会判定为两种情况：一是该工作并不重要，可以搁置；二是对方部门并不重要，配不配合无所谓，或一旦出了问题也无须担责。因此，即便是我出差，我也需要给对方一个明确的知会，如提前打个电话，或者用微信或邮件告知，这样当我的部门同事去和对方沟通的时候，对方才会感受到我作为部门负责人对这件事情的重视。这种情况，也即在第一章中提到的“管理者承诺”，它应该贯穿于培训管理工作的始终。从常态培训对接工作来说，“职级对等”也非常重要；从上面这张表单中，大家能看到，作为管理者的我通常沟通的是对方的高级管理干部，往下我就会逐级授权给我的同事去处理完成，或我只是一个参与者。这样一方面可以保证对接职级对等，另一方面也能使管理者的精力得以有效分配，还能授权下属，锻炼他们的能力，可谓“一举三得”。

在“对接层级对等”的思路基础上，每个层次对接的频次、拿到的成果（客户需求、痛点等）也不太一样，这样就共同组成了一个完整的“客户日常对接表”，来解决我们的沟通渠道和执行动作问题，确保日常工作时刻密联。

- **培训密联业务**

提起“密联业务”这个词，我想起一个真实的故事。我在 2017 年给中大人资总监班上课的时候，有一次一家企业的 HR 问我：“何老师，我在企业没有做到您那么高的职级，因此也没有您那样的沟通渠道去了解业务，那我应该怎么做到对接层面的‘密联业务’呢？”

我觉得这位 HR 提出了一个很好的问题：是不是说职位低的人，就没有了解业务的渠道呢？我以我的职业生涯发展三个阶段来回答他。当我是一个专员级员工的时候，我在公司总有业务部门的朋友，在食堂吃饭的时候也总会遇到业务人员，通过办公系统（OA）还能看到公司的一些大的通知以及一些常规的会议纪要，还有领导参与公司会议之后给我们的宣贯，这些都是了解业务的渠道；当我是一个部门经理的时候，我可以通过参与跨部门会议（列席）、与其他部门经理交流、查阅公司会议纪要、跟领导汇报等方式去了解业务；当我是一个高管的时候，我可以通过定期参与公司级的会议、和其他部门高管交流、跟老板汇报工作、查阅公司的 OA 和会议纪要等方式去了解业务。实际上，“作为一个公司的后台人员，你永远都有了解业务的渠道”。除了我上述说的这些，在目前的移动互联时代还有更多了解业务的渠道，只要你善于思考——除非你告诉我你对业务不感兴趣。

在上述梳理客户痛点及日常经营动作的基础上，我们可以来思考一下需求立项。通常情况下，我们会由业务的痛点思考到对组织能力的挑战，然后落脚到培训工作对应的举措，构成一个“由业务挑战到组织能力再到培训动作”的工作价值链。在“客户经营表”的基础上，我将由组织能力挑战到培训动作的过程化为“需求立项表”，根据“培训举措”到“操作形式”分为P1、P2两张表，结合某企业工作实践内容给大家做一个示范。

表 5-4　需求立项表 P1——从组织能力挑战到培训举措（示例）

组织能力挑战（维度）	挑战的具体表现	培训发展工作对应举措
1. 管理人员	需要外招、晋升大量管理人才。外招人才需要快速适岗、晋升人员需要发展机制，形成人才供应链	培养人才梯队，形成供应链；新晋升人员快速适岗
2. 专业人才	专业条线内人才需要有过硬的专业能力，提升组织效率	推动板块专业人才培养
3. 业务问题	能利用组织智慧，有效发现和解决关键业务问题	雷达侦测、高级专业研修班
4. 经验复制	要快速学习经验、避免犯错，降低学习成本	案例系统的建立与多渠道使用
5. 管控幅度	总部、区域管控幅度扩大，大量管理、团建、文化、学习难以有效落地	建立培训中心、强化培训操盘手在线学习平台，全周期、即时学习
6. 文化稀释	大量新人加入公司，造成组织文化稀释、员工理解淡漠、践行无力的状态；管理人员缺乏团队建设的有效思路	建立团建机制、管理人员培训文化建设及审查、强化新入职培训

“需求立项表 P1”梳理了从组织能力挑战到培训举措的过程，上述内容是在分析一家公司组织能力挑战的基础上设计的内容，具有该企业的特性（六大维度），供大家参考。大家在操作的时候可以根据自身企业的特性进行设计，需要关注的是三个基本要素：挑战维度、具体表现、培训举措。当我们有了这一基本分析之后，就可以具体思考我们需要立什么样的培训项目，由培训举措过渡到项目立项，完成一个初步的培训项目整体规划，如“需求立项表 P2”所示。

表 5–5　需求立项表 P2——从培训举措到项目立项（示例）

着眼点	项目名	项目介绍	举办时间	师资
高潜（4 个项目）	高潜系列	培养 ×× 关键岗位（主任级以上）及优秀大学生中的潜力人才，以形成人才供应链为目的	高潜 A：3 月、8 月 高潜 B：3 月、5 月 高潜 C：2 月、6 月 高潜 D：3 月、7 月	内部讲师
适岗（6 个项目）	1. 管理人员培训 2. 新晋升干部班 3. 新入职干部班 4. 内训师培训 5. 文化宣讲师 6. 员工大课堂	通过对新入职、新晋升的员工、管理者及预选讲师群体的培训，使目标人群充分掌握目前岗位应知应会关键内容、打法	总部员工课堂：3—12 月（10 次）；其他 5 个项目每季度一次	内部讲师、区域高管、外部咨询公司、外部优秀企业代表
专才（4 个项目）	1. 初级专业研修 2. 精英俱乐部 3. 培训操盘手 4. 内外标杆学习	通过对各专业条线员工的培训及项目参观交流活动，充分提升其专业能力	初级研修班：按区域举办 业务精英：4 月、7 月 培训操盘手：6 月、11 月 标杆学习：每季度一次	内部讲师、区域高管、项目骨干员工
问题（2 个项目）	1. 中级专业研修班 2. 高级专业研修班	通过对综合性问题研讨，安排与问题相关者参加，每个班均有问题解决成果产出	中级研修班：各专业条线每月 1 次，学院协助 高级研修班：每季度一次	内部讲师、职能条线高管、外部咨询公司、外部优秀企业代表

结合“客户运营表”和“需求立项表”的双重思路，我们就完成了对培训项目运营的前端思考以及由业务客户的痛点到培训项目的立项。所有的操作表单内容是基于特定企业实际情况安排的，但关键的管理思路是共同的，即“培训密联业务”的内核：客户化经营、专业化生存、项目化运作。

有了准备立项的项目，我们甚至可以更进一步，将年度培训部门或企业大学的人均任务量做一个测算，以便从整体上看培训部门的内部任务量，为团队的考核、任务达成提供依据。以我在碧桂园营销学院的一个年度任务分配测算表为例，它能够体现出当时学院五个培训工作小组的负责项目、人均工作量，以便进行一些工作考核、进展复盘等。此表格并非为必须，仅作为一个管理动作的补充，供大家参考。

表 5-6　营销学院 20×× 年度任务分配测算总表（示例）

组别	1. 项目工作				2. 培训活动类		3. 案例	4. 讲师		5. 课程			6. 在线学习	
	交付班级	班级数	人数	开班频率	培训活动	数量	案例数	类型	数量	课程研发	数量	用度	时长	问答数
领导力发展	营销上将	2	50		营销经理人沙龙	4	20	管理	40	领导力	20	95	8000	400
	营销中将	6	200		开盘实战特训	6	150							
	营销少将	2	300		管理精英外送培训	4	106							
	营销干将	2	500		大学生营销主题调研	2	140							
小结	/	12	1050	平均 2 个班级 / 月	/	16	936	/	40	/	20		8000	400
专才培养	高级专业研修班	4	300		初级专业研修班	50	800	专业	80	专业	40	95	8000	400
	销售精英俱乐部	2	300		精英俱乐部微信沙龙	4	200							
	向优秀项目学习	4	2000		学习路径图使用培训	4	0							
小结	/	10	2600	平均 1 个班级 / 月	/	58	1000		80		40	/	8000	400
通用培训	讲师培训（TTT）	8	400		教师节活动	1	240	通用	80	通用及职能部室课程	100	95	8000	400
	培训操盘手	2	300		操盘手远程交流	10	140							
	总部大讲堂	10	800		总部学习标兵外送培训	4								
					企业文化桌面设计大赛	1	50							
小结	/	20	1500	平均 2 个班级 / 月	/	16	430	/	80	/	100	95	8000	400

续表

<table>
<tr><th rowspan="2">组别</th><th colspan="4">1. 项目工作</th><th colspan="2">2. 培训活动类</th><th>3. 案例</th><th colspan="2">4. 讲师</th><th colspan="3">5. 课程</th><th colspan="2">6. 在线学习</th></tr>
<tr><th>交付班级</th><th>班级数</th><th>人数</th><th>开班频率</th><th>培训活动</th><th>数量</th><th>案例数</th><th>类型</th><th>数量</th><th>课程研发</th><th>数量</th><th>用度</th><th>时长</th><th>问答数</th></tr>
<tr><td rowspan="3">案例建设</td><td rowspan="3">案例教学能力培训</td><td rowspan="3">4</td><td rowspan="3">1200</td><td rowspan="3"></td><td>案例大赛</td><td>2</td><td rowspan="3">1000</td><td rowspan="3">案例</td><td rowspan="3">20</td><td rowspan="3">案例教学</td><td rowspan="3">10</td><td rowspan="3">95</td><td rowspan="3">6000</td><td rowspan="3">100</td></tr>
<tr><td>案例专项研讨</td><td>4</td></tr>
<tr><td>每月案例交流</td><td>10</td></tr>
<tr><td>小结</td><td>/</td><td>4</td><td>1200</td><td>平均 1 个班级 / 季</td><td>/</td><td>16</td><td>1000</td><td>/</td><td>20</td><td>/</td><td>10</td><td>/</td><td>6000</td><td>100</td></tr>
<tr><td rowspan="3">在线学习</td><td rowspan="3">在线系统使用培训</td><td rowspan="3">6</td><td rowspan="3">1800</td><td rowspan="3"></td><td>学习标兵外送培训</td><td>4</td><td rowspan="3">0</td><td rowspan="3">在线</td><td rowspan="3">50</td><td rowspan="3">系统使用教程</td><td rowspan="3">5</td><td rowspan="3">95</td><td rowspan="3">6000</td><td rowspan="3">50</td></tr>
<tr><td>标准化、领导讲话在线学习</td><td>4</td></tr>
<tr><td>区域帮扶</td><td>5</td></tr>
<tr><td>小结</td><td>/</td><td>6</td><td>1800</td><td>平均 1 个班级 / 季</td><td>/</td><td>13</td><td>0</td><td>/</td><td>50</td><td>/</td><td>5</td><td>/</td><td>6000</td><td>50</td></tr>
<tr><td>总结</td><td>/</td><td>52</td><td>8150</td><td>/</td><td>/</td><td>119</td><td>3366</td><td>/</td><td>270</td><td>/</td><td>175</td><td>/</td><td>36000</td><td>1350</td></tr>
<tr><td rowspan="2">人均工作量测算（以 14 人计）</td><td>/</td><td>人均带班数</td><td>人均培训人数</td><td>/</td><td>/</td><td>人均负责活动数</td><td>人均案例数</td><td>/</td><td>讲师培养</td><td>/</td><td>人均课程开发 /</td><td>/</td><td>人均负责在线学时数</td><td>人均负责在线问答数</td></tr>
<tr><td>/</td><td>4</td><td>582</td><td>/</td><td>/</td><td>9</td><td>240</td><td>/</td><td>19</td><td>/</td><td>13</td><td>/</td><td>2571</td><td>96</td></tr>
</table>

第2节　中端手册：培训项目设计及交付（点+线）

关键词：项目运作四要素、交付对接、运营创新

- **项目运作四要素**

有了客户的需求及项目的立项，培训项目运营中段的主要任务就是项目的运作，要与业务单元联动实现项目的运作，切忌培训部门头脑一热，从头到尾独立运作，否则到年底老板、业务部门根本不知道你做了什么。因此在中段一定要有一个完善的运作思路，将项目运作整体打通，这其中有四个关键要素：立项、推进、成果、资源。

表5–7　项目运作四要素

要素1：立项	要素2：推进	要素3：成果	要素4：资源
成立项目工作组，确定项目整体思路	项目策划及交付，与职能条线负责人、业务负责人、HR联合推进	完成培训专项总结报告，推动成果落地，并进行成果宣传（在线、刊物、业务领导）	项目运营所需的前后台关键资源

运作阶段的立项，指的是成立项目工作组。运营一个培训项目，往往需要培训管理团队和业务线联动，因此在初期就需要使大家参与进来，免得后期很多组织、协调工作都落到培训管理团队，难以发力。比如，工作组成立之后，当中有培训管理者，也有业务线对接或培训负责人，很多对业务线的通知、行政组织类工作，可以交由业务线对接人去完成。对接人更熟悉业务线、内部沟通更快捷，因此会成为项目推动过程中非常重要的关联力量。有了工作小组，推进阶段自然是“二合一”或“三合一”（这取决于有的公司培训团队在人资内部，有的公司培训则独立于人资），各自发挥所长，分工完成。

有些培训管理者习惯将一个培训项目的方案设计得非常复杂，洋洋洒洒几千字，但业务线领导往往没有那么多时间去关注来龙去脉，他们需要被直接告知做这个项目的原因及方式，即“为什么”“怎么做”两个要素。经过多年的企业实践，我将培训项目运作简单直观地设计成一张“项目运作表”，这样会非常有助于业务线管理者理解我们操盘某一个项目的意图和方式，便于大家设计和汇报工作。我结合在企业中的实践，分别以领导梯队培养项目、新入职干部项目为样例，将这张操盘表单给大家做一个示范。

表 5-8　项目运作表——领导梯队培养项目（样例 A）

为什么（解决项目的动因。本项目中主要是业务裂变带来的人才供给缺口）				
类别	人才储备（同步考虑流失、晋升后缺口）	人才供给	主责方	培养批次
区域负责人	据上一年度区域增幅，预估增加 50 人	内部培养：25 人 外部招聘：25 人	总部主导	A 班，2 期 / 年（半年 1 期）
项目负责人	【注】按上一年度预计新开项目数 (400)	内部培养：200 人 外部招聘：200 人	总部主导	B 班，3 期 / 年
项目副手	上一年度项目负责人与项目副手预计按 1:2 比例设置	内部培养：400 人 外部招聘：400 人	总部 + 区域	C 班
应届毕业生	预计 600 人，20×× 年应届校招毕业生	600 人	总部 + 区域	D 班
怎么做（解决运作当中的四大要素。不同项目内容会有具体差异）				
	立项	推进	成果	资源
动作 1	组建项目小组：学院与区域 HR 团队联动方案设计与交付	以"战训结合"的方式组织 20×× 年四个班级的分月交付	4 个班级交付与评估	职能总参与授课
动作 2	讨论确定 20×× 年全部将系列班级交付日程	培训内容设定为：项目管理及专业占比为 A 班（1:4）、B 班（2:3）、C 班（3:2）、D 班（4:1）	项目开盘或积存去化实战与学习成果汇编	引入外部咨询公司课程（管理类）
动作 3	在 20×× 年年底的领导力培训班中实施开盘前实战特训	协助人才发展建立学员档案，定期跟踪	有效补充人才供给缺口	
时间	20×× 年 1 月 15 日前	20×× 年每月班级开班全程	20×× 年全年	

表 5-9　项目运作表——新入职干部培养项目（样例 B）

为什么（解决项目的动因。本项目中主要是业务裂变带来的人才供给缺口）				
1. 管理人员剧增	明年新干部需求预计超 800 人，新入职按 50% 预计逾 400 人，每季度 100 人			
2. 文化稀释问题	随着新入职管理人员的大批加入，管理文化逐步被稀释			
3. 学习经验、少犯错	新入职管理部要快速了解业务管理的经典打法、相应的案例			
怎么做（解决运作当中的四大要素，不同项目内容会有具体差异）				
	立项	推进	成果	资源
动作 1	分析确定培训需求：学院与区域共同分析 20×× 年新入职管理人员人数分布	培训班的组织：按照战训结合的设计思路组织为期 5 天左右的培训	学习班刊 培训评估	总经理层级担任培训讲师
动作 2	讨论确定 20×× 年全部新干部项目交付日程	开展特训组织：每季度组织 1 期，选取有代表性的项目作为实战特训基地	特训案例整理 入职情况反馈	项目交流支持
动作 3	结合 20×× 年新项目开盘计划，初步确定上半年的开盘实战特训时间安排	定期对学员进行跟踪管理，并全年组织 4 期营销经理人沙龙	降低管理人员半年内流失率及错误率	
时间	20×× 年 1 月 10 日前	每季度一期		

这张表单当中主要体现了两个维度：为什么（解决项目的动因）、怎么做（解决运作当中的四大要素：立项、推进、成果、资源）。人力的工作一定要简单务实，让汇报对象一目了然，这样的呈现方式，比一大堆文字要简化很多。（当然，这张表单主要是为了凸显运作思路，财务预算、课程表等不在这张表单里面，大家可以另行补充。）样例表中涉及的“战训结合”“实战特训”等要素，大家可以在第十二章详细阅读。

- **交付对接**

在具体实施项目的时候，我们需要考虑与业务单元联动推进。“项目运作表”体现的是一个项目运作的整体环节，而下面的两份不同企业的“交付对接表”则体现一场具体培训的实施环节以及其中培训管理者与业务端的工作联动过程，我们可以将任务按照时间进行分工，便于大家协同工作。

表 5–10　培训交付对接表 A（样例）

培训节点		工作内容	责任人	
			主责方	辅助方
训前	T–15	问题及案例搜集	业务单元	培训管理者
	T–7	翻转课堂学习（基础知识）	培训管理者	业务单元
训中	T–0	面授课程、案例研讨	业务单元	培训管理者
	T+3	关键课程录制上线	培训管理者	业务单元
训后	T+7	Q&A 手册及案例集、有用度反馈	业务单元	培训管理者
	T+15	在线考试、课程资料汇总	培训管理者	业务单元

表 5–11　培训交付对接表 B（样例）

主要环节	工作项	时间节点	学　院	业　态
训前准备	培训预定	训前 30 天	确认下月培训班级，预定教室餐饮	确认本业态下月待实施班级及需求
	发布通知	训前 10 天	1. 安排上线学习、案例及调查问卷 2. 提前沟通课程内容及录制要求	1. 告知学习须知及待学习内容（院级培训除外） 2. 课程录制计划
	第 1 次检查	训前一周	检查训前各项物资、训前作业准备及完成情况	1. 行程安排（时间、地点、场地） 2. 根据培训要求、目标配合学院前期准备工作
	第 2 次检查	训前 1 天	训前准备工作二次确认	派专人提前到达学院，根据培训组织要求、人员行程安排、场地规格及现场设置，与学院对接工作人员协同完成并确认

续表

主要环节	工作项	时间节点	学 院	业 态
训中实施	现场支持	培训当天	每日课前物资准备、课中讲师支持、学员管理及车辆安排	派专人协助班主任进行本级管理
	每日提醒		课程评估、老师在线、在线学习、案例提交	协助通知
	收集课件		当天完成收集整理培训课件及讲师信息	提供课件及讲师信息
训后跟进	实体班结班	训后一周	1. 学习情况总结 2. 资料整理归档并上传	配合学院实施结班及资料整理
	网络班上线	训后两周	1. 通知业态审核并确认课件 2. 网络课程发布并组织学习 3. 实时在线学习完成反馈	1. 审核三分屏课件 2. 以 OA 发布学习通知

- **运营创新**

对于交付过程当中的教学方法、行动学习、评估手段，之前各自有章节详述，在这里不再赘述。我这里补充几点在培训运营端工作创新的想法，在和业务单元联动实施了大量培训项目之后，我们都会发现，培训的组织能力是很容易提升的，但是一些管理的培训管理能力，如参与业务会议的工作捕捉能力、基于业务培训的讲师能力、在线学习的建设能力、案例系统的建设能力等，往往容易被人忽略；如果没有关于稽核业务的一定思考，这些能力的提升也较为吃力。我制作了一张“运营创新表”，结合实践思考把这几个方面整合在了一起，便于大家理解运营创新的能力提升点。

表 5-12 运营创新表——根据业务体系特点进行培训创新

	1. 在线学习	2. 讲师能力	3. 案例建设	4. 业务会议捕捉
创新思考点	内容更新：要吃透新的业务管控、管理模式	引导技巧（胜于讲授技巧）	案例应用的扩大	捕捉 1：工作重点
	互动学习：推动内部专业交流	适合业务的教学法（结合业务思考）	案例应用的深化	捕捉 2：经验教训
	在线考试及评估的扩大应用	/	/	捕捉 3：新制度 / 管控模式

续表

	1. 在线学习	2. 讲师能力	3. 案例建设	4. 业务会议捕捉
落地动作点	快速更新在线内容，以微课推动线上学习	在 TTT 中强化引导式教学技巧的学习及实践应用	对学员：研讨、巅峰对决 对老师：推送、推荐 对在线：网络案例 对其他：管控手册、案例情景剧等	围绕近期工作重点组织课题
	建设基于内网和微信社群的专业交流机制	推广适合业务的互动式教学（如巅峰对决、“11130 微课”教学、能量集市等）	编写优秀案例集 案例教学技巧培训	围绕 OA、通报及访谈中提到的重点问题组织课题
	一课一考、评估调研行为均上线、前后对测体现进步及差异			围绕年度新制度/管控模式组织课题

这张表格的内容我写得比较详细，在此仅重点提一下“业务会议捕捉”这个能力创新点，这实际上是一个基于业务客户的问题挖掘能力。我们日常都会或多或少地参与或得到一些业务会议的信息，一些高层培训或人资管理者更是会直接参与到业务会议。业务会议就是培训管理者获知业务信息的“金矿”，那么，在业务会议上，我们究竟要去捕捉什么样有价值的内容呢？

业务会议通常会将前一段的工作进行复盘，以帮助了解近期业务单元的工作重点，确认培训的配合进程，做出适当微调。在复盘过程中，会有大量的经验教训，这些都是业务一线总结出来的精华，都是优质的案例，极具学习意义；同时还会部署下一个阶段的业务及管控重点，这些都很有可能带来组织能力提升的需求，带来新的培训主题和协同点。因此，建议从三个方面完成一次“业务会议捕捉”：工作重点、经验教训、新制度或管控模式。

第 3 节　后端手册：项目效果、教学复盘、能力提升（面）

关键词：四个聚焦、效果落地（数量 + 质量）、前台打分

培训项目运营到了后端，我们主要应该从“教学复盘、项目效果、能力提升”三个维度来思考工作的本体及其延伸意义。首先，我们操作的项目应该定期复盘，不光是给自己看，还要给联动的业务单元看，看看大家这段时间联动做了什么、一起评价一下效果如何。

- **四个聚焦**

以下是我操盘的一份培训项目复盘表，每季度在学院内部讨论一次并向相关业务部门汇报一次，确保大家的一些基础动作始终在一个信息平面上。

表 5–13　某企业培训项目复盘表样例（四个聚焦 + 交付情况）

四个聚焦	聚焦细项	为什么做（战略及管理团队要求）	交付情况
集团方向	1. 新版制度全员在线学习	20×× 年版制度学习是集团硬性要求，亦有助于解决新进管理者不熟悉标准化管理和制度标准、一线公司对制度的执行力差（存在计划前松后紧、品质标准低等现象）等问题	9 门新版制度学习三分屏课件、覆盖 6000 人次（产生 4200 小时学习时长）； 100% 完成 20×× 年制度在线全员考试
	2. 业务研讨论坛		
业务发展	3. 业务阶段总结与研讨	业务管控、人员结构、工作强度的变化（新体系、新岗位、新制度、新业务，人少活多、速度快、全过程、全专业） 新任管理者常出现不熟悉标准化管理和制度标准，在一线工作中面临质量、成本、进度和品质的平衡处理难题	实施 4 场季度业务总结、创新管理模式研讨，其中 × 业务中心第 3 季度业务研讨生成成果汇报文件 130 篇、总结汇报类文件 7 篇 实施《实习期新任管理者培训策划案》，覆盖 55 人 实施新任管理者专业培训 3 期，覆盖 400 人
	4. 创新管理模式培训		
	5. 新任管理者专业培训班		
	6. 实习期新任管理者培训		

续表

四个聚焦	聚焦细项	为什么做 （战略及管理团队要求）	交付情况
团队建设	7. 新任管理者后备干部培训 8. 新员工培训 9. 体系团建活动	新任管理者岗位直接影响到设计相关标准化节点的完成情况，对其后备培养是集团、本体系、员工共同关注的 人才培养要重点围绕“人才能力提升 + 人才精神培养”展开	新任管理者后备培训（5 天，40 人），参训人员一季度内已 80% 通过竞聘 7 场新员工培训（× 中心新入职 64 人，参训 58 人，比例 90%），过程中拍摄相关案例教学片 7 部、组织巅峰对决 2 场、案例舞台剧 1 次
知识管理	10. 培训体系策划 11. 案例教学片 12. 送课上门（评估支持） 13. 讲师授课反馈 14. 月度培训汇报	× 体系专业众多，课程上要按照管理、技术进行分类，并区分层级，加入对应案例；管控项目数量庞大（人均：1 人 / 项目），对外、对内业务培训工作量大、挑战多（人员分散、内容重复） 学院要组织专题复盘，生成成果、案例教学片	1. 2 份《培训体系策划案》 2. 1 份《送课上门项目评估建议》 3. × 季度《培训总结汇报》 4. 讲师授课反馈 40 份，服务集团优秀讲师（附讲师列表）

• **效果落地（数量 + 质量）**

当然，交付情况只是一些客观数据，我们还需要在培训落地效果端进一步考量。关于培训的效果，在第七章中，我将会详细地跟大家聊基于人才供应链两个维度（数量、质量）的培训项目价值量化指标，如下图。

表 5–14　培训项目价值呈现量化指标（样例）

价值维度	价值量化指标	量化呈现方式
数量维度	“人才出栏率”	后备：1 年 +80%（合格后备） 培优：1 年 +65%（绩效角度） 晋升：1 年 +30%（本职以上职位）
质量维度	L1- 数据级：有用度	从学员体现：“有用度评价表” 从测评体现：前后对测

续表

价值维度	价值量化指标	量化呈现方式
质量维度	L2- 发布级：问题解决数	问题手册：× × 场景 Q&A 手册 打法提升：× × 场景打法汇编 流程改良：× × 工作工艺标准 经验复盘：× × 价值链案例集
	L3- 组织改善级：组织改善建议	对公司：本项目组织改善建议（全盘 / 特定）

• **前台打分**

除此之外，大家应该在“前端手册”这一部分里，看到过“客户日常对接表”，既然我们在项目运营的前端已经做到了和客户的日常对接，确保了沟通渠道和动作执行，那么在落地效果端里，如何体现和客户的联动呢？

表 5–15 前台打分表——五大沟通渠道密联业务（样例）

沟通渠道	责任人	沟通频次	拿到的成果
业务总经理	院长	每月至少一次	上一阶段培训工作评价及打分（100 分制） 下一阶段培训中心工作需求
业务培训对接人	各培训组组长、院长	每月至少一次（院长抽查）	培训工作改善点 培训工作进一步配合落地思路
分部总经理	各培训组组长、院长	每月至少一次（院长抽查）	区域培训工作配合及成果
分部培训对接人	各培训组组长、组员	日常对接、不限次数	培训工作改善点 培训工作进一步配合落地思路
业务讲师、学员	各培训组	每月和当月授课老师、学员沟通（院长抽查）	授课需求、安排和课程优化 授课效果及进一步需求

上述机制，就是结合我在培训绩效考核端的思考。在组织里，如果我们按一定的业务单元实现频率给培训团队打分，占到 50% 的绩效分值（前台）；而由培训或人资一把手为培训团队打分，占到 50% 的绩效分值（后台）。由此，就实现了培训的前后台打分相结合：后台是从职能专业角度为培训管理打分，而前台则是从业务客户认可的角度为培训管理打分，充分体现了培训项目运

营后端的密联业务。

这个机制，我将其称为“前台打分”。这里的责任人也是有对应的沟通层级的，培训工作者是否专业，应该是业务线管理者和培训一把手一起说了算，一个从业务角度给予评价，一个从培训专业本身给予评价。

同时，这个机制还能有效地推动培训团队与业务部门沟通交流，既在业务上有效联动，也在情感上成为一体，才能真正地服务好内部客户，做到密联业务。“前台打分”这个思路很有意思，更多操作层面的感受，由于篇幅限制，我将在第十三章跟大家进一步细聊。

第六章

有用：
从数量、质量双维度看人才培养的效果

在一家企业担任商学院院长的时候，我曾问副总裁："我看到学院在我来之前的年度汇报，里面大部分都是'培训场次''覆盖率''员工满意度'等数量要素，这些数据您具体看不看呢？"这位副总裁非常认真地回答我："我也不知道你们汇报给我这些数据的意义，是说一年花了这些钱，办了这些场培训，很划算？"我想，这位副总裁的回答，非常真实地说明了这些纯粹的数量成果在业务线眼中微薄的价值。如果我们的培训成果沿着这种逻辑走下去的话，显然是无用的，这会成为每位培训管理者到年终汇报时最发愁的事情。那么，什么是有用的培训成果呢？

世界上任何工作都符合"以终为始"的原则，培训工作也是这样。弄清楚我们所需要的成果产出，就更有助于项目的设计定位。关于培训的成果，事实上业内早就有"四级评估"这样的框架模型。但很可惜，国内大部分培训管理者在实践时落到第四级绩效提升角度的时候，都遇到了"有心无力"的状态。首先，不是所有培训都能在短时间内直观地落地到绩效维度，如大量的通用素质、领导力类培训；其次，有些培训管理者试图使用"利润上升率"这样有"战斗力"的字眼来证明自己的价值，但很快就发现，如果要说明业务部门因为参与了某场培训而直接提升多少业务，这当中的阻碍因素非常明显（如市场环境变化、管理者战略迁移、产品线变化、客户消费习惯变化等）。因此，在我的眼中，"四级评估"是一个很理想化的模型，在实践中需要考虑区隔要素（如分开通用素质类与专业类培训）；或者不要试图总把培训活动直接导向业务成果，而是从"人才供应链"这一角度来看待培训的价值，这也是一种有益的尝试。

第一章中，我们提到了一个观点：人才战略的关键，是人才供应链的数量和质量。业务线总经理对人才问题关注的本质是快速找到合适的人才以组建起持续的、有战斗力的团队。这就是人才供应链的两个要素，即有没有人，人好不好用。培训的目的，是直接作用于人才供应链（有没有、好不好），进而间接作用于业务成果的。在本章中，我会对"四级评估"的应用级建议以及基于"人才供应链"的"数量 + 质量"双维度的评估策略进行分析。

第 1 节　对四级评估的应用级建议

关键词：四级评估应用级分析、培训效果评估时机

我们做培训效果评估，是为了根据培训需求对员工培训效果进行评估与跟踪，以确保培训目标的达成，保证培训效益最大化。四级评估的优势在于从人的行为（反应层）到组织的成果（绩效层）规划了一条完整的价值链，但从实践而言，不是所有的培训都能有效落地到四级，甚至部分企业还有一些基于"福利""团建"目的的员工培训存在，那就更难以使所有成果都递推到绩效层。为确保企业内培训资源有效使用，以"柯氏四级评估"为基本框架，建议通用类、领导力类培训通常适用一级至三级评估，技能类培训通常适用一级至四级评估。甚至我们可以在培训效果评估实施时，结合课程类型、评估时机进行设计，聚焦于评估产出。以下的工具表，就是我对于四级评估在应用角度的分析及操作建议。

表 6–1　从实践角度对"柯氏四级评估"各级优劣势的分析

层级	评估重点	评估内容及方式	优劣势	注意点
一级	学员反应：针对参训学员对培训课程及学习过程的满意度进行评估	•内容：课程内容、讲师、教学方法、教材、场地等 •方式：效果评估表、小组座谈、学员访谈等	•优势：可操作性强，最基本、最普遍的评估方法 •劣势：易出现以偏概全、主观、不够理智的现象	•强调评估的目的，要求大家配合 •将课程、讲师的评估分开

续表

层级	评估重点	评估内容及方式	优劣势	注意点
二级	学习效果：针对参训学员对知识的掌握程度和效果进行考试或操作实践实施评估	•内容：掌握知识和技能的程度，如学员吸收/会操作的程度等 •方式：测验、现场实操、课后行动改善计划等	•优势：对学员有压力并促使认真学习；对讲师有压力并促使更负责地准备培训课程 •劣势：压力大，可能导致报名不太踊跃	针对不同的培训课程采用不同的评估方法
三级	行为改变：针对参训学员回到工作岗位后，其工作行为是否因培训而有预期中的改变进行评估	•内容：训后行动跟进，学员训后工作行为的改变 •方式：上级、同事、下属等通过观察评估；学员自我评估等	•优势：直接反映培训效果；让领导看到效果 •劣势：耗费时间和精力；问卷设计、得到配合较难；员工行为易受其他因素的影响	•课程需适合该方式 •选择合适评估时间 •充分利用专业讲师和咨询公司的力量
四级	绩效提升：针对参训学员训后工作绩效改善情况进行评估	•内容：是否对企业的经营结果产生了直接的影响，如操作技能的培训所带来的次品率的下降 •方式：通过特定指标衡量，如事故率、次品率、生产率以及客户投诉率	•优势：详细的、令人信服的调查数据，实现最优的投入产出比 •劣势：短期内难以得出结果；缺乏准确的技术和经验；仅对比数字意义不大	•必须取得管理人员的支持，得到培训的相关数据 •分析与课程有关的结果，并分析在多大程度上有关系

在本表中，请大家重点关注以下几点：

1.“学员反应”级评估中，是有主观因素的，因此，不可全信，需要综合多个样本考量；

2.“培训效果评估表”的设计过程，注意将“课程”“讲师”的评估分开，这样能够分别看到课程、讲师不同的改进项；

3.“学习效果”维度，不一定所有的培训都要安排考试，专业培训安排考试效果最好，通用和领导力培训通过一些测评或案例模拟的手段去实现；

4.“行为改变”维度，受训者的直属领导是个非常重要的抓手，很多时候可以直接从他们身上挖掘到所需要的反馈内容；

5. “绩效提升”维度为四级评估的终极维度，但不是所有培训都适用，建议主要在专业技能（如技术、营销等角度）课程类使用，通用素质及领导力类不一定都要追到“绩效提升”维度。关于对这部分在人才角度的解决方式，我们在本章第二节和第三节会从人才供应链的双维度去考量。

表 6–2　培训效果评估时机及操作方式

层级	实施时间	建议形式	评估产出
一级	课程结束时	现场组织学员填写“培训效果评估表”	培训效果评估表
二级	课程结束时	组织学员考试、测评或现场实操、设置课后作业（试卷 / 题目由培训师设计和评定）	学员成绩单 作业成果文件
三级	训后 3—6 个月	•课程结束时组织学员制订训后行动计划，人事行政部与学员上级实施行为变化跟进，跟进时间 3—6 个月 •学员行动计划提交上级并报人事行政部备案，学员上级负责相关的行为评价与辅导	训后行动计划实施与跟进报告
四级	训后 6—12 个月	•课程结束时组织学员制订训后具体绩效改善计划，人事行政部与学员上级实施改善跟进，跟进时间 6—12 个月 •学员改善计划提交至上级并报人事行政部备案，学员上级负责相关的绩效评价与辅导； •人事行政部对比学员训前与训后的绩效转变情况，进行效果评估	学员绩效总结报告

在本表中，请大家重点关注以下几点：

1. “学员反应”级评估中，是有主观因素的，因此，不可全信，需要综合多个样本考量；

2. “培训效果评估表”的设计过程，建议分拆开“课程”与“讲师”，便于分别考量课程、讲师的改善点；

3. 第三级评估的动作当中，如配合“师徒制”、IDP（个人发展计划），则效果更好；

4. 第四级评估的动作当中，如配合“绩效改善计划”，则效果更好。

表 6–3 是某企业针对第一级评估的“效果评估表”，相对比较全面，包括课程、讲师、学员建议三个维度，供大家参考。

表 6–3　企业课程效果评估表（样例）

评价维度	评价点	评分及标准		满分	评价
第一部分　课程评分（满分 70）					
课程设置	我的预期	7—10	符合预期，收获不少	10	
		3—6	基本符合预期，有一定收获		
		1—2	与预期不符，兴趣不大		
		0	无预期，被硬性安排来的		
	预定长度	3—5	适中，配合课程的分量	5	
		1—2	不当，需 加长 / 缩短（请打√）		
	选择时间	3—5	合适，能静下心学习	5	
		1—2	不当，与工作冲突		
课程内容	框架流程	6—10	框架严谨，流程明确	10	
		1—5	框架混乱，流程不清晰		
	理论观点	7—10	准确，且与课题紧密结合	10	
		4—6	准确，但与部分课题脱节		
		1—3	理论缺乏依据，观点难以信服		
	案例	10—15	准确，且与课题紧密结合	15	
		6—9	具有启发性，但行业关联度有待提高		
		1—5	启发性浅或过于笼统，无法思考		
	教材编排	10—15	制作精良，值得借鉴	15	
		6—9	制作较好，形式多样		
		1—5	制作一般，形式单一		
第二部分　讲师评分（满分 100）					
仪态	仪表	1—2	着装规范得体，适合讲课氛围	2	
		0	着装不规范		
	精神状态	1—3	精神集中，情绪饱满	3	
		0	无精打采，心不在焉		

续表

评价维度	评价点	评分及标准		满分	评价
内容呈现能力	现场内容呈现	8—10	能清晰呈现要点，深入浅出，结合课堂情况，适应学员要求	10	
		5—7	能清晰呈现大部分要点，但无视学员实际需求，重点不突出		
		1—4	思路混乱，重点不突出		
	现场展示材料	1—2	能够配合课程实现	2	
		0	无材料，或材料与主题无关		
	表达流畅、准确性	6—8	讲解过程中可以脱离准备材料，内容不跑题，挥洒自如	8	
		3—5	讲解顺畅，能引申，无明显差错		
		1—2	照本宣科，有个别明显差错		
表达呈现技巧	肢体语言运用	3—5	较好地利用各种肢体语言，提高讲课效果	5	
		1—2	不恰当的肢体语言		
	声音和语速	7—10	清晰适中并起伏变化，有吸引力	10	
		4—6	清晰适中，但缺乏变化		
		1—3	含糊不清，令人听不清或易厌倦		
	灵活运用多种授课方法	10—15	清晰适中并起伏变化，有吸引力	15	
		6—9	采用多种授课方法，课堂气氛轻松活泼		
		1—5	采用灌输式，培训为讲师一言堂		
	应对学员提问	6—10	能够引导提问，解释合理并激发思考	10	
		1—5	不能正确应对提问		
	教具	3—5	熟练，恰当	5	
		1—2	使用生硬，影响效果		
	时间进度把握	10—15	按时结束，流程清晰	15	
		6—9	按规定讲完要点，时差不超过 30 分钟		
		1—5	重点未讲完，并延长或提前结束半小时以上		

续表

评价维度	评价点	评分及标准		满分	评价
课堂控制	控制课堂能力	10—15	能较好控制学员情绪，收放自如	15	
		6—9	能较好保持学员注意力，可以缓解突发事件		
		1—5	不能有效保持学员注意力，难以应对突发事件		
第三部分　学员建议					
1	对于课程内容和讲师的建议：				
2	印象最深的课程点：				
3	对其他或相关课程的需求：				
4	是否希望定期举行此类培训：				
5	对于此次培训的形式、组织、培训方式上的建议：				
6	对于培训的后续工作建议和想法：				

下方是基于第三级评估的《IDP个人发展计划》（IDP全称为Individual Development Plan），包括“岗位价值分析（自评）”“基于SMART的个人发展计划”，供大家参考。

表6-4　IDP个人发展计划

第一步：岗位价值分析： 你的岗位在未来一年中最关键的价值是什么？ 你发现在展现这些关键价值上，报告中反映了你的领导力明显的优缺点是什么？ 有什么可能的盲点（你和其他人的认识有很大差异的）？ 要面对你岗位上的挑战及岗位的关键要求，你应该优先提升什么能力或改善什么行为？		
第二步：基于SMART的个人发展计划		
行动目标（符合SMART原则）		
行动计划（结合你的改变内容，给出行动计划，如何衡量、什么时间、需要的资源等）		
步骤	**完成日期**	**衡量标准**
1个月后自查与行动结果： 3个月后自查与行动结果： 6个月后自查与行动结果：		

以上为我对于四级评估在应用角度的一些建议和工具表单，希望能帮助大家思考。在多年操盘企业大学的实际工作当中，坦白来说我对于“柯氏四级评估”也有多年的应用经验，但如何使培训产生让内部客户满意的、可见的商业价值，这是我一直以来都在思考的问题。由于战略、运营、组织等角度的变数存在，我们的培训活动不可能都很理想化地落实到柯氏的“四级”，那么，有没有一种更加实践的、本土化的方式来落实培训项目呢？

在这个时候，我想到了培训的关键目的：人才供应链。

第 2 节　“人才出栏率”：从人才供应链数量角度思考培训的价值

关键词：管理者的两项任务、“人才出栏率”“三堂会审”

唐代诗人王昌龄的名作《出塞》中这样说道：

秦时明月汉时关，

万里长征人未还。

但使龙城飞将在，

不教胡马度阴山。

让我们用人才培养的角度来理解一下这首诗。前两句“秦时明月汉时关，万里长征人未还”，就是人才面临的任务和挑战，要为公司驻守关隘，创造一线的利润，作用之大可见一斑；第三句“但使龙城飞将在”中的“龙城飞将”，就是人才，他们是在前线统兵的一个个优秀将领，要求有实力、有魄力、有效率；第四句“不教胡马度阴山”指的就是人才的价值，既能够创造利润，又能够御敌于国门之外。那么我们要想想，如果我们要培养“龙城飞将”，呈现的价值应该是什么呢？

- **管理者的两项任务**

在思考人才培养项目的价值之前，我们有一个非常重要的认识基础：公司的所有人才培养项目，都可以分为“数量级”和“质量级”两个维度。数量级的维度，解决的是“有没有人”；质量级的维度，解决的是“人是否好用”。假设公司新进入一个区域，作为公司的老板，他的脑海里一定在想两件事，一件事是这个区域的战略方向是否正确、业绩指标能不能落地，另一件事是这个区域“有没有人”“人是否好用”。这就关乎于管理者的两项任务。

表 6-5 管理者的两项任务

商业管理	组织管理
1. 战略：立足现在、放眼未来	1. 数量：有没有人（人员缺口）
2. 指标：利润从哪里来、利润如何落地	2. 质量：人是否好用（组织能力）

因此，把人才培养工作放到“组织管理”的维度，就很容易看到，所有的培训工作都是为了服务于管理者的“组织管理”要素，而组织的本质是“人”。“有没有人”“人是否好用”，就构成了管理者最关心的两大要素。从这个角度来说，培训管理者应该把所有的培训项目认真盘点，分别归属到“有没有人”和“人是否好用”，即数量、质量两个维度。从这个意义上，我们说，公司的所有人才培养项目，都可以分为数量和质量两个维度。

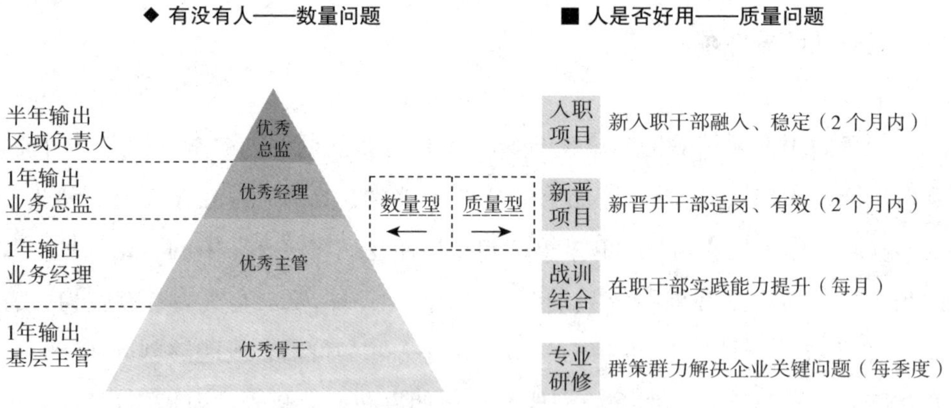

图 6-1 从数量、质量两个角度归类人才培养项目（样例）

上图中，左侧为“数量型”人才培养项目，即以人才产出为目的培养项目，包括后备干部、人才梯队类“补缺口”的人才培养项目，其价值是产出了足够的人才；右侧为“质量型”人才培养项目，即以提升在职人员工作质量为目的的培养项目，其价值是产出了合适的人才能力。以这样的思维思考，我们就能从人才供应链角度更好地思考培训的价值。公司的所有培训项目，都可以分别丢到数量和质量这两个筐里。这是一种以成果来分类培训的做法。

- **“人才出栏率”**

让我们先探讨人才培养的数量维度。以《出塞》这首诗为例，数量维度是指足够的“龙城飞将”。三国时期，诸葛亮一生为蜀汉帝国鞠躬尽瘁，在刘备时期帮助其开疆拓土，联吴抗魏，奠定了蜀汉的基业，那个时代的蜀汉，五虎上将熠熠生辉，卧龙凤雏各领风骚，可谓是“群贤毕至”。可是在刘禅时期，前期的将领死的死、老的老、残的残，像魏延这样有能力的下属，又被怀疑有“反骨”，剩下的除了姜维和几个尚未建功立业的“将二代”之外，就只有马谡之流，骨干人才数量明显青黄不接，是蜀汉几次北伐失败的直接原因之一。“治大国若烹小鲜”，治理企业和管理一方疆土的本质是一样的，都要注重人才的梯队化培养。因此，人才培养的直接价值呈现，就是足够数量的人才。

那么，如何体现足够数量的人才呢？

答案是：“人才出栏率。”

在第一章里，我提到过“人才出栏率”这个名词。是指在规定的时间，产出预期数量的人才。举一个很生活化的例子，在农村，农户养猪的时候，通常会有一个“生猪出栏率”，如 1 年内，生猪重量达到 200 斤为出栏的标准，即生猪培养合格。以此为类比，我们在人才培养项目的时候，就可以先设定好本项目的“出栏率”，以此来作为“数量型”人才培养项目的价值产出。下面，我们假设参与某培训项目的学员数为 100 人，以后备干部项目来举个例子。

假设某后备经理项目设定“人才出栏率”为：1 年 80%，即参与培养项目的 100 个经理后备（副经理或主管），将会在 1 年中经过 × 个模块的学习、实践、沙盘、测评等活动，最终 80%（即 80 人）以上可通过企业内的人才评审活动（如岗位竞聘、联席会审等），成为合格的经理级人才。

这个例子里，“1 年”是时间轴，“80%”是通过率，即“人才出栏率”是由“时间轴 + 通过率”两个要素联合构成的。“人才出栏率”的设计，可以使人才培训很好地体现出量化价值，但“出栏率”的数值如何制定出来呢？

在第一章里，我提到过对人才供应链三大工具的效果分析。

表 6–6 对人才供应链三大工具的效果分析

人才供应链工具	速度角度	成本角度	精益角度
Buy：招聘	高	高	中
Build：培养	中	中（可以通过实践）	高
Borrow：借用	高	低（一线居多）	中

上述三大工具，都是 HR 为了补充人才供应链的缺口（即数量）而使用的。当企业因为业务裂变产生人才缺口的时候，往往会分别调用不同的补充缺口工具。根据不同的企业管理方式，有的企业是“招聘、培养、借用”三者联动，有的企业则是“招聘 + 培养”。为了简化理解，我们假定一家企业主要以“招聘 + 培养”的方式来补充人才供应链的缺口，补缺的比例为 1 ∶ 1，即如果关键人才缺口为 100 人，则 50 人招聘、50 人培养。我们的“人才出栏率”就产生自这待培养出的 50 人中。

那在上述情形中，该企业是不是需要进行 50 个后备人才的培养呢？显然不是，50 个人才是培养的最终产出数量，而培养是有通过率的。有的人在培养过程中发生了转岗，有的主动或被动离职，还有的没有通过培训后的岗位竞聘或评估等，由此就会产生“变动率”，实际通过率往往低于 100%。因此，我们在安排后备干部培养项目的时候，参与学员数为：待培养人数 ×（1+ 变动率）。如何思考“变动率”呢？去年的“变动率”是客观存在的，而今年的“变动率”就需要在类比去年的基础上，根据今年的情况（如公司或市场环境是否有人才利好）来进行预估。如果去年变动比率为 30%，预估今年为 40%（今年比去年差），则需要安排的后备学员数可预估为：50 × 140%=70 人，同时“人才出栏率”为 50 ÷ 70≈71%。即“人才出栏率”是由“人才缺口”“变动率”共同决定的，它是一个预估数量。从这个维度进行的思考，和 HR 招聘端的人员招聘规划有本质上的一致性。

如果我们在安排“数量型”培训之初，能够设定一个“人才出栏率”的话，那么培训后就可以在“岗位竞聘”“对比测评”等环节之后，对比一下后备人才的培养通过率和之前预设的“人才出栏率”之间的差距，这就是一个可量化的“数量型”培训价值指标。当年底我们在和老板汇报的时候，就不要仅仅只是拿着“培训场次”“覆盖率”“满意度”等简单指标了，对于“数量型”的培训，体现出“人才出栏率”是非常重要的，因为它关乎管理者的组织管理关注点（见表 6–5）。

- **“三堂会审”**

曾经有人问我：“如果我们在培训结束之后，一段时间里无法进行‘岗位竞聘’等活动，我们也没有安排任何测评，那么是否有方法可以在培训结束后就能看到‘人才出栏率’呢？”我的答案是，“人才出栏率”是一个指标。至于如何“出栏”，要看各家企业的“通关”标准，有的企业用岗位竞聘，有的企业用测评工具，还有的企业直接汇报给老板圈定，不一而足。但如果确实没有其他工具，我推荐一个我操作过的工具——“三堂会审”。

表 6–7 基于业务的“三堂会审”模式

会审维度	价值量化指标	量化呈现方式
区域业务高管	评估学员在业务操盘角度思维、打法落地性	50%
人力资源高管	评估学员在团队意识、职涯规划方面的想法	30%
培训负责人	评估学员对于学习过程中的知识框架的掌握	20%

在上面这个模式中，我们让参加完后备培养项目的学员在规定时间里（通常是 1 周内或培训结束离开之前）参与一次“三堂会审”，进而判断他是否符合上一级的人才能力。我会安排三类人，一类是业务单位高管，他在现场将自己单位的实际业务问题抛给学员，考量他们处理实际问题的能力；一类是 HR 一把手，他重点考量学员对管理、组织或团队的相关能力；一类是培训负责人（如企业大学校长），他重点根据培训过程中学员所学内容考量他对所学内容的掌握。三者各自给学员打分，业务管理者打分占比为 50%，HR 一把手为 30%，培训管理者为 20%，充分体现了业务问题优先的原则。

第 3 节 从“满意度”到“有用度”：从人才供应链质量角度思考培训的价值

关键词：“满意度旋涡”“有用度”“问题解决数”“组织改善率”

“人才出栏率”是一个显而易见的价值，也是企业打造人才供应链的目的之一。那么对于这些“龙城飞将”来说，若要能“不教胡马度阴山”，除需要一定的数量外，自身的技能能不能派上用场、有没有用，也有很重要的影响。前面我们说诸葛亮在后期没有人才，但与其说是他没有人才，不如说是现有人才能力太差，那些“将二代”中如果能够再出现几个“五虎上将”，那么最起码也可以顶上一些人才的缺口。因此，人才本身的质量很重要，质量不到位的人才或不适岗的人才，都会造成企业的人才缺口。企业内为了提升在职人员专业能力、企业文化、认知能力等方面的培训项目、课程，都是“质量型”的培训。

关于人才培养价值的质量方面，我把它分为三个维度：数量级（“有用度”）、发布级（问题解决数）、组织改善级（组织改善率）。我们先来说说“有用度”。

- **“满意度旋涡”**

在一家企业担任职能部门高管的时候，我遇到了这样一件事。我的一个下属和他的团队非常辛苦地忙碌了两周，为一次高管培训会议做精心准备，当天的课程、讲师、研讨等环节安排得都不错，但在培训结束安排晚宴的时候出了一点小岔子，有个别高管学员因为接车、吃饭问题产生了分歧。我当晚正好和公司老板在一桌吃饭，我就问他：“老板，今天的高管培训会您也参加了，您觉得内容安排得如何？”老板想了想说：“你们还是比较用心的，这次让一线的很多问题在研讨中找到了思路，值得肯定。”我接着问他：“那现在您也看到，大家对今晚接车和吃饭菜品的安排有些意见，如果此刻让大家给今天的培训打个满意度分值的话，您觉得可以打几分？”老板这下想都没想就说：“那当然评价不好，培训也是你们组织的嘛。”

这是一个非常鲜活的场景，我们的很多培训管理者，在组织培训时，课程、讲师方面安排得都不错，培训也能为学员解决很多问题，但就是因为部分行政组织方面的细节偏差，导致学员对培训的整体满意度并不高。在我职业生涯中遇到最奇葩的一次，是一个学员在培训结束之后给培训效果打了 3 分（满分 10 分），问他什么原因，他说：“昨天晚上培训组给安排的酒店蚊子太多，咬得我一夜没睡着。”

这些场景让我反复思考一个问题，学员满意度是不是应该作为有效的培训价值？答案应该是否定的。因为，当我们的满意度调研中，既存在培训内容评价，又存在行政组织评价时，由于行政组织的满意度是无上限的，因此即便培训内容再好，学员只要对行政组织有一点不满意，就有可能对本次培训给予差评。这就是“满意度旋涡”。几年前，任正非在华为大学的一次培训中提到：“我们的管理干部都是成年人，他们应该有义务管好自己。”这句话其实是在侧面强调管理干部参与培训的目的性，他们应该关注学习内容，以及如何解决问题，而不应该盲目追求舒适或服务上的满意度，毕竟公司不是酒店，培训管理板块也不是酒店的服务生。

既评价培训内容又评价行政组织的评估方式在企业中很常见，以下面某企业的评估问卷为例。

表 6-8 培训效果评估表（某企业样例）

序号	项目	内容	满意度										
			非常满意 → 非常不满意										备注：如果满意度在6分以下请添加说明
			10	9	8	7	6	5	4	3	2	1	
1	培训内容	培训内容全面系统、条理清晰											
		课程所含信息有助于实际工作											
		课程内容对学员而言难易适当											
2	培训师	具备足够的背景知识和专业素质											
		授课与演讲技巧											
		与学员的互动性											
		能使学员保持对课程内容的兴趣											
3	培训形式	能够帮助学员快速参与到培训中											
		培训形式适合学习的需要											

续表

序号	项目	内容	满意度										
			非常满意 → 非常不满意										备注：如果满意度在6分以下请添加说明
			10	9	8	7	6	5	4	3	2	1	
4	培训组织	培训组织井然有序											
		培训时间安排合理											
		学习环境使人能专心参与培训											
5	整体评价	您对本次课程的整体评价											
		本次课程您是否愿意推荐给其他同事											
1. 您认为本次培训中还希望听到什么内容？													
2. 您认为本次培训还需改进的地方是哪里？													

在这类问卷中，我们通常都能看到“课程”“讲师”“行政”三大要素的组合，三者共存于一套评估问卷内，进而“相互制约”。那么，我们能不能尝试着剥离满意度，直接拷问学员的所得呢？这样做之后形成的指标就叫“有用度”。

- **“有用度”**

从2012年开始，我就已经尝试着在我操盘的所有培训项目中去掉满意度调研，而改为“有用度”调研，引导学员更加关注所学和所得。“有用度”调研涉及三个很简单的问题。

表6–9 培训“有用度”调研

调研维度	调研问题	价值评判
1. 工作关联	该培训和你的工作联系度如何	打分：1—10分
2. 问题解决	该培训在多大程度上解决了你培训前的问题	打分：1—10分
3. 主题延伸	你对该培训主题还有什么问题	开放式问题

这三个问题，实际上已经足以让培训管理者获知本次培训对学员的作用，如果本培训和学员的工作场景关联性强，大幅度解决了学员的问题，那么这个培训对学员本身就是有用的，我们甚至无须再问“讲师仪容仪表如何、声音如何、讲得生不生动”这类表面问题，因为技巧永远是服务于成果的，既然成果有了，就没有再问技巧的必要了。内部讲师不是外部咨询顾问，不必盲目要求过高的表现及呈现技巧，那是咨询公司的要求，不能本末倒置，企业培训就是讲究实用，有用就是最高的价值。如果一定要加上对行政满意度的评估，那么建议将两者分开，分别评估，不要共用一张问卷，导致相互影响。

- **“问题解决数”**

“质量型”培训活动的第二个价值维度，就是“问题解决数”。操作方式是：在培训前，可以让学员提出对应主题的问题，课程中可以安排现场互动问答；课程结束后，将学员的问题与讲师的解答汇集成册，成为《Q&A 手册 V1》，再发放给第二批次的学员做课前翻转课堂学习；然后由第二批次的学员在课堂中提出该主题其他未解决的问题，连同第一批次的问题汇集成《Q&A 手册 V2》，发放给第三批次的学员做课前翻转课堂学习。这个操作方式不断滚动下去，随着该主题培训一期一期的举办，会发现后面批次的学员对该主题的问题提得越来越少，也就是说，新学员对该主题提出的问题越来越少，目标群体学员对该主题的问题得以有效地解决。这个问题解决的数量，就是培训的价值。

如果是单场次培训，可以在培训结束后，汇编《Q&A 手册》，发到微信群、在线学习系统等平台，发送给更多与主题相关的人员，达到总结及延伸学习的目的。“以问题始、以答案终”，这才充分符合“解决问题就是最好的学习”这一理念。

表 6–10　“以问题始、以答案终”的操作方式

类型	过程	手　　段
同一主题多批次培训	培训前	远程提出问题，老师在线或远程解答
	培训中	现场提出问题，与老师在课堂问答互动
	培训后	HR 整合《Q&A 手册》，推送下一批次课前学习（滚动开发）
单次培训	培训后	汇编《Q&A 手册》，发到微信群、在线学习系统等平台，发送给更多与主题相关的人员

除《Q&A 手册》外，《打法提升：×× 场景打法汇编》《流程改良：×× 工作工艺标准》《经验复盘：×× 业务案例集》等，都是能让学员在课堂中整

合问题、经验的方法，而且可以在培训后推送给更多人学习。

- **“组织改善率”**

“质量型”培训活动的第三个价值维度，就是“组织改善率”。在培训结束之前，可以发一份《组织改善建议》，让学员填写学习本主题后对本单位、本项目的操盘、流程、技术等方面的改善思路，由培训管理者收集之后，按照学员的派出单位发给其直属上级或一把手（根据学员职级而定）。

表 6-11　组织改善建议（样例）

部门		职务		姓名		课程名称	客服工作交流	培训日期	
通过本次培训您了解到哪些内容									
您心目中的客服工作应该如何做									
您从自身及部门角度如何支持客服工作									
从公司方面提高品牌美誉度的建议									

直属上级收到这张表之后，需要回答一个简单问题：“您对您所在单位学员提出的《组织改善建议》评价如何（1—5 分）？”培训管理者将多个上级的评价分值平均，就得到了第三个价值维度“组织改善率”的分值。

为了让大家更好地理解我提出的四个指标，我们将上述数量、质量纬度的四个指标整合在一张表里，供大家参考。

表 6-12　人才培养价值呈现量化指标（样例）

价值维度	价值量化指标	量化呈现方式（举例）
数量维度	“人才出栏率”	后备：1 年 80%（合格人才） 培优：1 年 65%（绩效角度） 晋升：1 年 30%（人才以上职位）
质量维度	L1- 数据级：有用度	从学员体现：“有用度评价表” 从测评体现：前后对测（项目运营、管理能力）
	L2- 发布级：问题解决数	问题手册：《× × 场景 Q&A 手册》 打法提升：《× × 场景打法汇编》 流程改良：《× × 工作工艺标准》 经验复盘：《× × 价值链案例集》
	L3- 组织改善级：组织改善率	对公司：本项目组织改善建议（全盘 / 特定）

让我们综合上述要素进行思考：当年底我们汇报工作的时候，除了“培训场次”“覆盖率”这些基础的要素之外，对于数量型的培训项目，我们能够拿出“人才出栏率”的指标。对于质量型的培训项目，我们能拿出“有用度”指标。我们还能拿出“问题解决数”指标，甚至能够真实地证明：该主题的专业培训举办了多少场之后，解决了多少个学员的专业问题，同时随着期数的增加，85%以上的学员已经不再提出任何新问题，证明对应群体的问题得以有效解决。我们还能拿出“组织改善率”指标，告诉老板这类专业培训提出了多少个组织改善建议，不同的主题建议被业务线管理者评判的价值有多少分值。这些，都是在人才角度我们可以直接做、直接证明的量化指标性价值。至于是否一定要落到利润、业绩角度，在本章开头我已经提出了我的看法。首先，不是所有培训都能在短时间内直观地落实到绩效维度，如大量的通用素质、领导力类培训；其次，有些培训管理者试图使用“利润上升率”这样有“战斗力”的字眼来证明自己的价值，但很快就会发现，如果要说明业务部门因为参与了某场培训而直接提升多少业务，这当中的阻碍因素非常明显（如市场环境变化、管理者战略迁移、产品线变化、客户消费习惯变化等）。从客观上看，培训的直接作用是人，是通过直接作用于人才供应链（有没有、好不好），进而间接作用于业务成果的。这样的界定，会更加务实。

我们前面说过，公司的所有人才培养项目，都可以分为数量和质量两个维度。在最后，我们将本章第二节和第三节提到的两个维度和四项指标与培

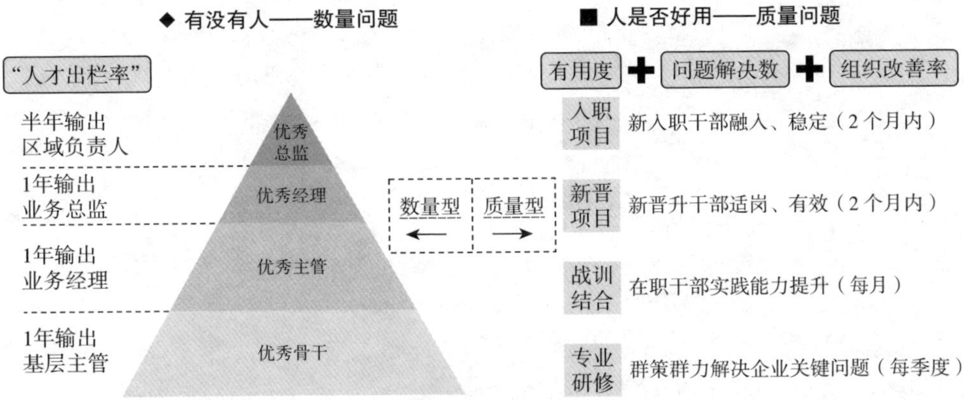

图6-2　双维度结合：从数量、质量两个角度看人才培养的效果

训项目的样例组合在一起，便于大家从整体上理解从人才供应链角度看待培训价值的思路。

综上，“四级评估”是一个很理想化的模型，在实践中需要考虑区隔要素（如分开通用素质类与专业类培训），在本章第一节我们详细分析了其实践应用上的优劣势及操作思路。但从另一个角度而言，由于业务线总经理对人才问题关注的本质是快速找到合适的人才以组建起持续的、有战斗力的团队，这就带来了我们从业务角度对培训目的的理解：培训的目的，是直接作用于人才供应链（有没有、好不好），进而间接作用于业务成果的——这就是我们基于人才供应链的“数量 + 质量”双维度的评估策略。

第七章

三位一体：项目总培养策略的三大驱动要素

从2010年起，我陆续参加了国内很多场人才论坛，和不同企业的HR、企业大学管理者进行交流，当大家聊到关键人才培养的时候，绝大多数会聊到项目总经理（以下简称项目总）的培养。有的纠结于内容、模块的设计，有的不知道该由谁来给项目总上课，有的在思考项目总培养的价值应该如何向老板呈现，还有的痛苦于新入职项目总的培养问题；更有些大型集团公司的HR一直在思考，随着公司项目数量的裂变，大数量级的项目总的培养，到底应该是总部一手抓起来，还是交给区域公司自行解决？这里不仅涉及对项目总定位的认知问题，还涉及项目总培养的成果、精力的分配、人员的流动问题。项目总的培养，向来是各家公司人才培养工作的重心。

项目总是什么？应该如何培养到位？这一章我就和大家聊一聊关于项目总的培养策略。

第1节　知己知彼：项目总在组织中的定位和工作模式

关键词：项目总负责制、避免执行走偏

《庄子》有云："子非鱼，安知鱼之乐？"既然我们是要给项目总这群人设计并实施培训项目，还要证明其存在的业务价值，那么我们就必须充分了解项目总在企业中的定位和管制方式，知道了他们的"快乐"和"忧伤"，我们才能更好地思考项目总这一关键人群的培养策略。

先来聊聊项目总的定位。项目总属于公司最小利润单元的总经理，承担了公司一线主要的盈利任务，属于公司的中高管团队成员，在有的公司定位为中层管理干部，而在有的公司规定为高管（根据公司特性、体量及产品而不同）。项目总只是对这类最小利润单元总经理名称的一个统称，各行各业具体名称不一，如零售行业通常称之为店长，制造业则称之为厂长，银行业称之为支行行长，保险业通常称之为终端机构长、片区长，房地产业通常直接称之为 × 项目总经理。在大量的公司里，随着总部、区域、项目三级管控体系的出现，项目总具有了对一线最小业务单元的现场直接管控权、整体的指标考核权、团队管理权等，有个别还会直接负责产品设计、市场推广。可以说，在这种授权体系下，项目总的权力变得越来越大。当然，也有权力集中型的企业，将人力、财务、设计、采购、市场统一管理，项目总只负责日常的团队管理和终端销售。但随着公司业务的扩大，会出现"血液（指令、资源等）"传递到终端不及时的现象，由终端负责人对现场事务直接做出判断，符合任正非提出的"让听得到炮火的人做决策"的思路，所以大量的企业都开始在终端数量裂变之后，推行项目总负责制。

项目总负责制是一种以项目效益为中心的管理模式，所有企业经营活动均围绕项目效益开展，以有利项目整体效益提升为原则进行管控方式的选择、经营行为的决策。在这个模式下，项目管理以项目总为核心（主责），各职能条线为抓手（辅助）；项目总是项目效益的总负责人，统筹项目管理各项工作，按计划将工作分解至项目各业务及职能条线，推动各条线完成各项工作。由于项目总是项目效益的总负责人，统筹项目各项管理工作，对项目效益负责，其还会享有项目效益提升收益以激发其一线运营管理的斗志。公司及项目各职能部门是项目开发相应职能环节的推动者及责任人，配合项目总完成项目管理工作，实现项目既定效益目标。

项目总负责制在各行各业都有广泛的应用，如零售行业的店长负责制、制造业的厂长负责制、房地产行业的地产项目总负责制、互联网行业的平台负责制等。由一线管理者对相应业态、产品线、平台负责，能够激发其极大的创意与主观能动性。在项目总负责制的基础上，可以有很多公司内部管理的创新，如海底捞的店长负责制，极大地激发了一线店长的管理创意，带给了客户很多服务惊喜；万科在项目总负责制的基础上，对项目总大幅度授权，带来了很多在一线产品的设计、市场上的创新；碧桂园大力推行"价值双享"（成就共享、同心共享），对项目及区域管理者进行大幅度的业务及跟投激励，使团队形成了高度狼性和竞争意识。这些都是项目总负责制好的一面。当然，2017 年 8 月 25 日媒体曝光的海底捞太阳宫和劲松店的后厨卫生安全问题，也带来了一个新的提示：项目总负责制，也需要从制度层面进行一定的监督或指引，避免执行走偏。

表 7–1 某地产公司的项目总责任制概要

职责：
1. 项目经理负责人员的协调与资源的调配：项目经理除定期召开协调例会以外有权根据工作开展需要不定期召集各相关专业召开协调会（形成会议纪要）等形式进行主动协调
2. 计划管理：项目经理对项目整体计划（工程系统）管理处于主动地位，工程管理部协助；负责制订项目总体计划，并且审查施工计划
3. 项目经理负责在维修资料向物业移交前的维修工作
权责：
1. 工程招标项目：项目经理有权在目标成本控制下给出定标意见，并具有一票否决权
2. 项目经理对工程款支付有审核权，对已经批准的付款计划持有最终付款决定权
3. 人事：项目经理与项目公司中基层人员有任命、调薪调岗建议权
4. 考核：项目经理对工程部及员工具有考核权；项目经理对集团强关联部门具备 30% 的考核权限
5. 审批权：一般设计变更、零星采购及分包（5 万元以下）、工程签证（单笔金额≤ 0.5 万，月度累计总额≤ 3 万）、施工组织设计、监理规划细则

第 2 节 全面 + 视野 + 聚焦：项目总培养的“三位一体”

关键词：“4+1”关键能力、“3+9”关键能力、深度 + 宽度 + 高度、业务六力

既然我们初步了解了项目总在组织中的定位和工作模式，那么接下来我们就来聊聊项目总的培养策略。我们需要思考以下几个问题，包括但不限于：

√ 项目总培养的内容从哪里来？

√ 培训项目的模块如何设计？

√ 谁能给项目总上课？

√ 项目总培养的价值呈现是什么？

√ 总部与区域之间如何在项目总培养上协同作战？

项目总的培养内容是以其关键职责为中心展开的，上文我们提到，项目总通常是项目效益的总负责人，统筹项目各项管理工作；也有权力集中型的企业，将人力、财务、设计、采购、市场统一管理，项目总只负责日常的团队管理和终端销售。这是项目总目前常见的两种职责结构，前一种职责结构占的比例较高，后一种多存在于强管控型的组织；前一种可以称之为“管全盘”，后一种可以称之为“管营销”。

• **“4+1”关键能力**

对于“管营销”的项目总（如门店总经理、终端卖场负责人等），他的培养内容主要以达成营销指标所需要的各项关键能力为主，包含五大方面，我称之为“4+1”关键能力（4 项业务能力 +1 项团队管理）。

表 7–2　“管营销”型项目总的“4+1”关键能力

关键能力	内容概述	能力维度
市场及推广	进行市场调研、推广、广告设计相关的工作	战略 + 业务
价格管理	根据产品、客户、区位、对手等要素进行价格调整	
销售计划	确保销售计划既按节奏，又能贴合市场现状	
坐销及行销	确保现场销售、外部拓客工作保质、保量完成	
团队管理	管理并推动终端营销团队完成销售任务	团队

“4+1”关键能力，就是“管营销”型项目总要培养的具体方向。有了这个方向，我们就可以整合手上现有的学习资源（课程、案例、在线、考试、沙盘、师带徒等），进行具体的内容安排。

表 7–3　围绕“4+1”关键能力的课程设计样例

关键能力	能力细项	课程设置	其他（培训形式、执行讲师等）
市场及推广	市场调研	市场调研关键步骤及实施逻辑	/
	规划定位	定位策划工作思路与核心策略	
		从营销角度做产品规划	
	投放策略	新形势下推广预算及媒体策略推广思考	
	广告策略	广告百科全书与微视频创新营销	
		新闻宣传策略及执行要求	

续表

关键能力	能力细项	课程设置	其他（培训形式、执行讲师等）
价格管理	产品差异	高端产品线价格管理策略	/
	定价逻辑	价格管理与产品溢价的关键逻辑	
	客户策略	买对不买贵：如何让价格对客户更合理	
销售计划	计划分解	区域销售指标及分解计划	/
	计划执行	计划管控小组建立及执行标准	
	计划复盘	销售计划落地及复盘工作	
坐销及行销	拓客策略	客户拓展的核心策略与战术	/
		基于不同产品的差异化拓客策略	
	圈层营销	圈层营销的实施与组织	
		圈层营销工作管控	
	现场销售	现场销售及客户管理	
团队管理	人才选拔	招聘与面试技术	/
	激励管控	营销团队的激励管控	
	人才培育	营销人才培育与团队管理	

由于不同行业的业务特性有一定差别，上表可能会发生具体内容的微调，课程也不尽相同，这就需要考验各位 HR 或培训管理者对本业态的了解。

• **“3+9”关键能力**

再说说“管全盘”型项目总的培养内容设计。既然项目总的职责比较全面，那么就可以视为一个小型公司的管理。由于项目一线是直接利润单元，工作重心是业务，目的是价值变现，所以一线的业务部门人数会较多，而职能部门如人力、财务、信息化等则会相对较少，而且通常会和总部职能部门联动工作，因此我们可以把项目（零售门店、银行支行、楼盘项目等）视为一个以业务为驱动的、弱化了职能部门的公司。那么作为这家“公司”的运营者，他的关键能力是什么，我们能不能总结出一些共性来？我整合了我自己工作过的几家 500 强企业，尝试着找出了一些作为全盘管理者的能力共性，包含了三大关键能力（战略、业务、管理）和 9 个能力培养点，我称之为“3+9”关键能力。

表 7–4 “管全盘”型项目总的“3+9”关键能力

九个能力培养点	三大关键能力	能力着眼点
■提升战略高度 ■深刻理解市场 ■客户及竞争意识	模块 1：全局的战略视野	提升学员对战略、市场、客户的理解，使其具有使命感、责任感和危机意识；明确未来企业及个人发展，全面看待行业和企业战略
■项目管理能力 ■综合专业能力 ■问题发现及决策	模块 2：系统的业务知识	跳出单板块业务，侧重培养项目管理综合能力、精益管理能力，同时提升学员发现业务问题、有效决策的能力，能独当一面
■塑造组织能力 ■管理团队能力 ■自我清醒认知	模块 3：综合的管理素质	使学员对自我能力优劣势有清醒的认知，具备良好的情绪和压力管理能力，能够有效打造高执行力组织，提升团队管理、指导能力

围绕“3+9”关键能力，我们就可以根据各自公司的不同业务特性，进行更进一步的课程、交付形式的设计。这个部分各个行业差异很大，但我仍尝试着把它抽取了出来，称其为项目总培养策略的“三位一体”。

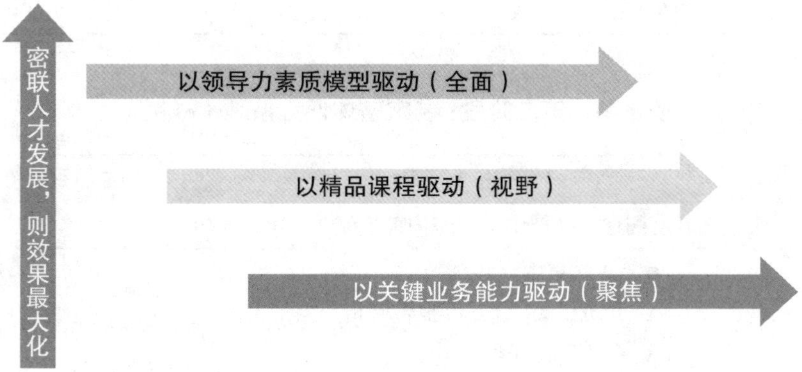

图 7–1　项目总培养策略的“三位一体”

首先是第一个驱动要素：以领导力素质模型为基础的“全面”要素。对于培养管理人员来说，如果事先能有个“模子”，则有了一定的对标意义，当然我们可以让学员直接向优秀管理者对标，但纯粹的人际学习主观性太大，如果能够整合出一个培养框架，则在设计课程的时候“边界”会更加明显。比如，当我们知道了“战略、业务、团队”三个框架，那么相关的课程围绕这三个框架进行，就会更加体系化，避免偏差。这种项目的驱动方式比较常见，不少企业都是以领导力素质模型来作为项目总培养内容设计的基础，这也是素质模型设计的初衷之一。以下以一个企业培养项目总由素质模型到项目内容设计的例子供大家参考（阶段一，素质模型建立；阶段二，设计课程内容）。

表 7–5　第一阶段：A 企业领导力素质模型（样例）

领导力模型维度	各维度能力要素
维度一：战略执行及推动力 （实现战略认知的高度，有效提升执行力及推动力，为未来发展指明方向）	■战略性思维 ■高效执行力 ■应变与推动力
维度二：业务管理及支持力 （亟待提升能力点，涉及地产价值链、商业地产学习，是能力提升的重点）	■业务全价值链逻辑 ■分析解决问题能力
维度三：个人素质及领导力 （提升协同力及组织能力建设意识，是重要的工作方式，是能力发展的基础）	■跨团队协作 ■对下属的教导能力 ■自我认知、情绪及压力管理

表 7–6　第二阶段：制定整体课程系统（样例）

<table>
<tr><th>培养模块</th><th>主要活动</th><th>主要目的</th></tr>
<tr><td colspan="3">开班前一个月 360 度测评（外部供应商与内部定制）</td></tr>
<tr><td rowspan="2">开班与“个人素质及领导力”模块</td><td>■第 1 次集中：
√开班仪式、360 度报告解析（上午）
√企业文化课程（下午）
√《认知自我，发挥情商优势》（外部课程，1 天）
√团建活动，1 天拓展</td><td>认知自我，提升职业素质和团队融合度，导入培养重点主题</td></tr>
<tr><td colspan="2">主题作业 1：22 天行动计划（由 ×× 学院与区域总经理共同推进）+ 网络学习</td></tr>
</table>

续表

<table>
<tr><th>培养模块</th><th>主要活动</th><th>主要目的</th></tr>
<tr><td rowspan="6">“战略执行及推动力”模块（实现战略认知上的高度）</td><td>■第 2 次集中：
√《战略执行力》（1 天，外部课程）
√《× × 业务之道》（1 天，内部课程）
√工具《× × 行动学习》（晚上）</td><td>导入战略性思维，拓宽视野，提升执行力与推动能力</td></tr>
<tr><td colspan="2">主题作业 2：编制执行力案例（× × 学院提供模板）+ 网络学习</td></tr>
<tr><td>■第 3 次集中：
√《业务团队共创之道》（内部课程，3 天）
√高管沙龙（组织能力相关主题，1 晚）</td><td>明确围绕战略的组织优势塑造</td></tr>
<tr><td colspan="2">主题作业 3：组织能力诊断实践（× × 学院领导力专家主责）+ 网络学习</td></tr>
<tr><td>■第 4 次集中：
√理论导入，《行业战略及竞争分析》（2 天）
√业务结合，× × 行业竞争策略（研讨，1 晚）</td><td>分析制定行业竞争策略</td></tr>
<tr><td colspan="2">主题作业 4：跨部门协同点、协同案例（× × 学院与区域职能部门协同设计）+ 网络学习</td></tr>
<tr><td rowspan="5">“业务管理及支持力”模块（每月 1—2 次；以内部授课为主，外部课程为辅。内部讲师侧重在讲管控体系、操作实践、案例，外部讲师侧重在讲理论体系、行业案例）</td><td>■第 5 次集中：价值链前段
√《投资策划与资源获取》（2 天）</td><td rowspan="5">此部分课程（第五课至第十课）按照业务价值链管控点及我们的业务重点，课程的特点是：案例式（行业的、自己的、竞争对手的）与理论学习，重点解决两个问题
1. 知识面：是什么、为什么、怎么做；（理论、流程、我们的做法）
2. 协同点：对于总部来讲，价值链的重点管控和协同点是什么，协同的逻辑</td></tr>
<tr><td>■第 6 次集中：价值链中段
√《终端定位及方案设计》（2 天）</td></tr>
<tr><td>■第 7 次集中：业务经营
√《业务经营及运作》（2 天）</td></tr>
<tr><td>■第 8 次集中：价值链中段 2
√《产品质量及计划管理》（1 天）
√《招采及成本管理》（1 天）</td></tr>
<tr><td>■第 9 次集中：价值链后段
√《产品销售管理》（1 天）
√《大客户管理》（1 天）</td></tr>
</table>

续表

培养模块	主要活动	主要目的
所有课程均有专业学习书籍推荐学员延伸学习，过程中拟安排 1—2 次项目参观	■第 10 次集中：人力及财务 √《项目人力资源管理》(1 天) √《项目财务管理》(1 天)	以前 6 堂业务价值链课程为基础，模拟终端公司运营全过程，进而从操作层面加深对业务全价值链运作、板块业务协同的理解
	■第 11 次集中：业务综合运营管理模拟实操 √《业务运营管理沙盘》(外部课程，2 天)	
说明：为增强专业课程的专业属性，充分利用内部讲师资源，兼顾不同专业学员对课程深度、广度的需求，第 5—10 次集中重点采用“内部课程开发”的模式。**为配合此模式，×× 学院将会在年初启动“业务价值链专业课程开发暨讲师认证项目”(时长 3—4 个月)，在内部开发 9 门以上课程的标准课程包**		
培训关闭	■毕业典礼 √ 1. 视频短片、课程回顾及学员分享学习汇报 √ 2. 优秀学员颁奖、发毕业证书 √ 3. 第二次 360 度报告比对分析公布 √ 4. 管理层总结讲话及毕业典礼	对比个人成长，学习汇报、评审团评审（结果作为项目总第一梯队关键人选）

上述样例里我主要凸显的是设计内容框架的过程，具体实施过程中还涉及案例学习、外部参访、在线学习、翻转课堂等部分，属于执行的细节，暂时不作详述。

- **深度 + 宽度 + 高度**

接着聊聊第二个驱动要素，以精品课程为驱动的“视野”要素。在一些企业里，他们所谓的“课程体系”实际上单纯指课程本身，而不含行动学习、参观交流、在线学习等交互要素。2016 年 7 月我在上海参加人力资源峰会的时候，有一位 HRD 曾问我，“何老师，我们公司的项目总级别比较高，都纳入了集团的管理团队，而且单项目业务产值也很高、管控幅度大；同时，由于我们的内部企业大学是非强制性的，由管理人员自选上课，所以我们在思考，能否提升课程的高度，做出精品或爆品课程体系，吸引大家来报名学习。对此您有什么建议呢？”

面对项目总在公司级别很高，自选参与培训的状况，除了我在第二章的两个建议（密联人才发展、密联管理者承诺）之外，我们确实可以在课程本身上做一些文章，研发一些精品、爆品的课程。以下我以另一个企业实践为案例，跟大家聊聊如何从深度、宽度、高度三个角度打造项目总的精品课程体系。

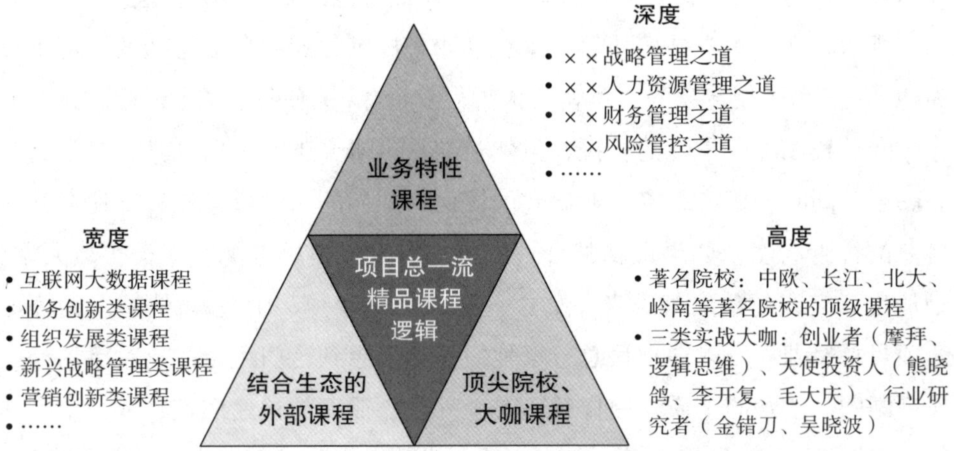

图 7–2　“三度”：项目总的一流精品课程逻辑

上面这个案例模型将项目总的课程分为三个角度打造，即深度、宽度、高度，尤其适合级别比较高的项目总培训。所谓深度，就是加强项目总对公司整体业务模式的了解，既包括前台的战略、运营、公关等，也包括后台的人力、财务、风控等，从而在整体上加深项目总对于整个公司业态操盘的了解。对于级别比较高的项目总，他们的下一步往往是公司副总裁或同类级别高管，会逐渐走到公司综合管理的道路上，而他们原先的项目比较单一、管控类型也比较窄，不利于为未来的成长做好全盘铺垫。像这样的业务特性课程，虽然讲的是业务，但会直接请各个条线的一把手亲自授课，确保课程质量，比他们刚刚入职的时候接触到的对公司全盘业务的简单介绍那样的入门级课程要深入得多，每门课程都会分析来龙去脉，从老板的视角充分剖析，堪称企业内部的“EMBA”课程。

所谓宽度，是从公司未来面对的多元化、市场化、“互联网 +”的冲击等方面来思考的。作为高管级别的项目总，他们日常主要负责的是自己管辖的项目，但整个公司除了内部治理之外，都在面临外部环境的新变化、新冲击，因此学习这类内容，能拓宽项目总的视野，从而带来运营项目、生意模式的新思考，非常有必要。这部分课程可以结合本业务生态（如零售、地产、金融、制造等）进行横向拓展，如《互联网大数据》《××业务创新》《新兴业务战略管理》等相关课程。这些课程使项目总在管控本业务体系的同时，能够充分结合互联网思维、跨行业视野来思考自身的生意模式、业务打法。

所谓高度，主要是从外部专家、创业者提供的课程角度思考的，可以分为两类：著名院校专家与三类实战大咖（创业者、天使投资人、行业研究者）。像中欧、长江等商学院的教授，虽然长期从事研究工作，但其具有一定的专业高度，同时掌握了很多行业研究的案例，他们的课程可以比较好地提升项目总的视野高度，如果主题契合，则可以启发更多思考。而三类实战大咖，是从生意实践的角度来思考（如创业者，类似摩拜、OFO），他们来到公司给项目总授课，可以向项目总分享他们是如何想到这门生意的，对市场是如何判断的。生意的本质是一样的，一个外部创业者的快速成长，和一个内部新项目、新区域、新产品线的成长，有异曲同工之妙，都要面对外部的市场、客户、竞争对手，所以前者对后者有良好的借鉴意义。而天使投资人（类似熊晓鸽、李开复、毛大庆），他们可以从为什么要投一个项目开始，给高管级别的项目总分享自身投资、产品定位的经验，这对于运营一个利润单元的项目总而言是非常受用的。最后，行业研究者（类似金错刀、吴晓波）可以从自身对行业多年的市场化研究中，分享对不同行业观察的思路、成败得失，相当于大型的案例课程。这些研究者不仅善于思考，而且他们去过很多行业、企业做研究，必要时还能帮助公司高管在生意联动上牵牵线。

从深度、宽度、高度三个角度打造项目总的课程体系，推动了项目总业务视野的提升，对于高级别项目管理者的培养，对于驱动项目总参与学习，对于打造内部精品、爆品的课程，有极强的实践意义。

- **业务六力**

最后聊聊第三个驱动要素，以关键业务能力为中心的“聚焦”要素。这种驱动方式非常适合以营销、生产等业务为主打、强调前台、营销为王的公司，在设计方案的时候应围绕项目运营关键能力入手，以实战为主，混编学习模式，要求设计者与业务单元详细沟通、调配有效资源，否则很难完成课程的设计。以下给大家举一个企业实践样例，也是分为两个阶段，首先由培训管理者详细讨论业态，到一线调研，根据研讨结论分析、设计出“项目总运营六力”；然后根据“六力”的要求，与包括总裁在内的管理团队进行讨论、调配公司内部资源，设计并支撑起整个以业务能力为主的项目总培养混编项目。

表 7–7　第一阶段：× 企业“项目总运营六力”（示例）

运营六力	“六力”释义	学习模式
精准投资	寻求优质投资项目，打造高利润产品	1. 总裁指示　2. 高管分享 3. 专业学习　4. 案例分享 5. 实战研习　6. 轮岗实践 7. 主题汇报　8. 复盘考试
高效生产	工作前置、快好结合，计划扎实落地	
快销去化	新货不积存、存货快速去化	
成本招采	对利息、费用、效益等了然于胸，效益最大化	
全程精品	打造过程精品、优质服务、质量第一	
团队管理	塑造高执行力团队，落实各项业务要求	

表 7–8　第二阶段：× 企业围绕业务“六力”的项目总培养（示例）

	精准投资	高效生产	快销去化	成本招采	全程精品	团队管理
安排类型	第 1—2 周	第 3—4 周	第 5—6 周	第 7—8 周	第 9—10 周	第 11 周
总裁指示	/					
高管分享	从集团角度理解投资	从集团角度理解生产	从集团角度理解营销	从集团角度理解成本	从集团角度理解精品	从集团角度理解团队
专业学习	战略投资系列课程	生产管控系列课程	销售去化系列课程	成本招采系列课程	质量及客服系列课程	人资及管理系列课程
案例分享	A 项目投资分析	C 项目生产管控分析	E 项目营销分析	G 项目成本分析	I 项目质量管控分析	K 项目团队建设分析
实战研习	与政府虚拟谈判	生产 & 供应商管控	沙盘模拟：营销策划	与外司交流成本管控	沙盘模拟：全程质量管控	沙盘模拟：识人、招聘技巧
轮岗实践	到投资中心轮岗 1 周	到生产中心轮岗 1 周	到营销中心轮岗 1 周	到成本招采轮岗 1 周	品控及客服部轮岗 1 周	到人力资源轮岗 1 周
主题汇报	B 项目投资分析报告	D 项目生产分析报告	F 项目营销分析报告	H 项目成本管控分析	J 项目品控及客服整改	L 项目人工成本及管理
复盘考试	投资条线专业笔试	生产开发条线笔试	营销条线专业笔试	成本条线专业笔试	品控及客服条线笔试	人力及管理条线笔试

同样，上述样例里我主要凸显的是设计内容框架的过程，具体执行的细节还有很多分工、交付项，暂时不作详述。像第三种“业务能力聚焦”式的驱动方法，对培训管理者密联业务能力的要求很高，需要下大功夫、深入理解业务，同时还需要业务部门的配合，因此必须密联管理者承诺，才能取得预期的效果。

第 3 节　协同作战：对项目总培养协同操作的思考

关键词：双阶段培养、“一二级人才池”

最后，我再来谈谈关于项目总培养的协同问题。我认为在两种情况下，我们需要项目总培养的总部与区域间的协同。第一，是将一个完整的项目总培养划分为总部阶段与区域阶段，那么这样就需要两个点之间人员、资源的协同；第二，是某些大型公司里，项目总暂时还未列入集团高管，只能算是一线管理人员，这样也需要总部与区域间人才培养的协同。

- **双阶段培养**

对于第一种协同情况，我的建议是，总部重点培养项目总的团队管理、标准化管控及公司战略制定这三部分能力，因为团队管理属于领导力的范畴，可以打通业务而存在，标准化管理属于总部对全集团的要求，也可以由总部来实施；区域则重点培养项目总的业务管理与区域战略这两部分能力，这样就可以各取所长，通过总部和区域两段培训，完成对项目总的培养全过程。下面我举一个企业实践样例。

表 7–9　“总部 + 区域”双阶段培养项目总（样例）

领导力维度	各维度能力要素	培养内容	培训主责
维度一，战略执行及推动力	■战略性思维 ■高效执行力 ■应变与推动力	理解公司战略布局 掌握标准化工作法	总部培训部 / 企业大学
维度二，业务管理及支持力	■业务全价值链逻辑 ■分析解决问题能力	夯实业务管理能力 参与并执行区域战略	区域培训中心 / 区域人力资源部

续表

领导力维度	各维度能力要素	培养内容	培训主责
维度三，个人素质及领导力	■跨团队协作 ■对下属的教导能力 ■自我认知、情绪及压力管理	提升自我及团队管理能力	总部培训部 / 企业大学

•“一二级人才池”

对于第二种协同情况，我的建议是，做“一二级人才池”。对于区域的“二级人才池”，由区域自定选拔及培养标准，将优秀人员推荐到总部“一级人才池”，纳入总裁关注的范围，这样就联动形成了一个“一二级人才池”的机制。我曾给大家呈现过这种形式的整体设计思路。

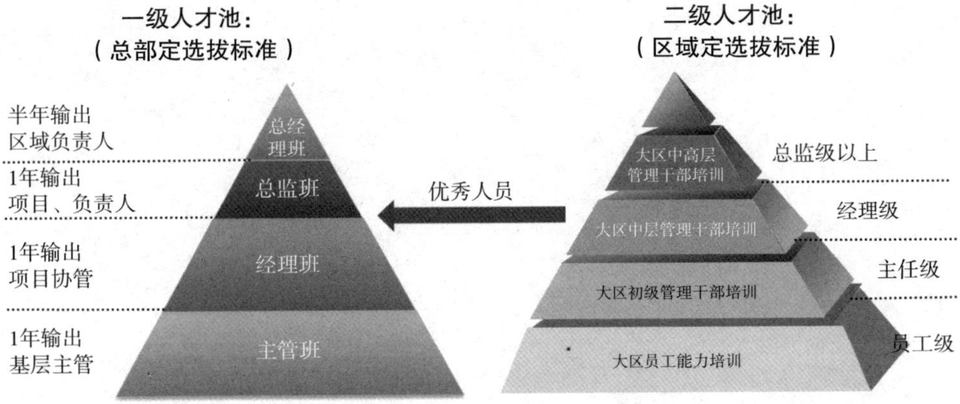

图 7–3 “一二级人才池”打造样例

对于项目总来说，如果数量众多，就可以建议启动“一二级人才池”机制，由区域先对辖区内所有项目总进行常规培训，然后通过评审、绩效考核等，评选优秀的项目总进入总部人才池，这样就在一家大型的集团公司完成了管理干部的双线培养机制，并且互为补充，也为管理干部的成长带来了更多发展激励（如从二级人才池进入一级人才池的项目总学员）。

第八章

多维度：管理者成长的“五个看”

上一部分我们详细探讨了以项目总为代表的管理者培养内容（含模块）设计的整体思路，这一部分我们来聊聊大家比较关注的“谁能给管理者上课”这个话题，我将结合我的大量工作实践，从实践角度给这个问题带来解决方案。

表 8–1 管理者成长的“五个看”模式

五个看	看的对象	提升方式
向上看	管理者的领导或公司的一把手	工作经验、视野高度、生活阅历、职权影响力
向下看	管理者的下属（下级管理者、员工、职场小白）	“请教者”“旁观者”“一线反馈者”
向同行看	本公司 / 其他公司 / 其他行业管理者	经验学习、竞争创新、跨界学习
向专家看	外部专家、讲师	“适度”“高度”“务实”
向自己看	自身	复盘、避免重复发明

上面这张图表就是我总结出的管理者的“五个看”，这“五个看”里面蕴含了管理者培养中学习对象的方向（“五个看”）、老师的来源（看的对象），以及学的内容（提升方式）。接下来我将“五个看”模式逐一展开。

第 1 节　向上看：领导、一把手

关键词：工作经验、视野高度、生活阅历、职权影响力

第一个看，向上看。管理者的领导或公司的一把手，由于他们在工作经验、视野高度、生活阅历、职权影响力等方面优于管理者，因此就可以从这四个方面为管理者做分享。从实践角度来说，可以设计成以高管座谈的形式分享项目的“操盘经验”、以上级领导的身份分享对项目的“管控要求”、以职场过来人的身份分享“职业生涯发展之道”、以自己的汇报经验分享“经营老板的艺术”等，这些都可以变成课程。只要在某一维度比管理者更有优势，就具备给管理者上课、分享交流的资格。

以我工作过的几家企业为例，在华润的时候，“高管座谈”这种形式已经是经理人培训的“标配”，上一级高管可以给经理人分享“我做到了优秀”，交流自己的项目操盘经验、区域运营经验和职业生涯发展心得；在碧桂园营销的时候，我们的“项目操盘手班”与区域总经理现场交流，交流项目管控要求和老板经营之道；在万达的时候，“万达之道”现场课程，让管理者学员与副总裁交流，交流在万达的生存与发展之道。这样的操作形式有很多，甚至不局限于线上、线下、社群等形式，在“互联网+”时代，这样的方式，培训管理者应该都不会陌生。

第2节　向下看：下级管理者、员工、职场小白

关键词：“请教者”“旁观者”“一线反馈者”“Pizza man”

第二个看，向下看。管理者的下属有很多，有的是一些部门负责人，有的是刚毕业的大学生、职场小白，那么这些人是不是只能给管理者“找麻烦”，而不能做贡献？难道他们就不能给管理者的工作带来改善与启发？培训对个人的作用是带来能力或意识的提升，只要符合这个要求，至于给你带来提升的那个人是谁、通过什么途径，其实一点都不重要。例如，你走在路上，看到一对小夫妻吵架，你在想，他们怎么那么傻，这个问题这么解决不就好了。在那一刻，突然让你想起昨天你跟你爱人发生的矛盾，其实解决思路已经出来了。在这个场景中，这对“小夫妻”就是你的老师。又如，你作为“师傅”带了一个刚毕业的大学生，这位职场小白什么都不懂，每天问一堆问题，让你非常不耐烦，可就在某一天你对一个问题一筹

莫展的时候，她的一个反问反而激发了你的灵感，让你解决了问题。在那一刻，她就是你的老师。老师实际上是无处不在的，让我印象更深的是，我之前的一个“90后”下属，之前对待事情总是无所谓的态度，在某一天突然跟我说他开始考虑自己的职业规划和家庭问题了，希望自己在专业上能够成长更多。我问他发生了什么，他流着泪告诉我，上周末的一个晚上，他的父亲查出了重病，在那一刻，他除了悲伤，又强烈地觉得自己不能再让父亲失望，要做个男子汉。在那一刻，他的父亲，就是他最伟大的老师，让他觉醒。

所以，首先大家需要对老师有一个更功能性的认知，其次要思考，管理者的下属，到底能在哪些方面、通过什么渠道给他带来改善与启发。

管理者的下属，由于其更贴近于一线的具体技术工作、市场工作，或者刚入职场对一些打法、标准化还在摸索阶段，因此更容易从“请教者”“旁观者”“一线反馈者”三个角度，给管理者做出分享，这就是一种“反向教学”。例如，在“请教者”的角色里，我曾经安排几位大学生向管理者学员发问，之前是“高管座谈”，现在反过来变成了“小白狂谈”，让这些大学生把自己在业务当中不理解、有不成熟创意的地方提出来，由台下的管理者学员当场解答，让学生自己评选出最佳答案，让学生给管理者颁奖，并把这些最佳答案线上推送给更多大学生群体学习。

在“旁观者”的角色里，当管理者学员进行学习研讨的时候，可以有意识地安排一些新手下属作为“旁观者”加入，旁观者的作用是观察，然后在研讨没有突破的时候，向学员提出一些“边界性”的问题，避免研讨方向走偏。这里有一个真实的案例，在GE的一个领导力项目里，有一天一群高管学员正在围绕“产品的区域竞争战略”进行激烈的讨论，但由于各自经验不同，资历都不低，所以最后谁也没说服谁，讨论了一个小时都没有明确成果。这时候，一位高管学员突然想起来，在半个小时前他曾打电话帮大家订了一份Pizza；而回头一看，送Pizza的小哥就在他们身后的门口站着，也不敢打扰他们。这位高管灵机一动，问Pizza小哥说：“你在门口等了多久了？”小哥告诉他：“快20分钟了，怕打扰大家，我就想等大家讨论完再打招呼。”这位高管马上跟他说：“那现在给你一个说话的机会，既然你在旁边听了20分钟，那你给我们提几个问题吧。”Pizza小哥当时就懵了：“我只是个送Pizza的，能问什么问题呢？”这位高管回答他：“你觉得在刚才那20分钟，那些没听明白的，都可以向我们发问，问够5个问题，我会多付你一笔小费。”这下Pizza小哥来劲了，问了几个问题：“你们今天为什么要讨论这个议题呀？现在这个议题为什么还没有结论？你们这些现场讨论的人，到底谁说了算？这个议题重要吗？可不可以换一个议题？如果这个议题有了结论，那么是不是就可以去做了……”

几个问题之后，这群参与讨论的高管学员突然发现，在他们讨论的过程中，很多“边界问题”都还没有理清楚，大家只是各执一词跟着彼此说出的细节去讨论，结果越走越远。于是这群高管学员马上把话题拉了回来，重新理清边界条件，反而大大加快了问题研讨的效率。在这个过程中，Pizza小哥起了很重要的作用，所以我们就把他叫作“Pizza man”，并不是指送Pizza的小哥，而是指提出“边界问题”的无知者。无知者因为“无知”，所以才能够跳出“三界”外，提出一些让大家重新反思的边界问题，重新引导问题的走向、避免走偏，他的作用，就是一种“旁观者”型的老师。

“一线反馈者”是指管理者的下属由于更贴近一线，因此可以更频繁地发现业务现场、客户端、设计研发细节等环节里出现的问题，从而更好地反馈给管理者，让他们得以对工作流程、计划决策进行改良，甚至发现新的商机。有的企业安排的总经理信箱其实就起了类似的作用，我们也可以在课堂中安排管理者的下属向他提出他们在一线业务、流程、客户等方面发现的问题，并提出个人的想法，由管理者甄选有价值的建议进行当堂剖析，和他们一起讨论在工作中的应用，这种方式，我们称为“工作改善研讨会”，会议的主角就是这群下属，而管理者要做的，是根据自身经验和项目运营需求，对这些建议的科学性、价值程度进行分析。这是一种非常有意义的“工作式学习法”。甚至在在线平台里，可以安排管理者作为“专家”，由学员给他们反馈一些idea，我们把这种方式叫作“专家坐堂”，在反馈思路的同时，启发管理者自身的思路，还可以定期评选一些“最佳idea”，这就是“教学相长”。

沿着这个角度，我还想从管理角度提一句：管理者作为一个利润单元的运营者，多去一线走走，多做“现场工作”，可以发现很多工作改良的机会，甚至是商机。跟大家分享一个故事，现在腾讯的“王者荣耀”很流行，2017年开始点燃了一群年轻人的热情，占据了他们茶余饭后的时间，甚至从某种程度上带动了智能手机硬件的变化（因为配置低了玩不了）。但在20世纪，手游不够发达的时候，大部分的玩家都是玩单机游戏，亚洲最大的游戏厂商就是任天堂，他的GAMEBOY系列掌机横扫整个亚洲乃至全球。但在1956年之前，任天堂还只是一个纸牌生产商，老板是任天堂的“二代目”山内博。当时有一个名为横井军平的年轻人，毕业后加入了任天堂担任生产线的一个维修工，好几年都碌碌无为，但他本人特别喜欢做玩具的研发，在日本这个阶层固化的社会里，一个底层维修工是很难出头的，他来自一线的创意也很难传到老板山内博的耳中。而他自己在工作时间设计的一些小型玩具，就被他随意地放在自己的工位旁边。碰巧他的老板山内博是一个喜欢定期到一线走走的人，在有一次去车间的时候，正好发现了横井设计的一个玩具，把玩之后大加赞赏，立刻把他约到办公室讨论，发现这个年轻人很多关于玩具、游戏的看法都是任天堂当下走出单一的纸牌市场所需要的，于是就让这个年轻人担任新玩具板块的主管。横井就任后设计的“神奇三剑客”玩具，在“二战”后的日本每一个销量都能达到百万以上；紧接着他又就任游戏板块的主管，研发出了GAMEBOY系列，在它的产品周期内，全球销售了1.18亿台，直接推动任天堂成了全球游戏生产的大佬。“一线反馈者”的作用之巨大，可见一斑。而作为培训管理者，在企业内通过培训，创造“一线反馈者”与管理者“教学相长”的机会，这是十分重要的。跨界思维是值得推崇的，哪怕是作为培训管理者这样的后台人员，依然要用商业与人性的视角来思考培训工作，到时就会发现很多的培训创新思路或者让培训更有用的思路，并不来自培训本身，而来自业务和市场，这也是一种密联业务的思维。

第3节　向同行看：本公司、其他公司、其他行业管理者

关键词：经验学习、竞争创新、跨界学习

第三个看，向同行看。分为三个维度：管理者在公司内有同行，即其他管

理者；管理者在公司外也有同行，即同行业其他公司管理者；管理者在行业外也有同行，即其他行业管理者。学员可以从本公司其他管理者身上学到成功与失败的经验。我一直主张管理者之间的对话，在我设计管理者培训项目的时候，会有意识地安排不同区域的项目管理者进行一些主题方面的交流，如项目定位、运营、营销、团队管理等，彼此之间成功与失败的经验是非常好的课程。记得在2016年，我的一个管理者培训班因为台风的关系，老师来不了，这一天都面临“无政府”状态，后来我跟我的团队讨论之后，安排40多位管理者，依据项目运营的八大问题，分组、分阶段进行经验交流，然后大家投票选择每组最佳的实践经验上台分享，当有人在台上分享的时候，台下的同行又可以发问、PK，交流接近尾声的时候，要求各个管理者根据今天的八大问题进行交流，根据我们提供的模板写出自己项目的运营提升思路。这就是组织内的相互学习。而培训项目最后我们让学员给课程打分，得分最高的，反而是这一天的相互学习，大家说学到了很多“拿来就能用”的思路。其实学习很简单，就是解决问题，所以我常说，解决问题就是最好的学习，我们的形式、内容都是为了解决问题服务的。

同时，我大力主张培训管理者在公司内建立案例系统，因为案例来自不同业务管理者自身的经验总结，如果我们的每个案例都能直击一个业务问题，那么当我们有了一定量的案例时，就可以把案例匹配到业务价值链的全过程，让大家可以随时查阅、学习业务管理经验。对于管理者学员来说，学习其他管理者的案例，也是一种相互学习，同时由于案例系统的可移动性，可以将案例上线，进行社群推送，如之前我在碧桂园的时候，我们就建立了“案例60秒”，每天60秒介绍、推送案例到管理者学员微信群。学习案例的目的，就是学习经验，避免犯错，这对组织管理具有极大的意义。

管理者学员也可以从同行业其他公司管理者身上，学到竞争对手、合作伙伴的一些操盘经验，进而反思自己的操盘水平。同行业的竞争对手都在同一个市场内、接触同一批客户，因此都在想尽办法提升市场占有率，“奇招”“狠招”层出不穷。如果可以在不影响工作的情况下进行一些交流，那将会是非常好的开拓管理者视野的方法。在万达的时候，我们有句话叫：使你痛苦者，必然使你强大。要感谢竞争对手，他们的不断前行将会是使我们无法懈怠的关键动力；当然，也要小心竞争对手借此挖角。从学习的角度来说，现在行业内的一些交流、参访活动，其实都有这种向行业标杆学习的意义。在万达的时候，我们就接待过很多地产同行的学习访问，当然学习的时候也会向他们取取经，因为大家长期锁闭在自己的企业环境内，缺乏用外部眼光看自己的机会。我们在设计培训项目的时候，也可以适当安排一些与行业标杆、竞争对手的交流环节。不过这种交流首先得是良性的、对方乐意的；其次要考虑对方的做法哪些可以借鉴，哪些只能参考。因为彼此的公司环境、企业文化、治理手段不一致，即便是同一个行业，同一套方法都不一定适用于两家公司。

最后，管理者学员还可以从其他行业管理者身上学习。在第一章里，我们谈到一个现象叫“人才超限战”。事实上现在很多行业都在跨行业挖人，尤其是在“互联网+”的环境下，不同的业态之间，在资源共享、运营手法、人才建设方面都是可以相互学习的，零售可以学金融，金融可以学互联网，互联网可以学地产，地产可以学航空业，各个行业的经验都是互通的。传统行业现在也在快速地向互联化转型，如现在的地产行业，除了营销中心的现场销售以外，还有“远程看房”系统，利用VR、AR技术让客户通过手机、现场虚拟投影就可以直观地看到千里之外的项目；再比如现在如果要投资，除了通过银行，也可以直接用余额宝这样的工具，如果银行业再不创新，最后将被余额宝这样的对手取代。所以，作为利润单元的操盘者，向行业外的操盘者学习一些商业运营的思路，是非常重要的。在华润的时候，由于集团下属的业态非常多，包括地产、金融、水泥、电力、零售、电子等，所以在做管理干部培训的时候，经常会安排不同业态之间的管理者相互交流、授课，甚至“结对子”，这样一方面可以强化内部协同，另一方面可以使不同的业态从业者相互启发运营的思路。向他人学习，众筹大家的智慧来思考自身项目运营的提升与改善方法，是学习型组织在互联网环境下的特点。

第 4 节　向专家看：外部专家、讲师

关键词：“适度”“高度”“务实”

第四个看，向专家看。管理者的培训，除了内部的管理者、下属、同行可以做老师之外，学习外部的专家、讲师也是可以的，而且必须做到“适度”“高度”与“务实”。

2017 年 9 月初，我在深圳参加中国伯乐会的一个 HR 圈子交流，在做完嘉宾分享之后，一个企业的 HR 问我一个问题：“何老师，我们的公司每年会拨很多钱安排外部老师给管理者开领导力课，但是上了很多场之后，大家还是觉得没用，对实际管理行为没有什么帮助，这是为什么呢？”

这位 HR 提到的问题，应该是国内很多企业的普遍问题。首先领导力课程不是上的越多越好，因为像人文科学，往往是“百家讲坛”，主观性比较大；另外管理是需要实践的，如果你的企业只是让大家听一堆管理意识，那么确实对实际工作没什么帮助，还不如直接让内部有经验的管理者跟大家分享一下自己的管理心得，然后大家提提问题，这都是很好的方式。我并不是完全不主张请外部老师来上课，但请外部讲师来上课，一定要先想好，这门课是不是内部讲师完全无法操作的，如果是，又必须要上课，那么这个时候可以考虑外部讲师；同时，外部讲师的观点一定要和内部的讲师、内部的工作环境形成互补。比如，请到一位老师上管理课，上完之后，安排时间大家好好讨论一下自己企业的管理问题，讨论一些解决思路和方法；或者先由内部有经验的管理者分享一些管理问题、案例背景，再由外部讲师输入一些管理方法，最后大家再结合问题和方法研讨自己的一套操作方法。这样才是内外结合的一套操作方法。所以，请外部讲师，不在于“量”，而在于“适度”，内外结合是最好的。

此外，既然要请一些外部讲师来讲课，那么他必须是有一定高度的，应该对行业、专业有相当强的认识，才能给管理者上课，如果对问题的看法还

不如内部管理人员有深度，那么显而易见无法引起管理者的共鸣，当然也就无法启发大家的思考；这个“高度”的形成，既在于他的理论研究深度，他能够看到大家看不到的地方，也在于他曾经的工作经历，他不能只是照抄某个专家，或东拼西凑出一堆理论，即不能讲自己完全没做过的事情。如果要给管理者讲管理，那么起码这位老师自己曾经在企业任职过高管，有带过队伍的成功先例；如果要讲对某个行业趋势的认识，那他最起码在这个行业工作过，而且是在行业有引领地位的企业工作过。不然，用一句我们的俗话说，就是坟头上烧报纸——糊弄鬼。很多外部讲师、专家的失败，就是因为缺乏实战经验，像培训行业早期的“成功学”之流，上课只会讲几句对的话、喊几句口号。我在前面提到过一个公式：领导力 = 素质 × 绩效。如果讲师自身都没有被证实的成绩，那么他必然无法提升内部学员的能力，因为首先他都无法证明自己。因此，“高度”“务实”也是外部讲师、专家很重要的素质。

第 5 节　向自己看：自身

关键词：复盘、避免重复发明

第五个看，向自己看。作为利润单元的负责人，定期为自己的工作做一次复盘，总结成败得失，是很有必要的。在我工作过的一家企业，每个月都会做一次项目经验复盘，并且每个月的高管大会上，都会让业绩排名靠前的管理者分享经验，排名靠后的管理者汇报教训和整改思路，这是一种很好的组织复盘的方法。复盘与其说是一种方法，不如说是一种习惯。在管理者的培养过程当中，也可以有意识地安排复盘学习的环节，如在课堂当中大家对之前的工作经验做一次复盘，总结自身的成败得失，然后其他学员可以点评、出主意；或者管理者在本项目中进行复盘，由下属团队给出反馈建议。

此外，培训管理者还可以做出一份复盘案例专用的表单，方便管理者定期对自己进行复盘，哪怕是简单的结构，只要务实、能操作就好，如下面这份重点工作复盘整理表。

表 8–2　重点工作复盘整理表（样例）

案例概述：	如，（对 ×× 手机终端门店当月促销方案的实施复盘）
1. 案例背景（时间、地点、涉及人物、关键事件）	
2. 案例描述及图片（说明遇到的挑战，采取的具体措施。要求翔实、具体，可附图片）	
3. 案例实际结果（经过实施之后，效果如何、体现在哪里）	
4. 案例分析（此项工作的价值点在哪里、升点在哪里）	

通过这样的复盘表单，学员可以定期整理自己的关键工作，既可以应用于管理者培养的关键项目中的研讨、共创，也可以用于管理者对自己团队内部的经验分享。任正非曾经说过一句话：组织经验学习一个非常有价值的目的，就是为了避免重复发明。过往的成败得失整理，可以让业务管理者不再重复摸索，也不再重复犯错，本身就帮助企业节约了成本。

第九章

师带徒：企业师徒制的建设与效果落地

在我曾工作过的一家公司的项目会议室里，写着这么一段话：

你也曾希望在懵懂的时候有人给你热心帮助，

你也曾希望在迷茫的时候有人为你指点迷津，

你也曾感激那位热心帮你成长的人，

现在有能力了，何不把感激传递下去？

知识在传承中才更显价值，

学习在点滴中当弥足珍贵。

这段话是一个业务单位的“导师征集令”当中的原文，写得很用心。在我们的组织当中，业务人员除了学习知识得以成长之外，“师傅”是更有战斗力的助长要素。企业当中的大量有经验、有资历的老师傅，是这个组织最有价值的人力资源，他们不光是掌握了业务技能的人才，更是组织经验传承、自我生长的关键要素。这个要素从古代学徒时期就存在，而现今，在培训活动当中，更是除了上课的讲师之外更重要的要素。在这一部分，我们就来聊聊企业师徒制的建设与效果。

从整体上来说，企业内的“师傅”有很多叫法，有的就叫师傅、有的叫导师。这当中到底有什么区别？有人说，师傅是教徒弟技能的，导师是教领导力和价值观的。我认为这个说法过于学术化，我们的工作不是走专业路线，而是要贴近业务、讲人话。实际上，大多数企业内并没有严格区分师傅、导师，如有的企业带后备干部的叫导师，带新入职大学生的也叫导师，一线师带徒的还叫导师，并没有太严格的区别。在这里我完全不想去讨论名词解释，我只想说，不管他叫什么，都是企业内的一种师带徒机制。我们带着这样的认识，来看待企业内师徒制建设的三种形式：专业岗位师傅、新人导师、管理者导师。

第 1 节　专业岗位师傅

关键词：岗位指导六步法、师傅手册、导师制、双向评估

先来说说专业岗位师傅。下面两幅图的场景，大家应该不陌生。

图 9-1　某超市的师带徒场景

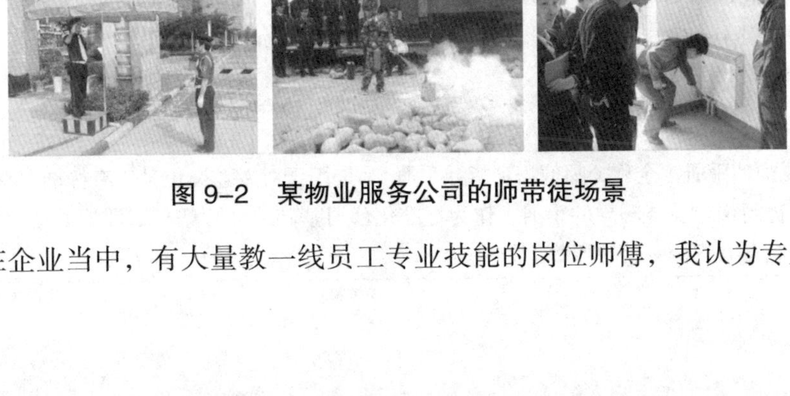

图 9-2　某物业服务公司的师带徒场景

在企业当中，有大量教一线员工专业技能的岗位师傅，我认为专业岗位师傅及他们的师带徒行为对企业的价值有三方面：

1. 保持一致性和标准化；
2. 最有效的培训方法之一；
3. 较低的培训成本。

当专业岗位师傅在进行岗位指导的时候，实际上也有一定的标准化步骤可循，我把它分为六步。

- **岗位指导六步法**

表 9-1　有效岗位指导六步法

六步法	步骤释义	总体指导原则
告知	说给他听	建立相互信任的融洽氛围 以学员中掌握最慢者的速度来讲解 用大家都知道的词汇 不要遗漏任何细节 如有必要，不断重复 致力于让学员养成良好的工作习惯 持续改进工作方法，提高效率
示范	做给他看	
模仿	让他试着做	
改善	告诉他如何改进	
固化	帮助他形成习惯	
创新	鼓励他突破自我	

我们可以用上述的六步法来规范专业岗位师傅带徒弟、传承技能的过程，同时通过指导原则来提示师傅在指导工作当中的一些注意要素。师傅不光要说，还要示范，同时要给予徒弟尝试的机会，并且给予有效的评价，这样才能使得岗位工作指导有效。

- **师傅手册**

在实际工作当中，往往我们都会遇到师傅本身有经验，但“倒不出来”的情况。为了使师傅在带徒弟的时候更加有据可循，我为一线业务指导者打造了一个《师傅手册》，便于师傅将技能有效地梳理出来，也可以作为一些一线单位的管理“看板”上墙。以下我列举一个师傅手册的样例，限于篇幅，我将模板当中的两个基本要素（封面、内容）罗列出来。

表 9-2　××公司师傅培训指导手册（模板）

释义：《师傅手册》全称《师傅培训指导手册》，是用于对专业岗位员工有标准、有计划、有效地进行岗位技能辅导的手册。作为标准化公司基础业务管理和培训的工具，每个专业部门应各有一份专门的师傅手册

续表

要素 1. 封面部分样例	
部门：	岗位：

师傅责任声明： 我郑重承诺，在培训期间对徒弟起模范带头作用，示范公司物业标准的岗位技能，展现专业、勤奋的工作态度，将积极帮助徒弟成为公司物业大家庭中优秀的一员。“徒弟的优秀，师傅的责任”是我的工作口号
（此处为企业 LOGO）
口号：用专业和勤奋赢得尊重
要素 2. 指导内容看板：包括“公司及项目介绍、岗位通用部分、岗位专业部分”。其中，若以“财务部”为例，三个部分指的是： A. 公司及项目介绍，本公司及本项目 / 门店 / 终端 / 一线业务单元等的基本情况介绍 B. 岗位通用部分，本业务线需要通识掌握的部分（如财务部门需要整体掌握的公司财务原则、管控流程等） C. 岗位专业部分，本业务岗位需要专业掌握的部分（如财务部内出纳需要掌握的专业技术）
模板：第一部分 公司及项目介绍 第 × 章　　　　　　　　第 × 节 培训目的 讲述要点 练习活动 建议完成时间 演示看板：（配步骤、细则或分步图片）

为了使大家更好地理解上述“看板式”的师傅指导手册，我以一个物业服务行业的“秩序维护岗”为例，结合第三部分“岗位专业部分”的“车辆

进出口管理”技能，给大家做一个形象的展示。

表 9–3　某物业公司秩序维护岗师傅手册（样例）

第三部分 岗位专业技能	第五节 车辆进出管理细则
培训目的	使学员知道出入口岗的管理细则
讲述要点	车辆进出管理细则
练习活动	师傅教授，督促练习
建议完成时间	20 分钟

演示看板　　　　**A. 车辆进入管理**

车辆类别	管理细则
业主私家车	由业主自行刷卡进入，并要做好礼节礼貌，及时通知相关哨位注意车辆的停放和检查。目测业主车辆有无损坏，发现有损坏立刻告知业主，并及时通知相关哨位填写《业主车辆损坏确认表》予以确认。遇到业主 IC 卡不能正常使用时，要及时引导业主持卡到物业服务中心确认原因。将情况记录在《秩序维护员执勤情况记录》和《车辆出入登记表》上
送货车辆	拦截盘问，问清具体送达房号，核实车上货物（厢式货车、篷车要求车主自行打开车门例行检查），确认后，发临时车辆 IC 卡放行。及时通知相关哨位注意车辆的停放和货物的卸运。不清楚具体送达地点的不得放入小区。检查时，如发现车上携带违规建材、易燃、易爆、剧毒、枪支弹药或国家明文规定禁止等危险品，以及 5 吨以上货车，禁止进入小区，并视情况报告和报警。将情况记录在《秩序维护员执勤情况记录》和《车辆出入登记表》上
访客车辆	拦截盘问，问清具体房号和业主姓名，核实后发临时卡，给予放行。及时通知相关哨位注意核实和安排临时车位。不清楚业主房号和业主姓名的，要委婉劝其离开。将情况记录在《秩序维护员执勤情况记录》和《车辆出入登记表》上
职能部门办公车辆、119、120	问清事由，给予放行。立刻通知秩序维护主管安排人员陪同，通知相关哨位观察并安排临时车位，必要时给予简单配合。将情况记录在《秩序维护员执勤情况记录》和《车辆出入登记表》上
公司车辆	给予放行，做好自身礼节礼貌，注意执勤形象，立刻通知沿途哨位安排临时车位。将情况记录在《秩序维护员执勤情况记录》和《车辆出入登记表》上
检查、参观车辆	问清事由，请示部门主管，核实后发临时车辆 IC 卡，给予放行。立刻通知物业服务中心安排人员陪同，通知沿途哨位安排临时车位

续表

车辆类别	管理细则
供方施工车辆	问清事由，发放临时车辆IC卡给予放行，通知相关哨位核实和安排临时车位。若是紧急抢修车辆，要及时通知物业服务中心安排人员现场查看。将情况记录在《秩序维护员执勤情况记录》和《车辆出入登记表》上

B. 车辆离开管理

车辆类别	管理细则
送货车辆	检查车上货物（厢式货车、篷车要求车主自行打开车门例行检查），确认无误后给予放行。若是运送装修材料货车，要先向相关哨位确认卸货产生的垃圾是否已清理。清理完毕给予放行，否则让其清理后，再给予放行。收回临时车辆IC卡，超时需要收取相应的停车费用，并给发票。将情况记录在《秩序维护员执勤情况记录》《车辆出入登记表》和《车辆停放收费表》上
业主私家车	有固定车位或已办理停车费用相关手续的业主自行刷卡驶出，无固定车位或没有办理停车费用相关手续的业主车辆超时需要收取相应的停车费用，并给发票
公司车辆、职能部门办公车辆、119、120	直接放行，将情况记录在《秩序维护员执勤情况记录》和《车辆出入登记表》上
供方施工车辆、访客车辆	目测车上有无可疑物品，收回临时车辆IC卡，超时需收相应的停车费用，给发票

- **导师制**

有了对师傅指导员工的标准化流程、看板式管理，我们就能够有效解决“师傅”本体的指导技能问题。和内部讲师的管理与激励一样，我们还需要对师傅进行有效的日常管理与激励，即建立导师制。导师制的建立可以分为六个方面：角色职责、导师资格、工作要求、能力提升、反馈评估、激励管理。通过以下五张工具表单，大家可以更好地从操盘角度掌握导师制的建立。

表 9–4　导师制生态圈中各个角色的职责

五个角色	不同职责
A. 业务单元人力资源	导师制的组织管理部门，负责全面宣贯、主导实施导学制管理 负责导师资格审查与培训、过程管理、工作支持、评估与奖惩 负责跟踪学员成长及发展情况，定期组织导师评估，优化导学管理

续表

五个角色	不同职责
B. 企业大学 / 培训部	负责为导师制定培训课程，为导师进行资格培训提升辅导技能
C. 业务负责人	为学员安排可胜任的导师，通过导师评估及学员发展情况对导师进行激励管理 对导师进行指导、检查和日常管理，通过推行导学制提高员工综合能力
D. 导师	履行辅导职责，切实帮助学员快速提升业务技能及综合工作能力 定期对学员进行工作及能力发展评估，有权在辅导期间对学员提出能力提升及岗位发展建议
E. 学员	积极主动学习，勤于思考，虚心接受导师指导，定期总结并向导师反馈工作成果 定期对公司案场销售顾问导师辅导情况进行评估

企业建立导师制，需要 HR 系统与业务系统紧密协同。在 HR 系统里，人力资源负责组织，培训板块（或企业大学）负责提升导师技能；在业务系统里，业务管理者负责推荐导师，联动 HR 进行日常管理，导师与学员构成“教学相长”的体系，构成整个导师制的生态圈。

表 9–5　导师资格与工作要求

导师资格—德	优秀的职业道德，对企业文化有较强认同感及深刻的理解
导师资格—才	入职 1 年以上（建议），需有明确绩效考核证明或专业资格认证，具备较高的业务水平
辅导人数	在保证效果的前提下，存在一对一或一对多的辅导，也可因工作环境变化而变更导师
辅导方式	1. 在岗辅导：通过在岗辅导的方式，对学员的工作能力等进行指导与建议 2. 学习计划：培养期内，导师根据学员发展情况及时对培养计划进行优化调整，并定期检查学员学习与工作情况
关系缔结	业务单元人力资源需于学员正式培训前 5 个工作日内组织公司案场销售顾问导师与学员开展导学见面会，并签订导学协议，确定公司案场销售顾问导师与学员的导学关系

续表

是否对徒弟的成长负责	导学关系正式确定后，培养期内学员的工作行为、结果及能力发展情况，导师应承担相应的连带责任，同时学员的成长、绩效考核结果会成为导师评优的依据 P.S. 如在销售线，辅导期内学员的业绩成果，导师除担责外，亦共享销售提升

导师的资格可以从两个角度去看，一个是“德”、一个是“才”。对于他的辅导人数，我只能说是依据公司的业务人员情况、编制而定，只要不影响效果，一对一或一对多都是可以的，甚至可以根据特殊情况变更导师（如学员临时转岗等）。辅导以在岗辅导为主，并可以根据学员的基础制定或优化学习计划、HR 辅助计划。很多企业为了缔结一个“导学关系”，专门设计了“见面会”“拜师礼”等，也是一种很好的形式。

最后，有必要规定学员的到课时长。但需要注意两点：第一是权利与义务的对等，导师有义务培养学员，当然学员的成长、绩效也会对导师产生正向激励；第二，如是在销售线，辅导期内学员的业绩成果，导师除担责外，也应该共享销售提成，以更大限度激励导师的积极性。

表 9–6 导师技能提升

三个维度	具体做法
资格培训	由企业大学安排公司导师辅导技能提升的专业培训，业务单元人力资源协助组织
研讨座谈	业务单元人力资源组织本业务单元内各级导师开展座谈会，研讨公司导师管理的技能、高效方法及具体落地执行的措施
经验分享	区域内及跨区域间可相互分享导师辅导的优秀经验及案例，进行标杆学习

关于导师技能的提升，我前面提到了岗位指导六步法、师傅手册等内容，在表 9–6 中我又增加了一些在内部扩散导师工作指导经验的办法，如内部研讨，经验分享等，这些也不失为帮助导师提升技能的方法。

• **双向评估**

表 9–7 反馈评估（学员、导师双向评估）

双向评估	评估方式
学员评估	1. 评估周期：月度、季度、半年度（或辅导结束前） 2. 评估人：导师 3. 评估内容：结合培养要求，业务单元人力资源定期组织导师对学员进行评价，评估内容包括但不限于培养期绩效评估、工作结果评估以及能力发展评估
导师评估	1. 评估周期：月度、季度、半年度（或辅导结束前） 2. 评估人：建议导师的直接上级（权重 30%）、业务单元人力资源（权重 20%）、学员（权重 50%，如有多个学员则取平均值）等组成，由业务单元人力资源统计结果并汇总上报 3. 评估反馈：当次导师评估完成后，由区域人力资源组织对导师进行一对一沟通反馈，帮助导师不断提高辅导效果

在反馈评估方面，我建议采用学员与导师双向评估，这样能够更加客观地评价导师的实际效果。当然，有了工作评估，就会涉及对工作本体的日常激励，我们还是从正反激励两个角度来看待导师制。

表 9–8 导师正反激励方式（建议）

激励维度	激励方式
正激励	1. 优秀导师评选：根据评估情况，评选年度优秀导师，授予优秀导师荣誉，并获得相应奖励 2. 晋升发展：所辅导的学员绩效评估为良好及以上的导师，有管理岗位空缺时作为晋升的主要候选人
反激励	1. 对评估差的导师，经调查确认属导师失职，则予以撤换，且半年内不得提名晋升，1 年内不得纳入导师队伍 2. 导师、学员的奖惩情况作为职业发展的重要参考依据

第 2 节 新员工导师（带岗人）

关键词：文化稀释、带岗人手册、互评机制

聊完了专业岗位的师傅，我们再来说说另一个角色，新员工导师（或带岗人）。

• **文化稀释**

随着企业的快速发展，往往会有大量的新员工涌入，进而带来“文化稀释”的隐患。如何避免新员工重复摸索，让他们少跌跟头，快速成长，已经成为很多企业人才培养的关注点。对新员工的培养，除了需要一定的课程体系之外，还需要老师傅对其的关注与辅导，很多企业把老师傅称为导师或带岗人。下面是一家公司企业社招新员工入职培养的阶段设计，其中新员工的导师就发挥了很大的作用。

表 9–9　某企业新员工入职培训整体安排

阶段	时间段	节点	内容设计	主责人
导入期（学习为主）	入职前 1 天	确定导师	由业务负责人在新员工入职前一天为其确定一名岗位导师	业务负责人
	入职第 1 天	入职简介	由业务负责人指定相关人员进行公司基本介绍	人事负责人
		导师见面	由导师对新员工进行会面	导师
	入职 15 天内	学习提升启动	线上自学课程 + 线下面授 + 阶段性考核	导师
	入职 30 天内	新员工入职集中培训	参加业务组织的一月一次的新员工集中培训	人事负责人
		导入期考核	参加业务组织的培训考试	导师
帮扶期（辅导为主）	帮扶期第 1 天	导师下达目标	导师结合具体工作任务，与新员工共同确立本时期工作目标	导师
	整个帮扶期	工作辅导	导师对新员工进行工作全过程教练指导	导师
	入职 90 天内	能力提升集中培训（总部）	参加业务组织的一季度一次的能力提升集中培训	人事负责人
		帮扶期考核	转正前考核（人力部标准）+ 业绩考核	业务负责人
		总结评估	直属上司考核、人员工作评估；优秀的人员列入专业精英、后备干部、管理梯队培养。	业务负责人

这是一个以课程、实践、导师、评估四轮驱动的新员工培养设计，在这其中导师从新员工一入职就发挥作用。在学习之余，导师会直接对员工进行任务安排、工作指导与反馈，全程介入员工的学习与业余时间，充分显示了新员工导师的必

要性。那么我们接着再思考一个问题：新员工的导师需要对其辅导或关注多久？

- **带岗人手册**

对这个问题的回答，通常我们可以从社招、校招两个角度考虑。在上面这个案例当中，社招新员工的关注期是 90 天，而在我操盘培训的一家员工人数超过 10 万的大型企业，设定的校招新员工关注期为 1 年，将新员工的导师称之为带岗人。为了使企业建立带岗人的持续关注机制，我有意识地标注出新员工来到企业成长的几个阶段和带岗人的关键关注点，并制作了符合企业特性的新员工《带岗人手册》，便于带岗人在不同阶段采取相应的操作措施。

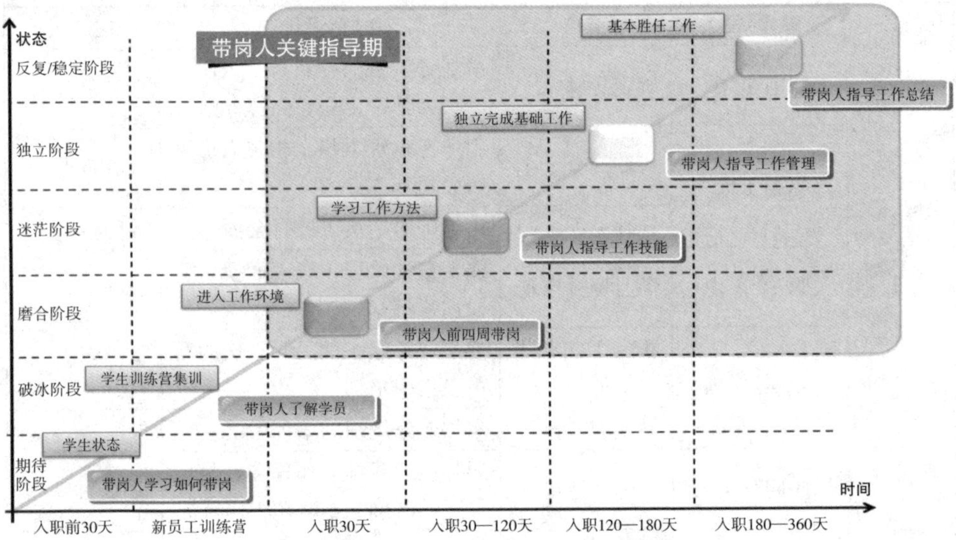

图 9–3　企业实践：带岗人关键指导期思路

表 9–10　企业实践：《带岗人指引手册》框架

阶段	主要培养目标	阶段性特点	阶段性关键词	带岗人带岗举措	新员工行动举措
期待期（入职前 30 天到进入训练营）	树立职业目标	自然人、学生状态、憧憬未来、兴奋或紧张 1. 对行业、公司、岗位工作内容的不了解引发惶恐与不自信 2. 与其他公司对比与考量	关键词：目标与计划	思考：你准备如何带岗？你能为他做什么？他能为你做什么	思考：我是谁？我未来 1 年的职业目标是什么？我该如何实现

续表

阶段	主要培养目标	阶段性特点	阶段性关键词	带岗人带岗举措	新员工行动举措
破冰期（训练营期间）	实现角色转换	好奇、信息爆炸、不适应 1. 对外界充满好奇，短时间内接受大量信息，可能会出现不适应现象 2. 羞怯情绪难以克服	关键词：角色转换	1. 分配带岗人与培训 2. 了解学生的基本情况（简历、工作风格）	1. 充分学习利用训练营的一切资源 2. 结合企业，进一步思考未来 1 年的职业目标是什么 3. 职业化
磨合期（入职后 45—75 天）	融入工作环境	观察、放不开、迷茫 1. 在观察公司和身边的同事，看看别人在做什么 2. 怕说错话、做错事 3. 这一时期是文化落地、行为规范确立的关键时期	关键词：积极主动、自动自发	第一天 第一周 第二周 第三周 第四周（细项详见《带岗人手册》）	1. 积极主动地融入新环境，向大家介绍自己 2. 主动承担工作任务 3. 充满朝气与活力，不抱怨 4. 主动向带岗人、同事索要工作资料、流程图、制度规定来学习，迅速进入工作
迷茫期（入职后 75—165 天）	掌握工作方法	落差、心态失衡、焦躁、消磨斗志 1. 烦躁沉不住气，不能正确定位自身，被烦琐事务消磨斗志 2. 或因职业定位不清晰而产生迷茫、无力感 3. 不会处理大量、烦琐的工作 4. 这一时期新人要努力学会“既低头拉车”，又要“抬头望路”	关键词：平常心	迷茫期（细项详见《带岗人手册》）	1. 从小事做起，把每件事都做好 2. 按紧急重要程度合理安排每件工作 3. 掌握高效能人士的七个习惯 4. 以平常心对烦琐的事务性工作加以总结，从中提炼规律性经验、方法

续表

阶段	主要培养目标	阶段性特点	阶段性关键词	带岗人带岗举措	新员工行动举措
独立期（入职后165—225天）	学会沟通反馈	没有安全感或者冒进 1. 一部分学生因缺乏信心或者能力不足引起角色转变障碍 2. 另一部分学生则可能会在独立承担某项工作过程中出现冒进的情况	关键词：胆大心细	独立期（细项详见《带岗人手册》）	1. 在独立承担项目工作时，要制定详细的工作流程与运营 2. 在项目运行过程中，要阶段性总结，与领导沟通、汇报 3. 学会整合其他资源，项目不可能一个人单独完成
反复期（入职后225—275天）	建立思维方式	挫败感与成就感并存 1. 学生已经初步适应职场环境，也能做出相应的工作成果 2. 由于经验尚浅，工作产出的稳定性不高 3. 只知其一不知其二，缺少系统性思考能力	关键词：总结经验、思维方式	反复期（细项详见《带岗人手册》）	1. 进入反复期要勤思考、勤总结 2. 正确的去做事，远远比做正确的事要重要 3. 形成系统性思维能力
贡献期（入职后275—365天）	不断超越自我	进入正常职业曲线循环 1. 有清晰的短期发展目标 2. 工作能力提升，独当一面 3. 遇到问题，解决问题	关键词：持续提升	贡献期（细项详见《带岗人手册》）	1. 持续学习、充电，养成良好的读书习惯 2. 坚持锻炼，身体是革命的本钱 3. 制定1—3年的职业目标与规划（PDP），并坚定的实施

上面我们聊到了新员工导师在新员工成长中的参与度，接下来我们来

聊聊新员工导师制建立的另外三个方面：导师的作用、选聘方式、考核与奖惩方式。我将一个企业的业务区域实践，整合成三张工具表单，供大家参考实施。

表 9-11 新员工导师制的作用

五大作用	作用表现
融入团队	对新员工进行一对一的指导，帮助新员工尽快适应工作环境，融入企业文化氛围
胜任岗位	指导实际工作，传授知识技能和工作经验，帮助新员工在较短的时间内掌握工作技能，尽快胜任其工作岗位
职业生涯	为新员工提供职业生涯指导，促进其职业生涯的发展
导师能力	增强区域核心骨干作为导师的荣誉感，提升导师沟通能力、管理能力等多方面素质
区域发展	有效开发、培养、留住人才。配合员工个人的职业发展需求，实现员工与区域与企业共同发展

表 9-12 新员工导师的选聘方式

1. 直接任命	2. 推荐	3. 自荐	4. 新员工个人意愿
部门中层领导及以上级别管理人员按照导师任职要求自动成为导师	普通员工由部门经理推荐，上报至区域人力资源负责人，经领导审批后成为导师并备案	自愿加入导师队伍的员工需要提交《导师申请表》报至人力资源负责人，经领导审批后成为导师并备案	新员工入职后，若有认为可以担当自己导师的，经人力资源负责人审定，领导审批后成为导师

表 9-13 建议考核与奖惩方式

入职 10 天	转正奖励	年终奖励
拟定新员工入职 10 天后进行企业文化和岗位基本知识考核，评测结果将为导师积分，作为年度优秀导师评价依据	拟定 3 个月之后，顺利通过转正，且经过考核（负责人、被辅部门领导人、试题测评），评测结果将为导师积分，作为年度优秀导师评价依据	评定辅导人年度绩效考核达到优秀且经过区域内部评比，表现优秀的。根据积分情况，其导师将被评定为区域优秀导师，发放相关荣誉证书和奖励

从上面三张表单中，我们能看到，对新员工导师制的建立，除了关注其业务能力外，还有其对新员工职业生涯、综合素质角度的辅导作用。同时，也要关注对新员工导师的日常管理与激励。但是，我们建立新员工导师制的目的，说到底还是为了新员工自身的成长。下面是一份校招新员工在试用期内的自我评估表，用于递交给直接主管或 HR，从自我角度反映其成长的情况。

表 9–14　新员工试用期月度自评表

姓名		部门		岗位		带岗人	
月度所做的主要工作内容及完成情况：							
月度学习到的知识、技能：							
后续改进计划：							

• **互评机制**

当然，在新员工试用期或我们关注的成长期内，除了自我成长的评估之外，建立一个员工与导师的互评机制也是很重要的，有助于真实反映新员工导师的工作效果。以自我评估为基础，我们可以进行学员与导师之间的互评。

表 9–15　角度 A 应届毕业生对带岗人综合评价表

考核项目	考核内容	考核内容说明	权重	评价标准					评价得分
				卓越	优秀	合格	基本合格	未通过	
工作任务的分配（60）	目标清晰	带岗人分配的任务目标是否清晰	15	10	8—9	6—7	4—5	1—3	
	提供支持	执行过程中能否得到一些工作方法上的指导	15	10	8—9	6—7	4—5	1—3	
	追踪反馈	是否在执行工作任务时进行了事前、事中、事后的控制，并给予积极的反馈	15	10	8—9	6—7	4—5	1—3	
	提升改善	是否在工作完成后针对工作中出现的问题，进行总结分享，提出相应改善计划，并共同改进	15	10	8—9	6—7	4—5	1—3	

续表

考核项目	考核内容	考核内容说明	权重	评价标准					评价得分
				卓越	优秀	合格	基本合格	未通过	
执行带岗人手册（20）	严格执行带岗人手册	是否按时、高质量地完成带岗人手册要求的内容	20	10	8—9	6—7	4—5	1—3	
指导工作心态的调整（20）	培养适应力	是否主动帮助其熟悉工作内容、工作环境，提高其适应能力	10	10	8—9	6—7	4—5	1—3	
	解答职业困惑	是否有效地帮助其解决工作中困惑、培养健康的职业心态	5	10	8—9	6—7	4—5	1—3	
	帮助制定职业规划	是否根据实际情况，帮助其认知自我，明确职业发展方向	5	10	8—9	6—7	4—5	1—3	
人事行政部意见	部门负责人： 年 月 日								
部门负责人意见	部门负责人： 年 月 日								
分管领导意见	分管领导： 年 月 日								

表 9–16 角度 B 带岗人对应届生的综合评价表

考核项目	考核内容	考核内容说明	权重	评价标准					评价得分
				卓越	优秀	合格	基本合格	未通过	
工作业绩（60）	工作目标完成情况	是否完成带岗人、部门负责人交办的工作，工作达成率	20	10	8—9	6—7	4—5	1—3	

续表

考核项目	考核内容	考核内容说明	权重	评价标准					评价得分
				卓越	优秀	合格	基本合格	未通过	
工作业绩（60）	工作效率	是否能及时完成各项工作，时效性高	20	10	8—9	6—7	4—5	1—3	
	工作质量	是否能高品质地完成各项工作	20	10	8—9	6—7	4—5	1—3	
工作态度（20）	积极性	是否热爱本职工作，用高标准要求自己做好职责范围内的各项工作，主动承担更多的责任	5	10	8—9	6—7	4—5	1—3	
	纪律性	是否遵守公司的各项管理制度及带岗人、部门负责人的指示，忠于自己的职务，完成各项工作	5	10	8—9	6—7	4—5	1—3	
	团队合作	是否以客户导向的思维方式进行工作，并本着团队合作的原则，积极完成作为团队一员的各项工作，乐于分享、助人，助力团队进步	5	10	8—9	6—7	4—5	1—3	
	责任感	是否深入理解本职岗位的职责，明确自己在组织中的角色及定位，在工作中，遇到困难不屈不挠，不推卸责任，有主人翁意识，成为“操心员工”	5	10	8—9	6—7	4—5	1—3	
工作能力及潜力（20）	基本知识、技能	是否掌握试用期内所在岗位须具备的专业知识和技能	5	10	8—9	6—7	4—5	1—3	
	执行力	是否准确理解工作要求，动手、实际操作能力强，处理工作有技巧、讲方法，遇到工作立即响应	5	10	8—9	6—7	4—5	1—3	

续表

<table>
<tr><th rowspan="2">考核项目</th><th rowspan="2">考核内容</th><th rowspan="2">考核内容说明</th><th rowspan="2">权重</th><th colspan="5">评价标准</th><th rowspan="2">评价得分</th></tr>
<tr><th>卓越</th><th>优秀</th><th>合格</th><th>基本合格</th><th>未通过</th></tr>
<tr><td rowspan="2">工作能力及潜力（20）</td><td>学习、思考能力</td><td>是否勤奋好学，能较好地学习工作中的各项知识和技能，并善于总结，触类旁通，推进自己更好地完成工作</td><td>5</td><td>10</td><td>8—9</td><td>6—7</td><td>4—5</td><td>1—3</td><td></td></tr>
<tr><td>沟通、协调能力</td><td>在沟通过程中，是否能抓住沟通要点，顺利的达成沟通目的；在协调过程中，能否与人建立良好的关系，并获取各方资源和帮助，达到工作目标。</td><td>5</td><td>10</td><td>8—9</td><td>6—7</td><td>4—5</td><td>1—3</td><td></td></tr>
<tr><td colspan="2">带岗人意见</td><td colspan="8">带岗人：
年　　月　　日</td></tr>
<tr><td colspan="2">部门负责人意见</td><td colspan="8">部门负责人：
年　　月　　日</td></tr>
<tr><td colspan="2">分管领导意见</td><td colspan="8">分管领导：
年　　月　　日</td></tr>
</table>

第3节　管理者导师

关键词：经验与技能的传承、辅导与指令

结合上述一系列分析及工具表单，我们系统地分析了新员工导师“怎么来、做什么、怎么管”这几类问题。最后，我们再来说说第三个角色：管理者导师。

企业为什么会有管理者导师这个角色呢？原因很简单，我们除了日常要辅导一线的专业员工、新入职的校招或社招员工之外，还有很多后备管理者等着我们去培养，他们是未来人才梯队的核心力量。导师的作用，在于经验与技能的有效传承，对于后备干部而言，一个有阅历、有想法、有魄力的导师，可以带着他提前走向管理岗位。

下面是我建立的某民营企业后备干部导师制的文案，供大家参考。

表 9–17 某企业的后备干部导师机制

×× 高级人才培养计划导师制，旨在为学员与导师建立良好的沟通渠道，使学员及时得到导师的指导，更好地完成整个培养目标。制度内容如下： 1. 导师来源： – 由主管董事负责指导学员 2. 主管董事的职责： – 对日常管理过程中的各项问题，给予学员咨询、解答与指导 – 每季度定期与学员沟通一次并给予建议、评估 3. 集团人力行政中心负责人跟进学员进度： – 对于日常管理过程中的各项问题，学员可随时向总部人力及行政负责人沟通及咨询 – 督促主管董事与学员定期完成沟通及评估；并根据各阶段评估结果调整并制定学员下一步学习安排

上面的描述很清楚地体现了后备干部导师的几个要素：第一，从哪里来。视后备干部职级和重要性，最高可以到公司管理团队或主管董事级；第二，干什么。后备干部导师应对管理问题进行解答、咨询，并给予学员发展建议；第三，谁跟进。我们的建议是HR体系，因为对象是管理干部，HR来跟进比较合适。

在评估的角度，我们也建议使用双向评估。

表 9–18 后备干部学员、导师双向评估表

学员姓名：	评估周期：
学员自评 1. 本阶段您参加的管理培训的各项内容（在岗锻炼、课程学习、跟岗学习、本岗实践）进展如何，您有何评价及建议： 2. 您觉得您最近的成长有： 3. 您目前还需要提升的地方有：	
导师评价 1. 您对您的学员近期表现的看法是： 2. 您给您的学员的建议是：	
学员签名： 日　期：	导师签名： 日　期：

有一个经常被问到的问题：管理者导师是否应该是其直接上级？有人说最好是直接上级，因为工作和指导一块办了；有人说最好不是，因为管理是相通的，要避免直接上级在发出指令的时候附带指导动作。我建议是后者。可以跨板块、跨区域、跨业态选择后备干部导师，如果条件实在不允许，那么在本条线内部的直接上级也可以，但前提是需要分清指令与辅导，即哪些工作是需要强执行的，哪些工作是可以用来辅导的。只要这方面没有障碍，那么就剩最后一句话：适合的就是最好的。古代皇帝还有门生，但皇宫里都是皇帝的下属——只要分清指令与辅导就好。

其他有关管理者导师与另外两个类型导师类似的地方，由于前面介绍得很详细，很多原理本质是通的，这里我就不再详述了。还是那句话：知识在传承中才更显价值，学习在点滴中当弥足珍贵。

第十章

系统化、职涯化、三件套：**学习地图在专业岗位人才培养中的应用**

在一家公司的职位版图中，既有以战略管理和团队建设为主要驱动力的综合管理岗位，也有以技术研发和客户服务为主要驱动力的专业岗位。专业岗位人员众多，各家企业设置也不太一样，既有前台的规划、设计、生产、销售、客服等人员，也有后台的财务、人力、信息化等人员。从人才角度看，这部分人员培养效果的好坏，直接关系一家公司的专业和技术水平的高低，以及技术团队能否延续；在大量以技术、研发、生产为主的企业中，这样的岗位更加重要，甚至很多技术类的高层直接冠以“首席科学家”“首席研发专家”等职位名称，以驱动技术在战略层面的运用。结合自身工作实践，我认为对培训管理者而言，专业岗位人员的培养往往面临三大挑战。

挑战一，人员分散。专业岗位人员分布在公司职位体系、业务区域的各个角落，在培养上不能像中、高管那样，重点依靠公司总部或集中式的企业大学，往往只能赋权给区域或分子公司完成。但区域和分子公司的主要任务是业务指标的达成，在业务团队培养上，由于专业能力所限、一线培训岗位经验薄弱，往往力不从心。

挑战二，海量内容。专业岗位人员不仅数量众多，而且不同岗位的知识内容体系差异也很大，随着员工的晋升、发展，所需要学习的内容差异更大。再加上人员流动带来的新员工快速掌握专业要求的挑战、老员工或老师傅知识落后的挑战、现任员工知识萃取的挑战，对培训管理者在专业培训端能力和意识要求很高。

挑战三，密联业务。由于大部分培训管理者并非业务出身，因此不可能亲自讲授业务类课程，如果通过东拼西凑或百度下载课件内容进行授课，无异于误人子弟，而从外部引入的专业培训又可能“水土不服”，因此打造一个高效的内部业务培训师团队就显得尤为重要。但在依靠内部专业讲师培训的过程中，如果过于强调业务讲师的演讲技巧本身，而忽略了专业经验与对专业问题的解答，则无异于南辕北辙。同时，由于对业务了解不足，培训管理者在协助业务单位设计专业岗位培训体系的时候，也无法准确切中要害，毕竟再高的访谈技巧，都要依托于对业务的基本了解。

怎样才能把专业岗位人员培养到位，是一个长期考验培训管理者的命题，与管理培训相比更容易触发业务线关注。综合我的管理和操盘经验，我把专业岗位人员培养归结为纵横交错的五项要素。

表 10–1　纵横结合：专业岗位人才培养的五项要素

五项要素	各要素特点	支持工具
系统化—横	不同类型的专业岗位都有各自系统化的学习内容	学习地图、3A 原则
职涯化—纵	单个专业岗位在不同职位阶段都有独特的学习内容	
场景化—纵横	以岗位各关键业务场景为主体打造本岗位专业课程	师带徒、案例学习
协同化（纵向）	实现总部与下属区域公司在岗位培养上的纵向结合（单业态型组织）	区域培训中心、培训基地
互补化（横向）	实现总部与不同业态公司在专业岗位培养上的横向结合（多业态型组织）	“一二级人才池”

上表中的 3A 原则、师带徒、案例学习、培训基地建设、“一二级人才池”这几个工具，我们都有专门的章节去分析它。在本章，我们重点聊聊学习地图。

第 1 节　系统化 + 职涯化：对学习地图设计工作的有益实践

关键词：岗位族、岗位序列、不爬梯子、爬梯子

- **岗位族与岗位序列**

在这部分的内容展开之前，我需要对“岗位族”和“岗位序列”这两个重要的名词做一个说明。所谓“岗位族”，可以理解为公司的一个部门名称，如工程、设计、财务、人力等；而一个岗位族内包含了多个具体的工种，如人力内部含招聘、培训、薪酬、绩效、员工关系等，那么这个具体的工种，就是“岗位序列”。岗位族有不同，而岗位序列则有高低之分，如培训岗就是一个岗位序列，这里面由低到高可能有专员、主管、经理、总监等职位。因此，岗位族是从横向来看整体，而岗位序列是从纵向来看细节。我以两个简单的图表做一个说明。

表 10–2　看整体：× 公司岗位族 + 岗位序列示意图

岗位族	设计规划	人力资源	财务管理
岗位序列	产品设计岗	招聘岗	出纳岗
	环境设计岗	培训岗	会计岗
	包装设计岗	绩效岗	税务岗
	×××× 岗	×× 岗	×× 岗

表 10–3　看细节：人力资源岗位序列示意图

招聘	培训	绩效	××
招聘总监	培训总监	绩效总监	×× 总监
招聘经理	培训经理	绩效经理	×× 经理
招聘主管	培训主管	绩效主管	×× 主管
招聘专员	培训专员	绩效专员	×× 专员

为了使学习内容全面且便于落实，根据不同公司的岗位体系情况，我们可以设计一套学习地图，兼顾岗位族和岗位序列的层级，也可以适当弱化岗位序列的层级。这样，我们就可以把学习地图的设计简化为两种实践操作形式。

- **不爬梯子**

实践形式一：不考虑职业生涯发展（不爬梯子）。假设某公司的专业岗位随着年限和阶段的发展，只是熟练度发生了变化，对创新的要求不大（即 JD 要求在专业层面改变不大，只是附加了部分管理职能），那么我们就可以为一个岗位序列（工种）打造一套专业学习内容，下图就是以一个特定岗位序列（客户经理）为例的学习地图。

这个学习地图的设计比较简单，因为不用考虑不同层级，助理、初级、中

序列职责	根据集团发展战略和项目营销工作整体计划，在项目营销负责人的带领下，实施项目年度营销推广计划、开展广告传播、公关宣传、促销推广等营销传播相关工作，确保销售业绩目标达成，最终实现效益最大化			
发展阶梯	客户经理（助理） → 客户经理（初级） → 客户经理（中级） → 分中心负责人（副/总经理）			
关键职责	主要工作内容	学习资源		
		课程	案例	阅读资料或其他
1. 宣传推广	1.1 根据项目营销策略制订年度/双月推广预算计划，并对推广费用及效果进行监控 1.2 ……	《新闻及媒体宣传推广策略》 ……	《××区域项目—如何快速销售》……	
2. 营销活动	2.1 根据项目月度/双月活动策略，细化各类活动的执行安排 2.2 ……	《如何做一场成功的事件活动》 ……	《母亲节营销案》	《双重营销工作管控》
……	……			

图 10-1 客户经理序列学习地图

级、分中心负责人在业务层面要求的工作内容是一致的，各岗位的差异只是熟练度不同，进而反映为业绩表现上的不同；到了负责人层面将附加管理职能，而为了使专业岗位学习地图聚焦，管理职能就不出现在内。整家公司的学习地图制作的逻辑为：先制作每个序列的学习地图（每个序列一张），N 个序列再整合成一个岗位族，N 个岗位族结合形成整家公司的整体学习地图。我曾经带着团队在一家公司制作这样的学习地图，如果用图表示，它的基本架构就是这样：

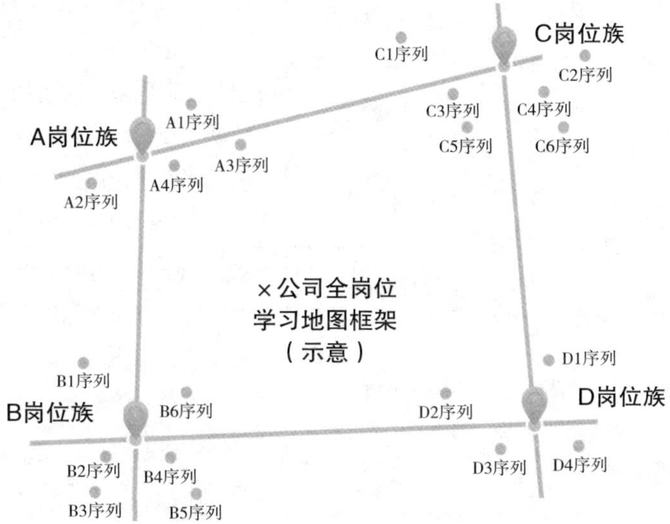

图 10-2 ×公司全岗位学习地图框架

在这张框架图里，可以比较直观地看到岗位族与岗位序列结合的学习地图设计思路的全景，不同的岗位族包含不同的岗位序列，由于岗位序列内部不再区分层级对技能要求的差异，因此整体结构就像树枝与分叉一样。同时，如果学员点击岗位族（大圆点），就会显示出该岗位族的一些通识性学习内容，如果点击岗位序列（小圆点），就会出现该岗位序列的特定学习内容，这些内容可以是课程、案例、测评、实践建议等。那么，如何理解岗位族的通识性学习内容和岗位序列的特定学习内容呢？

这两部分内容，通常源于岗位胜任力（即专业素质模型）或岗位职责要求（若公司暂时没有建立岗位胜任力），如下以我曾经做过的一个人力资源专业素质能力模型为例（只考虑序列，不考虑序列内层级）。

表 10–4 人力资源专业素质能力模型（某企业示例）

内容		能力要求
1.1 专业知识	环境知识	国家、地方信息、政策与法规，以及不定期变动情况；行业标准及变动情况
	公司知识	企业文化、组织架构、业务流程、制度及政策；公司对岗位的特殊要求
	专业知识	项目发展专业技能中所要求的知识内容
1.2 部门通用素质	人际敏感	关注人际交往、沟通中的细节，能够有弹性地调整人际处理、协调模式
	沟通协调	善于与公司内外不同机构、不同类型的人员进行顺畅的沟通，减少矛盾发生
	抗压能力	能够在一定压力下保持工作动力及效率，持续性推动工作的完成
	学习创新	不断更新个人专业技能及知识体系，拓宽思维模式及工作资源、渠道
	全局意识	能够从大局出发构建、设计公司内部制度、体系、流程及工作方式
	计划管理	善于制订或通过已指定的计划，有序地安排工作，并在节点内高效完成工作

续表

内容			能力要求
1.3 专业技能（按专业能力方向划分重点技能要求，不同方向间可能有技能重合）	文化制度类	企业文化建设	提炼、设计企业内部文化，并能通过组织相关活动不断强化
		人力资源规划	制定人资类整体规划，完善人力资源管理体系及管理模式
		年度计划及制度	制订年度招聘 / 培训 / 薪酬 / 绩效等相关计划、预算，并不断完善
	招聘任免培训发展	渠道建设及人才储备	招聘渠道有效开发，人才储备库的建立及维护
		招聘类面谈及跟踪	招聘、入 / 离职面谈技巧，对目标对象及潜在对象持续跟踪
		人才测评技巧	具备一定人才测评、鉴别能力，并能完善公司人才测评体系
		职业生涯规划	能够有效规划内部员工职业生涯发展，保持人员发展及稳定性
		内部人才培养	培养内部人才及管理梯队，保证公司管理人才持续性发展
		培训需求及评估	多渠道、多角度提炼培训需求，对培训效果进行有效评估
		培训教材编写	能够编写一定数量的培训教材，或组织相关人员编写
		培训讲师建设	建设内部讲师队伍，以及相应培养、内部分享方式
		培训实施能力	具备一定现场培训技巧，能够有效完成培训课程分享
	薪酬福利绩效考核	年度薪酬预算及调薪	年度薪酬预算的制定，根据组织需要的既定及不定期调薪
		薪酬福利日常管理	具备员工薪酬福利日常管理、核算、调整等相关能力
		员工成本控制	通过有效的薪酬福利管理，达到对内部员工成本的控制

续表

内容			能力要求
1.3 专业技能（按专业能力方向划分重点技能要求，不同方向间可能有技能重合）	薪酬福利绩效考核	薪酬及考核制度完善	完善现有薪酬考核制度，并对相关流程、制度、文件进行不断优化
		绩效考核方案的制订	建立及完善绩效考核体系、方案，推动并监督执行
		绩效考核活动组织	组织公司内部考核活动，有效协调考核科学性、有效性、方向性
		考核结果分析改进	能够有效分析考核结果，并能提出相应行动改进计划
	员工关系	劳动合同管理	劳动合同起草、订立及日常管理
		劳动争议处理	具备处理一定劳动争议的能力，能有效控制、处理部分劳动争议
		员工考勤及档案管理	员工考勤的记录、汇总，档案的日常分类管理
		员工入职管理	员工入职及试用期内的考核、面谈、组织能力

在上面这张表中，“专业知识”“部门通用素质”这两部分内容属于岗位族的通识性要求，而“专业技能”部分属于岗位序列的特定要求，我们以这两部分内容及能力要求为基础，可以分别构建岗位族的“通识性学习内容”和岗位序列的“特定学习内容”，进而形成一个岗位族（包含多个岗位序列）的学习内容。

- **爬梯子**

上述就是关于第一种形式的操作实践，比较简单。那么如果我们公司内的专业岗位，在专业序列层级内随着职级的高低，工作要求有明显的差异，就会带来第二种操作实践的可能：考虑职业生涯发展（爬梯子）。这种操作方法应该符合大部分人对学习地图的理解，当然，在实际操作角度，专业要求也比较高，耗时也比较久，我还是建议，我们的所有管理动作，都要以“简单务实”为出发点，而不是一味追求专业，如果你的公司不同专业层级对技能本身要求差异不大，只存在熟练度的区别，那么完全可以用第一种操作实践（不爬梯子），即便有小差异，补充一些案例或经验内容给对应的专业层级（微补充）即可，而没必要让一份学习地图里出现80%以上的专业学习内容的重复。为了使大家了解到学习地图实践的完整性，我还是以一张图来呈现第二种操作实践的基本框架。

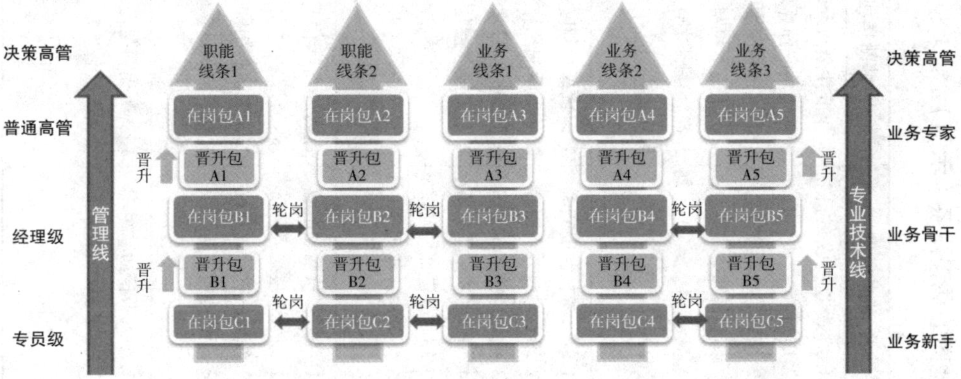

图 10–3　Y公司基于职业生涯发展的学习地图框架

上面这张框架图里，由于有“爬梯子”的思路，所以可以将管理线一并包含进去。当然，这幅图虽然看起来专业度很强，但还是会花费大家相当长的时间去打造，需要充分调研，考虑不同岗位序列在不同发展阶段之间的要求差异，同时匹配相关的学习内容。如果人手有限，我建议选取某一个关键岗位进行突破，然后排出工作计划，一步步去补完它（关键岗位突破法）。上面这幅图看起来虽然完整，但有点抽象，下面我再给大家呈现一个我曾经做过的基于HR这个岗位族的学习地图。

表 10–5　HR 岗位族基于学习地图的课程体系（示例）

序列与层级	人力资源规划	招聘与配置	培训与开发	绩效管理	薪酬福利	员工关系
总监 （模块一把手，合计 26 门课）	1. 公司战略分析流程 2. 战略性人力资源规划 3. 人力资源预算编制 4. 人才盘点 5. 高管对话技巧	1. 战略性人才；配置及规划 2. 招聘规划及预算技巧 3. 高管招聘技巧（总监以上）	1. 高管访谈技巧 2. 基于业务的培训体系建设 3. 培训效果评估技巧 4. 高管职业生涯规划（总监以上） 5. 关键人才培养	1. 绩效考核成果分析及应用 2. 绩效考核制度完善 3. 绩效考核方案制订 4. 高管绩效改进计划（总监以上）	1. 年度薪酬激励计划 2. 年度薪酬预算及调薪 3. 薪酬福利制度完善 4. 员工成本控制 5. 高管薪酬激励计划（总监以上）	1. 员工满意度管理 2. 企业文化建设 3. 高管团队建设（总监以上） 4. 工会建设协助（如有工会）
经理 （合计 31 门课）	1. 战略性人力资源规划 2. 人力资源预算编制 3. 人才盘点 4. 跨部门沟通技巧	1. 招聘计划及预算 2. 人才测评能力 3. 招聘渠道建设 4. 招聘类面谈及跟踪 5. 招聘效果评估及完善	1. 人才测评技巧 2. 职业生涯规划 3. 关键人才培养 4. 培训需求及评估 5. 培训教材编写 6. 培训讲师建设 7. 培训实施能力	1. 绩效考核制度完善 2. 绩效考核方案制订 3. 绩效考核活动组织 4. 绩效考核结果分析 5. 绩效改进计划建议 6. 绩效沟通技巧	1. 薪酬福利制度完善 2. 年度薪酬预算及调薪 3. 薪酬福利日常管理 4. 员工成本控制	1. 企业文化建设 2. 劳动争议处理 3. 员工考勤管理 4. 员工入职管理 5. 工会建设协助（如有工会）
主管 （合计 22 门课）	1. 人力资源预算编制 2. 人力资源制度与流程梳理 3. 向上汇报技巧	1. 招聘渠道建设 2. 招聘类面谈及跟踪 3. 招聘效果评估及完善	1. 培训需求及评估 2. 培训教材编写 3. 培训讲师建设 4. 培训实施能力	1. 绩效考核活动组织 2. 绩效考核结果分析 3. 绩效改进计划建议 4. 绩效沟通技巧	1. 内外薪酬信息动态更新 2. 薪酬福利制度完善 3. 薪酬福利日常管理	1. 劳动合同管理 2. 员工档案管理 3. 劳动争议处理 4. 员工考勤管理 5. 员工入职管理
专员 （合计 14 门课）	1. 人力资源预算编制 2. 向上汇报技巧	1. 招聘类面谈及跟踪 2. 招聘效果评估及完善	1. 培训讲师建设 2. 培训实施能力	1. 绩效考核活动组织 2. 绩效考核结果分析	1. 薪酬福利制度完善 2. 薪酬福利日常管理	1. 劳动合同管理 2. 员工档案管理 3. 员工考勤管理 4. 员工入职管理

第 2 节　F 计划：员工全生命周期学习管理

关键词：阶段 N、小步快跑、专家组

学习地图只是一个内容载体，它的呈现形式可以不限，大家完全可以根据本公司岗位体系的独特性，去思考公司岗位学习地图建设的不同思路。在一家 500 强公司做学院院长的时候，我曾经在思考业务人员发展特征的基础上，创建了一个“F 计划”，它的设计思路如下图所示。

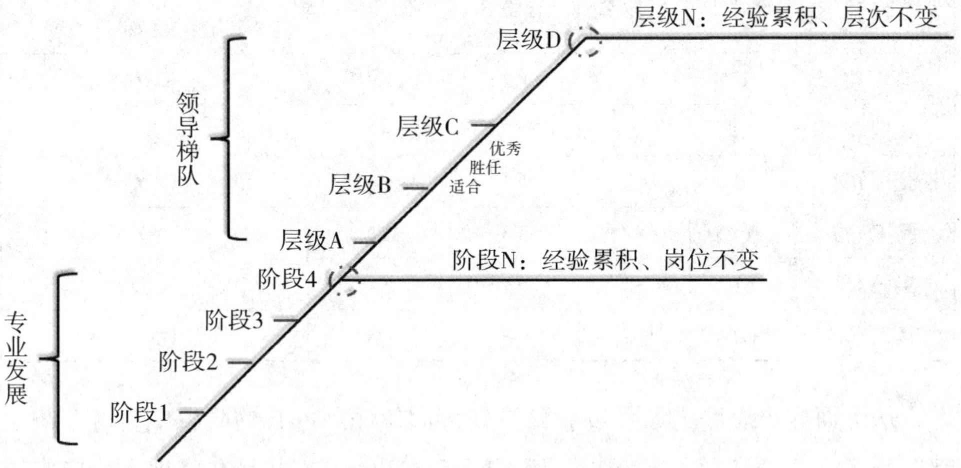

图 10-4　F 计划：员工全生命周期学习管理

在这张设计图里，大家能看到一个整体形似 F 的构造，故我将它取名为“F 计划”，F 代表 FULL，也是完整、圆满的意思。在当时的岗位发展体系下，专业岗位员工可以经由几个阶段的发展，到达阶段 N 的状态，管理岗位也是一样。在前面几个阶段，我们会给员工匹配岗位要求的必备学习内容，但是到了阶段 N，匹配什么合适呢？这也是我这些年参加国内的一些 HR 论坛，同行们问到我最多的问题：在一个人长期职位不变的情况下，在学习地图里到底应该安排什么内容呢？

其实这个问题有点类似于我在第一章里，跟大家聊到的“老板经常变”

的现象。一家企业的老板经常会在市场、政策、竞争对手变化的情况下，快速调整自身的经营策略，从而造成“朝令夕改”的现象，这个现象是市场竞争的必然，也是“小步快跑”式管理思路的要求。既然老板都经常在变，那么对于企业的老员工而言，发展到了阶段 N，完全可以以学习行业新动态、新会议精神、新的案例推送为主，以使他尽快更新思路、跟上老板的步伐；同时，互联网时代还有很多新的和传统业务结合的内容，也可以新增学习内容，而不是固守万年不变的“基础职责要求”。根据以上思路，我对“F 计划”专业序列的学习内容做了如下的设计。

表 10–6　单岗位序列学习地图建设思路

岗位序列 ×	阶段 1	阶段 2	阶段 3	阶段 4	阶段 N（经验累积、岗位不变）
课程 (K)	K1	K2	K3	K4	KNZ
案例 (A)	A1	A2	A3	A4	ANZ
测评 (C)	C1	C2	C3	C4	CNZ
阅读 (Y)	Y1	Y2	Y3	Y4	YNZ
实践 (S)	S1	S2	S3	S4	SNZ
其他 (Q)	Q1	Q2	Q3	Q4	QNZ

从上面这个思路大家可以看到，在该岗位序列成长的阶段中，每个阶段都匹配了相应的课程、案例、测评、阅读、实践等，并且在整理出相应内容之后进行编码，便于公司内的知识管理，这样就打造出了一个完整的单岗位序列（如 HR 中的招聘岗位）在不同阶段的学习地图建设思路。而多个岗位序列的结合，就会构成一个完整的岗位族的学习内容。

同时，为了使专业序列的学习地图在每个阶段都能实现明确的管控，我们可以根据该阶段的学习内容，设定该阶段的学习时长，在学习结束后可以跟进测评或考试。下面就是我设计的专业序列学习路径图的管控思路（W 代表周）。

表 10–7 专业序列学习路径图管控思路（不同岗位不同阶段时间长度不同）

岗位族	岗位 A	岗位 B	岗位 C	岗位 D	岗位 E
阶段 1	1W	6W	1W	3W	4W
阶段 2	2W	2W	3W	4W	7W
阶段 3	4W	4W	5W	4W	4W
阶段 4	8W	9W	8W	7W	8W
阶段 N	15W	20W	17W	8W	10W

需要补充说明的是，作为专业岗位人员学习的关键工具——学习地图的打造，必须要在和业务单元一起调研、讨论后形成。有可能的话，内部可以有一个专家组，或 HR 经过调研制作后，找到资深的业务管理者就内容方面进行确认，在过程中可以以项目组的形式运作。一旦完成了适合本企业专业的学习地图，会给各个业务条线、业务区域带来极大的专业人才培养便利。作为培训管理者，我们也可以依据学习地图进行很多培训应用方面的创新。具体有哪些创新应用，我们下一部分再讨论。

第 3 节 “三件套 + 六个凡是”：打造专业学习地图的全方位应用

关键词：八大困惑、“三件套”“六个凡是”

- **八大困惑**

在 2017 年 9 月我到一览网做“首席学习官”项目的线下活动时，跟在场的学员聊起了各家公司在业务单元和区域培训上的痛点，大家七嘴八舌提了一堆难题，我大致总结了一下，有以下八大问题：

（1）区域快速扩张，新员工在不同岗位，培训不知道怎样开展。

（2）区域刚成立，架构不完善，培训难以开展。

（3）区域讲师少，培训课件资源少。

（4）区域团队裂变快，各专业序列如何短期快速成长？

（5）业务线人员太忙，安排集中培训参与难度大。

（6）上岗培训不能靠短期集中培训解决问题。

（7）除了老员工经验传帮带，还有哪些靠谱的办法？

（8）区域内项目跨度大，集中培训成本高，难度大。

那天的聊天场景很是火热，我再一次感受到中国人是很善于提问题的。但问题的答案呢？是不是每一个问题都需要解答一遍？能不能系统性地串起来解决？专业学习地图的应用可以帮助我们系统性地解决这类问题。

- **“三件套”**

概括来说，一份岗位学习地图，通常包含“三件套”。

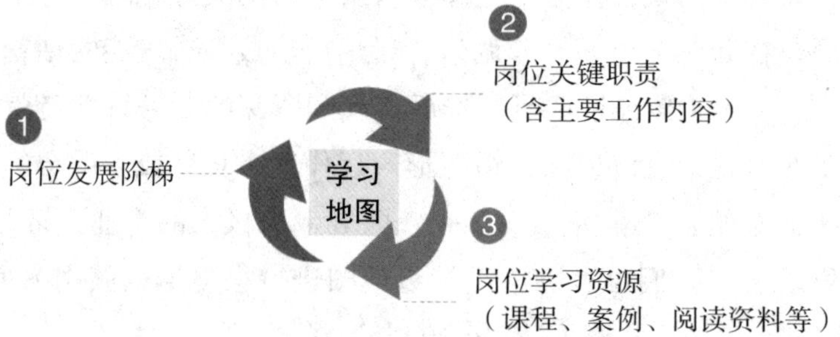

图 10–5　学习地图的“三件套”

- **“六个凡是”**

同时，为了应对上述现实问题，我们在应用端打造“六个凡是”。

表 10–8　学习地图应用的“六个凡是”

“六个凡是”	主要目的	工具要件
凡岗位必有学习内容	一岗一学，打造线上线下 3A 学习模式	课程包（课程案例等）
凡区域必有基础培训体系	协助业务单元建立基础课程体系	定制适合本单元的学习地图、讲师认证
凡课程学习必有专业考试	一课一考，理论结合实践	与课程匹配的考试
凡关键岗必有认证	推进关键岗位任职资格认证	认证题库及技能竞赛
凡招聘必有面试题库	强化关键人才选聘能力	结构化面试题目
凡弱项必有针对学习	推行绩效提升学习行为	针对性绩效学习内容

第一个“凡是”，凡岗位必有学习内容。打造学习地图的目的，就是为了达到“一岗一学”，让所有专业岗位在职业发展的任何阶段、任何地点都能有相关的学习内容，这也就是学习的 3A 原则（Anybody、Anytime、Anywhere）。

因此，需要在框架搭起来之后，联动业务单元“小步快跑”式地建设各专业岗位的课程包：即选取个别关键岗位优先打造，然后逐步完善全岗位课程包。课程包可以包括课程、案例、测评、实践等形式，一部分用于线下（如授课），一部分用于线上（如测评、案例等）。同时，对于每个岗位的课程包，培训团队都可以做一个使用指引，便于业务单元更好地使用。

第二个“凡是”，凡区域必有基础培训体系。这里的“区域”泛指业务单元，或是业务部门、分子公司等。由于各区域的市场环境、管理方式不一致，在同一个岗位上，也许会发生一些微调，需要在原学习地图的基础上进行梳理，建立适用于本区域的学习地图，完善课程包，作为区域的基础培训体系，同时有针对性地帮扶、输送课程及讲师资源。以下表为例。

表 10–9　不同类型业务单元个性化学习地图定制思路

区域 / 项目个性化特点	路径图设计调整
1. 新成立不成熟区域	加大新入职人员培训内容
2. 内部讲师体系较成熟区域	加大区域内课程开发
3. 部分工作受当地政策影响的区域	开发适用于本地的操作课程及案例

除此之外，需要根据区域学习地图的基本内容，一方面打造课程包，另一方面快速协助新课程的开发以及讲师认证，以尽快完善课程体系。结合与业务单元工作的协同经验，基本思路如下。

表 10–10　区域（业务单元）课程、讲师双认证思路

<table>
<tr><th>课程认证痛点</th><th>讲师认证痛点</th><th>协同解决思路</th></tr>
<tr><td>课程单一、专业度不足</td><td>讲师没有时间开发课件</td><td rowspan="4">1. 知者为师：选拔更多有解决业务问题能力的讲师，以研讨和群策群力为主设计课程（流程通识类除外）
2. 因地制宜：优化标准化课程，各个区域根据地域性特征，适应性改造开发区域特色课程并认证
3. 机制完善：已认证的讲师未能充分激活主动性，鼓励各区域完善培训激励机制激励讲师
4. 上门认证：加大各个区域平台讲师培养和认证力度，学院到区域“上门认证”，注重培训有用度</td></tr>
<tr><td>新开发课程有难度</td><td>区域缺乏优秀讲师</td></tr>
<tr><td>缺乏岗位专业课程</td><td>缺乏有授课能力的讲师</td></tr>
<tr><td>课程更新周期长</td><td>认证讲师灵活性不高</td></tr>
</table>

第三个“凡是”，凡课程学习必有专业考试。业务线的工作讲究务实，如果只是让大家去学一些课程，学了就忘，那么往往经不起实践检验。因此，我建议每门业务课程安排一门考试，具体开发方式就是在讲师开发课程的过程中，由培训管理者提供一个简易的试题模板，讲师开发课程的同时，还要完成一个试题设计（模板一定要够简单，让讲师可以根据他的内容在5分钟之内设计完成）。学员学完课程之后，当场或短时间内完成考试，以快速巩固学员对知识的掌握。

第四个“凡是”，凡关键岗必有认证。此项工作需要联合业务单元，首先确认关键业务岗位，然后通过现有的课程包，结合专业考试、专业岗位职责要求，完成岗位认证的试题。结合公司现有的考核制度，学员需要在完成线上及线下要求的学习内容、考试之后，在规定时间内参与考核与认证，认证方式不仅包括试题，还有技能竞赛、问题答辩等形式。还可以逐步与人员转正、晋升挂钩，形成一套岗位任职资格认证体系，帮助业务线将专业岗位培养工作做实。

第五个“凡是”，凡招聘必有面试题库。根据专业学习地图建立一套结构化的内部面试题库，依据岗位关键职责及主要工作内容，推荐结构化面试题目，更好识别候选人与岗位的匹配度，也能协助业务部门管理者将面试流程构建得更加标准。下方是一个运用学习地图中的关键职责要求设计的结构化面试问题样例。

表 10–11　结构化面试问题样例

关键职责	结构化面试问题（以公司市场岗位为例）
宣传推广	您是否从事过宣传推广相关的工作？有哪些经验总结？ 在您的理解中，产品的宣传推广一般有哪些工作项？ 在您的印象中，对哪个厂商或者产品的宣传推广有较深印象？为什么？ 运营好一个产品的微信公众号，您认为日常推送信息最该注意什么？ 当您想要帮产品炒作一个利好时，您认为该如何制定策略？
公司活动	您认为一场成功的案场暖场活动，最重要的判断依据是什么？ 您是否能独立谈判并整合外部资源，组织一场完整的活动？ 您认为影响一场活动成功与否，最重要的考虑因素有哪些？ 产品要举行一场预算近20万元的主题活动，由您来统筹安排，您会如何规划铺排？有哪些关键节点？

续表

关键职责	结构化面试问题（以公司市场岗位为例）
体验公司	在您参观过的产品中，哪个终端的环境体验感最好？为什么？ 您认为产品参观设计时，最重要的考虑因素有哪些？为什么？ 产品终端开放过程中，会有多个横向部门参与其中，您认为应该如何与横向部门有效沟通？ 如果某一物料由一家供应商制作，您认为与供应商沟通过程中，最应该注意哪些事项？
策略创作	在您的理解中，项目从立项到最终的开售，整个过程中有哪些公司节点？ 您之前是否创作过某一产品或厂商的广告？有哪些经验总结和注意事项？ 您认为互联网公司的哪些思维，可以运用到产品的公司策略中？

第六个“凡是”，凡弱项必有针对学习（开药方）。专业学习地图建立之后，新员工可以完整地完成学习；而对于现任员工，可以根据绩效考核的待提升点，以及直接领导反馈的能力弱项，在学习地图里有针对性地进行其能力弱项所对应的学习内容设计，组合成个人学习项目，并设定达成日期、检验成果方式。这样可以更加个性化地支持员工的绩效提升。在这一过程中，需要充分发挥员工直接领导的作用，由他来进行有针对性的推荐。

“三件套 + 六个凡是”就是基于专业学习地图的全方位应用，目的就是做强业务单元的专业岗位培养能力、实现基于绩效的个性化学习，进而解决本部分开头提到的八个痛点。

第十一章

学习经验 + 避免犯错：智慧型组织案例建设

曾记得有这么一句英文谚语：

Tell me, I will forget.（言传易逝）

Show me, and I may remember.（身教强记）

Involve me, and I may understand.（临其境乃悟）

简单的三句话，说出了案例系统对于组织当中个人学习的意义。一种学习方式，越接近于真实、越能够还原时间场景，越能够帮助受训者有效地掌握相关内容，这就叫：临其境乃悟。而简单的照本宣科式的理论教学、填鸭式的强塞教学，已经越来越难以让学员有效地进行知识迁移。只有场景具有这样的力量，而场景就在案例当中。

华为的任正非在一次组织会议上曾提到，企业内学习的最大作用，就是"避免组织重复发明"。我们的组织每天都在不断地成长，这当中有经验，也有教训，能不能整合出来，让组织少走弯路，让曾经成功或失败的经验能够更好地指导我们接下来的工作呢？我们的组织当中有那么多的"老师傅"，能不能通过一个系统，将他们的经验有效地萃取出来，进而通过学习手段复制给新人，让新人、新业务单元有效地学习成长呢？

这需要案例的力量。

如果用一句话来说明案例对组织的作用，我想就是：学习经验，避免犯错。案例系统对组织而言，首先能够减少组织"重复发明"的概率，这样就降低了摸索所带来的成本；其次能够有效地避免新人犯前人犯过的错误，降低犯错所带来的组织修正的成本。以案例的手段来降低企业的成本、推动企业创新，蕴含着巨大的业务价值，这是案例系统最大的价值。

在本章，我们就来详细探讨一下企业案例系统的建设思路，尤其重要的是，跟大家分享基于业务挑战的"11130 微课案例教学法"这一重要工具。

第 1 节 一个商业案例、多个解读角度：对商学院型案例系统的分析

关键词：平台型、决策型、三个来源、案例模板、应用场景

目前企业内的案例系统，可以分为两个类别，一个是大型商学院案例，另一个是小微案例。两者在企业案例教学中各有一定的应用场景，就目前的企业实践而言，采用大型商学院案例体系建设的不到 30%，大量企业实施的是小微案例系统。下面我大概介绍一下这两种案例体系建设的目的、来源及应用。

商学院案例是哈佛商学院于 1908 年就开始施行的经典教学方法，围绕一定培训的目的把实际中真实的情景加以典型化处理，形成供学员思考分析和学习决断的案例（通常为书面形式），是一种以独立研究和相互讨论的方式，来提高学员分析问题和解决问题的能力的方法，在当今世界的教育和培训中获得广泛的重视和应用。除了哈佛之外，毅伟商学院从 1926 年开始，也大力进行商学院式的案例教学。目前在国内，很多商学院 MBA、EMBA、总裁班的一些培训课程中，也进行大量的案例教学。这种方式有助于学员在商业的真实案例中，思考本企业的生存之道。阅读本书的读者们如果接触过 MBA 类型的商学院案例教学，就会对这种模式比较了解，由于这类案例的正文都比较庞大（通常在 5000 字以上），我这里就不做引用。

- **平台型与决策型**

商学院型案例的内容，可以是两种。一种是“平台型”，即完整讲授一个商业故事，焦点放在故事过程中的一系列务实的做法，然后提取一些关键的教学理论。例如，在完整学习法拉第发现交流电的商业故事之后，探讨进行商业发明的关键要素，继而反思对本企业有何启发，这就是一种平台型的案例。另一种是“决策型”，即讲授一个商业决策情境，焦点放在决策的组织内外情况，然后提取一些关键的决策要素。例如，完整学习史玉柱面临困境之下的决策故事之后，对企业的决策、变革思路进行探讨，继而反思对本企业有何启发，这就是一种决策型的案例。上述两类案例，都可以从企业管

理的不同角度去学习、讲授，如战略、人力、财务、信息化、公关、设计、营销等。“一个商业案例、多个解读角度”，是大型商学院案例的主要特点。

• **三个来源**

那么，商学院型案例从哪来呢？从企业的内部实践而言，主要来自三个方向：一是内部成立专门的案例工作组，到业务管理一线提取、制作经典案例；二是设计一个案例的工具模板，让内部业务单元的HR或相关人员组织大家制作；三是直接花钱从外部商学院购买已经成型的经典案例。我将上述的案例内容和来源整合在一起，供大家参考。

表 11–1　商学院型案例的类型及来源

■商学院案例的两个类型		
类型	**特点**	**应用**
平台型	讲授一个商业故事，焦点放在故事过程中的一系列务实的做法	一个商业案例、多个解读角度
决策型	讲授一个商业决策情境，焦点放在决策的组织内外情况	
■商学院型案例的三个来源		
来源	**工作方法**	**维度**
工作组	案例工作组，到业务管理一线提取、制作经典案例	内部
工具模板	设计工具模板，让业务单元的HR或相关人员组织大家制作	
外部商学院	直接花钱从外部商学院购买成型的经典案例	外部

• **案例模板**

对于第二个来源“案例工具模板”，结合我在企业内的操盘经验，跟大家分享一个建设商学院型案例的工具模板，以文化建设案例为例，供大家参考。

表 11–2　某企业大区文化建设案例编写模板（样例）

1. 案例题目	可自行拟定，如“剖析某大区文化建设”
2. 案例主体内容	**正文应涵括以下内容。** **公司背景：**（1）介绍公司的发展历程；（2）公司现状，进入城市数量、项目数量、员工人数；（3）公司未来的发展规划（3—5年内，预计进入多少城市、预计发展项目数、预计员工人数等）

续表

（内容描述以过程或事实为主，尽量不要出现主观评价）	**文化建设现状**：（1）介绍公司近几年文化建设历程；（2）公司高层对文化建设的重视度和支持力度，参与了哪些文化建设活动；（3）文化建设现状，制度 / 流程、内外部宣传、团队建设等方面（列举实际开展的活动，并简略说明开展的背景） **文化建设反思**（问题及挑战）：（1）员工对文化建设相关的反馈，包括评价、抱怨、建议或期待等；（2）文化建设部门的总结反思，好的方面、不足或待改进点；（3）下一步工作目标及领导对文化建设的思路和期望 （案例主体内容编写建议：1. 以时间为主线，将公司发展历程和文化建设开展情况融合起来描述，便于学员能够结合公司发展情况更好地理解文化建设开展背景；2. 按上面内容模块进行描述，但内容应是故事性的描述，有一定的内在联系和逻辑性，而不是内容的简单罗列）
3. 提出问题	问题数量在 2—3 个为宜。希望通过研讨予以解决的问题，可以是文化建设体系问题，也可以是急需解决的操作问题
4. 附录	文化建设相关的资料、表格、反馈表等，便于研讨成员更好地了解本大区文化建设开展情况
案例联系人：（方便案例研讨小组成员沟通确认案例信息和方案交流） 姓名：　　部门：　　电话：	

- **场景应用**

上述模板是我在内部打造文化建设案例时所设计的。这类商业案例内容可以涵盖战略、综合管理、文化等方面，经过系统地编写、提取，用于内部的人才培养教学。这种教学方法鼓励学员独立思考，引导学员变注重知识为注重能力，重视双向交流，其教学过程如下。

表 11–3　商学院型案例的教学应用场景（样例）

学习步骤	步骤解读
案例自学	课前翻转课堂或在线等形式，提供文字或视频供学员提前预习
小组研讨	**研讨目标**：通过小组讨论，鼓励观点碰撞，输出对案例思考题（Q）的观点和自己相关经验的分享 **提示**： 组长引导本小组案例研讨工作，提交研讨记录 小组讨论，每个人必须在组内发言，每组选代表公开发言 每小组评选 1 名最有价值讨论贡献者（MVP），加绩效分数 3 分

续表

学习步骤	步骤解读
班级研讨	结合案例本体，谈谈该案例中有价值的改善方案
智慧分享	5 分钟时间个人思考 / 讨论，每组选派代表分享
课后反思	结合班级案例学习，反思本业务单元的改善思路

上述是对商学院型案例建设的一些工具分析，既然商学院型案例有实际教学的场景，那为什么这类案例系统在企业中应用的比例小于小微案例呢？原因主要有三个：首先，案例的研究和编制所耗的工作量较大。一个完整的商学院型案例制作，需要有各方面完整的背景、数据，甚至是一些关键对话的细节，需要制作人员非常详细的了解、进行访谈。其次，编写一个有效的商业案例比较专业，需要有一定的技能和经验，工作人员还需要参与过相关的培训或辅导，因此很多业务一些工作人员没办法用很短的时间、专业地把案例制作出来，这是阻碍商学院案例系统推广和普及的一个主要原因。最后，商学院案例教学需要较长的培训时间，对教师和学员的要求也比较高。下表是我对传统讲课与商学院型案例教学的对比，以及在商学院型案例学习中，讲师和学员的角色分析。

表 11-4　商学院型案例教学的功能与角色

传统讲课	商学院型案例教学
√ 传达界定清晰的问题答案 √ 缺乏或没有情境 √ 单向传授 √ 适用于自然科学（如工程专业）	√ 寻找定义模糊的问题解答 √ 情境丰富 √ 双向交流 √ 适用于社会科学（如管理专业）
教师的角色（商学院型案例）	**学员的角色（商学院型案例）**
√ 引导课堂讨论，取得课堂观点 √ 问题答案的寻找，以学员为金库 √ 传递理论、工具，及时做出补充 √ 给出实践建议	√ 通过讨论形成观点 √ 寻找答案（针对模糊、开放的问题） √ 记忆答案（针对特定的问题） √ 利用实践检验学习

第 2 节　战略、组织、个人：小微案例的萃取及建设思路

关键词：工学矛盾、知识萃取、小微案例模板、案例大赛、标准化与专业化

- **工学矛盾、知识萃取**

前面我们提到，就目前的企业实践而言，采用大型商学院案例体系建设的不到 30%，大量企业实施的是小微案例系统。关于企业为什么需要小微案例，我想应该从企业管理的实际出发，从三个维度进行分析：战略、组织、个人。

从战略角度而言，企业都在寻求业务的快速发展，使本企业的产品、标准化打法得以快速复制，这样可以有效地支持业务的裂变。如何使新业务单元快速成长？如何有效复制产品？如何有效复制人才技能？这三个问题一直困扰着所有企业管理者。

从组织角度而言，随着业务的快速发展，我们的组织压力大、节奏快、挑战多，这就带来了一种“工学矛盾”：组织需要“快学习”“快培训”，随时培训、随时学习、随时分享，让业务经验与教训快速地产生价值，而我们的工作又很忙，没有时间慢慢地开发课件、课堂培训学习。

从个人层面而言，组织内的能人多、任务多、经验多，需要“快沉淀”，快速发挥能人的作用，使组织作战能力均一。能人，即能为企业解决问题的关键人才，是企业高速发展的重要原因，能人的经验如果得以萃取，可以快速复制更多能人，让其自身的“隐性知识资产”变为“显性知识资产”；而能人的流失，实际上是一种组织的“知识资产”的流失。

小微案例可以有效地将业务价值链中的关键环节变为多个业务场景，一个案例解决一个问题，精准、聚焦；同时通过有效的模板，业务一线的“老师傅”只需要花很短的时间就能完成一份小微案例，用于传帮带、培训等活动；制作小微案例的过程，也是一个“知识萃取”的过程。

- **小微案例模板**

接下来以我操盘过的两个企业的小微案例为例进行分析。表 11–5 为某物业服务企业的“跨部门沟通”小微案例，表 11–6 为营销公司 × 项目销售现场的“精益管理”案例。

表 11–5　某企业跨部门沟通低效案例

1. 情况介绍	一项目 700 余套精装修单元集中交楼后，业主在交楼书上留下了很多待处理的遗留工程问题。因涉及户数较多，公司上下很重视，召开专题会议，商定遗留工程处理程序，并确定为避免出现多头接单的混乱现象，仅由物业的客服人员集中受理业主的维修单、负责下单、负责联系工程部确定维修时间及通知业主、跟进维修后的意见反馈。 但接下来的维修过程中，物业部及工程部纠纷不断。 物业部反映： （1）工程维修人员总不能按预约的时间到达，业主意见很大，浪费了别人的时间，也损害了公司及物业客服人员个人的诚信。 （2）工程维修人员只按自己的想法做事，不尊重业主意见，也不主动向物业反馈情况，结果业主将所有的怨气撒向物业人员的时候，物业的人员受了气也解决不了问题。 （3）同一维修点业主重复下单也未解决，工程部不作为，业主十分不满。 工程部反映： （1）物业部只考虑自己不被业主指责，收到业主的维修单就照转，不考虑维修人手是否能满足。 （2）工程维修人员人手本来就紧，可按时间约定到达业主家，却经常吃闭门羹。等一阵也没人来，只能赶紧转至第二家。业主不守约，无理由的指责，物业也照单全收，物业部不作为。 （3）业主的要求层出不穷，甚至提出无理要求，根本无法达到，更何况还有时间限制。 相关工作流程 物业：接单 → 与工程部排期（但业主有限期要求）→ 与业主确定时间 → 反馈工程部 工程：接（物业）维修单 → 分类 → 与不同的维修队伍排期 → 施工 → 完工返单物业
2. 问题分析	工程部及物业部都反映了他们遇到的问题，但夸大了问题。分析两部门反映问题的共同争议点： （1）业主不守时 （2）前一户业主的问题太多，被拖住，未能及时到下一家维修 （3）业主实际整改问题超出维修单的内容

续表

3. 产生原因	业主、物业部、工程部三方出现严重沟通问题
4. 调整策略	物业部与业主确定维修时间并反馈工程部后，物业客服人员于约定的时间：（1）提前半小时致电业主，提醒并与业主再次确认维修时间；（2）致电工程部相关维修负责人，再次落实维修时间，并了解维修中单元情况

表 11–6　某企业的销售现场案例

1. 正文：（讲 1 个故事） × 项目是公司 2011 年和 2012 年的主力货源。在 2012 年 2 月初，该项目面临区域供应量迅速扩大、竞品价格大幅走低的市场环境。虽然在二三月该项目采取了拔高市场形象、高折扣率出货、成立行销小组拓客等多种手段，仍未能取得很好的销售效果。三月底，集团在区域经理人年会上确立了“精益管理”的主题，通过深入了解和分析，× 项目确定从销售前台的精益管理入手，在四月集中清理了 2011 年签约未回款的产品，重新梳理认购、签约、回款的奖惩制度和工作规范，进一步优化财务部、营销部签约组、销售前台之间的工作职责，同时制定了“签约日清表”来每天跟踪产品的在售状态和责任人。通过上述一系列精细管理的措施，× 项目在四月甩掉了前期的包袱，工作流程和责任十分清晰。在五月配合适当的价格策略，× 项目开始集中出货，全月实现近一亿元的签约额，在本区域销售额位列第二名
2. 思考题：（提出 1 个疑问） 管理不是概念化的。作为管理者，仅关注策略和方向是不够的，如何让一个团队具备真正的执行力？
3. 总结反思：（谈 1 点经验或教训） 管理制度、业务流程以及专业培训永远是团队执行力的基础，与其坐而论道，不如从基础做起。把基础工作做扎实，既是提升业绩的基石，也是“精益管理”的精髓
4. 一些收获： （课堂讨论后再填写，离校前提交）

表 11–5 的小微案例聚焦于沟通当中的一个场景，同时只设计一个具体业务点问题，只需要业务部门当事人像“讲故事”一样将其抽取出来，或直接填写就可以，非常简单。从表 11–5 中可以看到“情况介绍”“问题分析”“产生原因”“调整策略”四个部分，它撑起了上面这个小微案例的整体结构。表 11–6 的小微案例是一个“3+1”模式，即“讲一个故事、提一个疑问、谈一点经验或教训，再谈一些收获”。那么小微案例的制作，是否都可以沿着这样

的结构呢？结合在华润、万达等企业的实践，我将小微案例的模板不断打磨，形成了下面这个标准模板。

表 11–7　小微案例标准模板

<table>
<tr><td>提交人姓名</td><td></td><td>所属部门 / 区域 / 项目</td><td>× × 项目</td></tr>
<tr><td>提交人岗位</td><td></td><td>提交人联系方式</td><td></td></tr>
<tr><td>关键词</td><td>如积存去化</td><td>来源渠道 / 培训项目</td><td>如后备经理发展项目</td></tr>
<tr><td>主题分类（以营销主题为例）</td><td>☐ 前期调研
☐ 产品定价
☐ 战略创新</td><td>☐ 市场推广
☐ 销售管控
☐ 销售去化</td><td>☐ 项目操盘
☐ 团队建设
☐ 其他</td></tr>
<tr><td>案例性质</td><td colspan="3">☐ 成功经验　☐警示教训</td></tr>
<tr><td colspan="4">案例名称：注意，案例名称为“× × × × 怎么办”，点明核心问题</td></tr>
<tr><td colspan="4">案例内容：大体分四部分进行陈述，逻辑要明细，尽量精简，图文并茂
（一）案例背景描述
1.1.
1.2.
1.3.
……
（二）案例分析以及解决对策
2.1.
2.2.
2.3.
……</td></tr>
<tr><td colspan="4">（三）本案例的价值描述
3.1.
3.2.
……</td></tr>
<tr><td colspan="4">（四）本案例传播的价值以及在传播时需要注意的问题
4.1.
4.2.
……</td></tr>
<tr><td colspan="4">领导点评并签字：</td></tr>
</table>

这个模板可以分为三大部分，第一部分是“案例基本属性”，包括人、阶

段、来源；第二部分是案例的名称，统一命名为“××××，怎么办？”，一个案例围绕一个问题、一个解决方案，也便于今后进行关键字搜索；第三部分是案例的内容，包括案例背景、分析及解决对策、价值描述、传播注意等。最后为提交者领导点评并签字，主要是为了确认案例传播中有无风险要素。

有了这个模板，我们就可以让业务一线人员通过“填空”的方式，将自身的经验快速地萃取出来。那么，组织当中有哪些提取小微案例的渠道呢？我认为可以有四大渠道，分别是培训提交、晋升提交、案例大赛、业务复盘。

表 11-8　提取小微案例的“四大渠道”

渠道	操盘手法	注意事项
培训提交	培训班级实施前，由学员提交对应主题案例	按主题提交
晋升提交	员工晋升确认时，需提交一篇小微案例	成为晋升的必须
案例大赛	定期举办公司级小微案例大赛，萃取组织经验	HR 审核案例标准、专业评审确定案例专业性
业务复盘	业务运营阶段性复盘，抽取复盘经验	复盘时机（阶段）

- **案例大赛**

在实际操盘过程中，我要求每个培训班、来培训的每个学员都必须提交一篇小微案例，作为培训通过的前提，学员可以直接在《小微案例模板》里填写；在员工晋升的时候，也要求提交一篇案例，既然你优秀、值得提升，那么我们就应该把你的经验萃取出来；其他还有开展案例大赛、业务复盘等形式。上述的四个渠道只是一个建议，大家也可以根据本企业实践思考更多的渠道，如在会议当中提取案例、在线提交案例等。下面我给大家分享一家企业操盘“案例大赛”的思路，供大家参考。

表 11-9　某企业案例大赛操盘思路

为扩大案例来源、深化案例优选、推动案例应用，充分降低企业成长及试错成本，××学院拟举办 20×× 年第一期业务案例评选大赛，评选优秀案例（今后拟每半年举办一期）。具体如下。	
参赛对象：× 业务线全员	

续表

■**参赛标准**：可围绕业务综合管理经验，或业务价值链上某一项专业经验。	■**案例主题**：业务点 A、业务点 B、业务点 C、团队建设、其他等。
■**填写要求**：填写统一案例模板	
■**大赛流程**： √ **初选**　各大区 / 部门进行案例初选，填写参赛案例汇总表（模板见附件 2），将初选案例及汇总表打包提交至 ×× 学院邮箱 √ **复选**　总部职能部门组成案例评选组委会，进行案例复选 √ **结果公布**　6 月初 注：各业务板块初选至少选出 30 则案例，各职能部门初选至少选出 5 则案例	
■**复选评选部门**： 业务点 A（A 专题评审团）、业务点 B（B 专题评审团）、业务点 C（C 专题评审团）、团队建设（人力资源部）、其他（×× 学院）	
■复选评选指标	1. 案例内容完整度：30 分 2. 案例借鉴 / 警示价值：30 分 3. 案例方法可行性：30 分 4. 附件内容丰富性：10 分
■个人评奖来源： √ 从参赛案例中评选出 TOP10 最佳案例 √ 按案例主题比例精选 100 则优秀案例	■个人奖励： √ 获奖证书（总裁签字）+ 手机 U 盘（128G） √ 入编案例集《××100 个好办法》
■业务单元评奖来源： 根据各业务单元日常提交案例、此次案例大赛提交案例的数量与质量，评选出 ×× 案例价值贡献奖 3 个（区域 / 部门）	■业务单元奖励： √ 获奖证书（总裁签字）+ 微型投影仪
■案例应用 学院将根据案例评分结果，按案例主题比例精选出 100 则优秀案例汇编为《××100 个好办法》，分类上传至学院在线学习平台，供全员学习。并将优秀案例推送至学院培训项目及各区域讲师，成为学习、研讨及应用的案例资源	
注：各区域 / 部门此次案例大赛提交案例的数量与质量评比结果，将纳入每季度区域培训执行成效考核及 ×× 年度“优秀培训发展团队”奖评选指标中	

- **标准化与专业化**

在提取案例的过程中，还有一件事很重要，就是如何保证小微案例的专业性。我们的做法是进行标准化与专业化运作：由培训管理者负责提供模板、收取案例并审核案例的标准性（即必须有条理，不能写成记叙文、流水账之类），然后由我们的“专业评审”（即业务线骨干、管理者）进行审核，确认其是否有专业层面的价值，这种“1+1”式的方法，就能够有助于案例的标准化和专业化。

有了上述的微案例建设作为基础，我们就可以在本章第三部分来探讨一个重要的话题：“11130 微课案例教学法”。

第 3 节 “11130 教学法”：启动微课案例核武器

关键词：倒逼培训、1 个问题、1 个案例、1 个方法、30 分钟讲解

- **倒逼培训**

在万达学院工作的时候，我们经常遇到这样的场景：与业务线联动安排了 2 天的培训，临近培训时业务线突然告知说工作太紧，能不能 2 天改成 1 天；辛辛苦苦地调整之后，马上就要实施培训了，业务线突然又说当天下午临时有外部接待，1 天能不能改成半天；费尽心思地调整之后，培训的前一天晚上，又被业务线告知，某大领导要在当天培训前讲话半小时，能不能再压缩一下培训内容。于是，培训时间被不断压榨，而且最后还要保证有一定效果，何其艰难！

这是一个典型的业务部门倒逼培训变“微”的场景。其实不光是我，相信很多小伙伴在实施培训的时候都遇到过：业务单位很忙，安排长时段的培训，往往计划赶不上变化，以至于没办法实施。这样的场景多了之后，我们就在思考一个问题：能不能用 1 小时、半小时，甚至更短的时间去完成一次培训，而且还能精准地解决学员的问题呢？在这种思考之下，就产生了一种被业务线倒逼出来的微课教学方法：“11130 教学法”。

“11130 教学法”，是指一场由微案例引发的微培训。一堂课只要 30 分钟（甚至可以更短），通过一套实用的工具，学习一个实际案例，仅解决一个问题。这就是“11130 教学法”的基本结构。

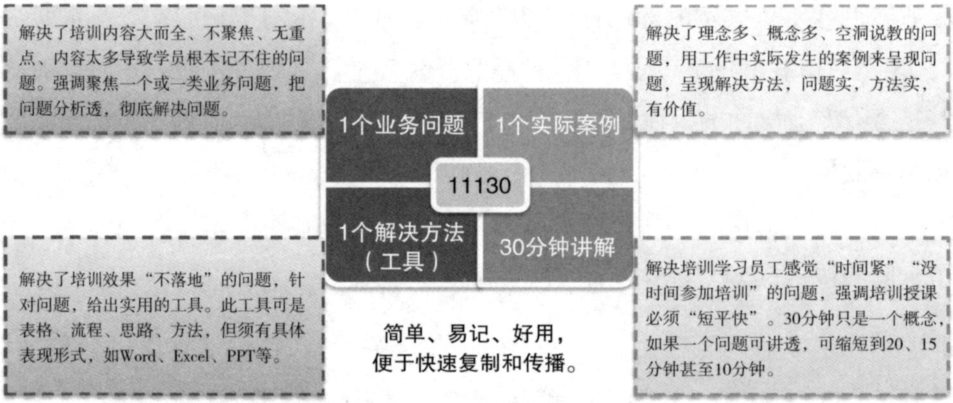

图 11-1 “11130 教学法”全貌

- **1 个问题**

第一个“1”，一个业务问题必须聚焦、有侧重，而不是大而全、系统化的，应是类似业务流程中某关键节点、管理场景中某场景性的问题。例如，“遇到客户投诉怎么办”，这是一个聚焦式的问题，适合选用“11130 教学法”；相反，“将新产品由设计推广上市的全过程”，就属于比较系统化的问题，加之其内容太多，因而难以通过“11130 教学法”讲清楚。

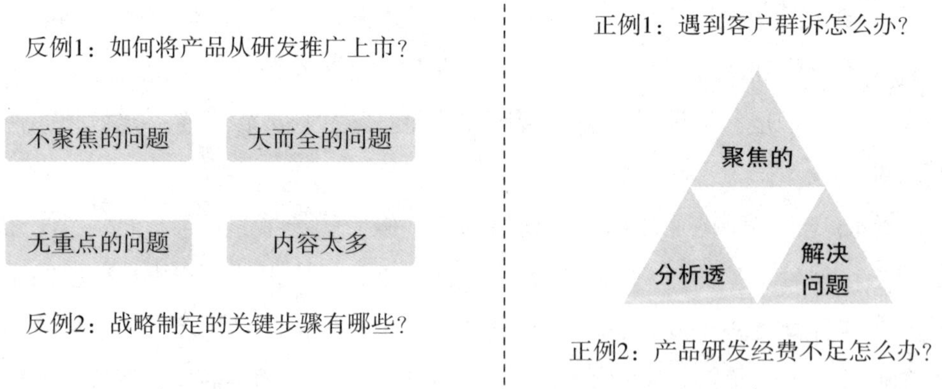

图 11-2 适合“11130 教学法”的业务问题（正反例）

- **1 个案例**

第二个“1”，一个实际案例要吻合主题，且是微案例（见图 11-2）。同时，该案例需满足四大特点。一是配合主题，如讨论客户投诉的问题，案例应为某项目遇到客户投诉并有效解决的事件；二是少讲理论，即直接从案例背景入手，开门见山讲明事情本身的发展过程，以及解决方案；三是明确阶段，指明该案例所对应业务问题的阶段；四是提炼价值，清楚提炼该案例对业务的借鉴意义和使用价值。

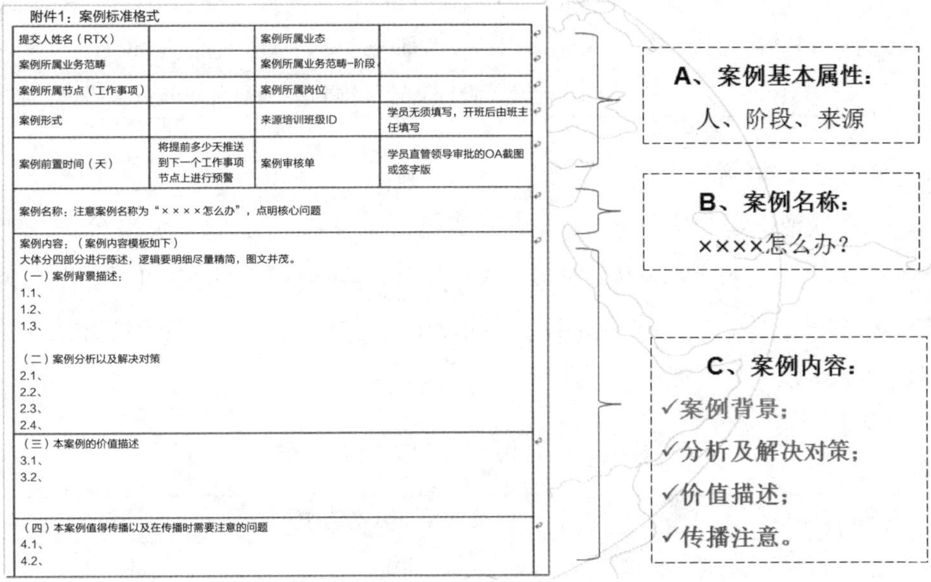

图 11-3 适合“11130 教学法”的案例模板

在实际教学过程中，首先，提供给学员“案例背景”部分，让其了解所发生的具体问题；其次，通过研讨的方法，要求学员提出自己对该案例的解决建议；最后，再跟原案例的“分析及解决对策”部分相比对，使学员有所提升。

• 1 个方法

第三个“1”，一个解决方法（工具），这里的工具可以是表格、流程、思路、方法等。通常情况下，按照工具使用的难易程度，可以分成简单型工具和复杂型工具。如果工具描述起来比较简单，可直接将其写在实际案例的分析及解决对策里；若相对复杂，则需将文档、OA 流程、邮件记录（含图片等）以附件形式标注在实际案例的解决对策中，在授课时单独打开或调用它。

表 11–10　两种工具的使用

工具使用	工具形态	工具解释
A. 简单：直接描述在模板内	解决步骤（主要处理步骤）	关键解决步骤梳理
B. 复杂：可作为附件的工具	Word、Excel、PPT 文档	用文档总结操作工具
	OA 流程（完整或部分过程）	OA 流程截图说明
	邮件记录（处理问题过程）	邮件处理过程说明

- **30 分钟讲解**

“30 分钟讲解”中的 30 分钟，其实是一个概数，也可以为 20 分钟或 15 分钟，只要能点明主题、传递案例、分享工具即可。综合我实际使用“11130 教学法”的经验，“30 分钟讲解”可分为两种类型，即研讨型讲解方式与讲授型讲解方式。

表 11–11　两种讲解类型的过程

方式	时间占比及教学动作			
A. 研讨型（推荐）	5%	15%	50%	30%
	公布主题	了解案例背景	探讨解决逻辑 建议分组 视情况导入理论或方法	阐释工具方法 研讨结论 > 原始工具 研讨结论 < 原始工具
B. 讲授型（普通）	5%	15%	70%	10%
	公布主题	了解案例背景	阐释解决工具 讲授为主 视情况导入资料或视频	Q&A 环节 启发为主 可引入专家

如表 11–11 所示，研讨型讲解方式是我比较推荐的讲解过程。首先，用 20% 的时间介绍一下主题和案例背景；其次，用 50% 的时间带着学员做课堂讨论（这部分可以采取分组讨论的方式，如能量集市、团队列名等）；最后，用 30% 的时间总结一下工具及使用要点。

需要特别强调，这里有两种情况：如果大家的研讨结论大于案例中的原始工具且有意义，那么就可以将此结论作为原始工具的补充；如果大家研讨结论小于案例中的原始工具，那么讲师在公布工具的同时，应对缺失部分略加讲解。

“11130 教学法”在 30 分钟、20 分钟甚至 15 分钟内完成一次落地式教学，像核武器一样虽小但使用价值大。这样的教学场景，可以发生在业务会议的间隙、甚至把半天或一天的教学分为以不同主题为单元的微课堂，有效地解决“工学矛盾”，达到“两快（快学习、块培训）”与“三随（随时学习、随时培训、随时分享）”的目的。现在的业务组织压力大、节奏快、挑战多，就需要这样能落地的“微学习”。为了让大家更系统地了解这个原创的教学方法，我将一次授课之后的学员做的听课笔记呈现出来，让大家更系统地理解这门工具。但说到底，是工具就需要更多的应用，实践会给大家更多的感悟。

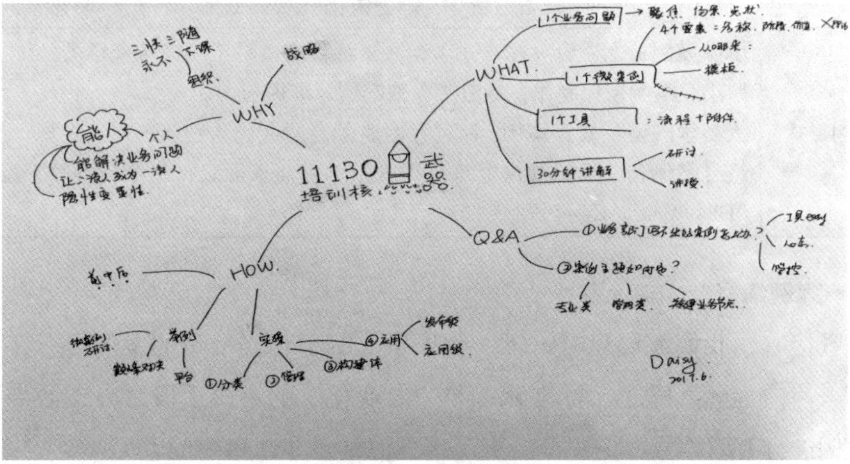

图 11–4　某位学员学习之后的听课笔记

第 4 节　天下粮仓：企业案例系统的管理及应用

关键词：案例编号、案例索引、“3 个维度”与“6 个方向”“案例 60 秒”

在案例建设这一章的最后部分，我们来系统地聊一聊案例的管理及应用。假设大家按照我前面建议的案例提取渠道来操作，积累了一堆内部案例，那么应该如何有效地进行管理，使其便于查找、获取，如何有效地设计应用渠道，使其真正地活跃起来呢？下面以我在碧桂园营销学院操盘营销类主题案例为例进行讲解。

首先，我们结合前三部分的分析，整合一下企业案例的总体分类与形式。在这个分类当中，为了引发业务部门的关注，我将复盘案例单独摘了出来，作为企业第三大类型的案例（实际上，它是归属于大型商学院案例的）。

表 11-12　企业案例的分类与形式（样例）

	案例性质	案例主题（以营销专题为例）			案例体量
案例分类	成功经验 警示教训	前期调研 产品定价 战略创新	市场推广 销售管控 销售去化	项目操盘 团队建设 其他	小微案例 商学院型案例 复盘案例
案例形式	**小微案例：**针对某一教学分享点，体量精简，易于快速传播学习，统一按照小微案例模板制作，参考《小微案例标准模板》 **大商学院型及复盘案例：**针对大型业务专题或优秀经验，深入挖掘，形成组合案例包，形式视内容重要程度及学习需求而定，包括但不限于视频、PPT、Word、Excel 等				

- **案例编号**

紧接着，我们需要思考一下，如果手上有了相当数量的案例之后，案例如何入库？显然，除了“标准化”与“专业化”的审核手段之外，给待入库的案例进行有效编号，避免今后资源出现混乱是非常重要的。

表 11-13　案例编号规则建议

分类维度	案例类别	编号位数	编号
提交时间	年份	第 1—4 位	如 2015 年、2016 年
	月份	第 5—6 位	如 9 月、10 月
主题	前期调研	第 7—8 位	01
	产品定价		02
	销售管控		03
	市场推广		04
	销售去化		05
	项目操盘		06
	团队建设		07
	其他		08
同类编号	依次排序	第 9—12 位	如 0001、0002

续表

分类维度	案例类别	编号位数	编号
体量	大型商学院案例	第 13 位	A
	复盘案例		B
	小微案例		C
共 13 位，合成每个案例对应的唯一编号			

例：2015 年 9 月提交的团队建设类的小微案例（团队建设类总第 32 个案例），则编号为 201509070032C。

201509	07	0032	C
案例提交年月	案例主题	同类型案例编号	案例体量

- **案例索引**

有了编号之后，我们就需要从案例管理者的角度，建立一个案例库的索引，将该案例的来龙去脉做个简单描述，便于日常的使用。

表 11–14 营销学院教学案例库索引（样例）

序号	编号	性质	收集部门	收集人	提交人	提交人岗位	名称	来源	关键词	应用思路
例	201509050001C	成功经验	教学三组	××	××	销售经理	×× 项目有效去化	销售经理班提交	去化	1. 发布于网络教学平台 2. 发布于微信企业号 3. 应用于积存去化课程

对表 11–14，这里做一个简单说明：

1. 案例性质：选择成功经验、警示教训；

2. 案例收集部门：可为职能部门、学院内部组别；

3. 案例提交人：即案例撰写人（包括将其他形式素材改编为教学案例的编写人）；

4. 案例来源：可为职能部门、区域或项目、培训项目、人才发展项目；

5. 案例关键词：能概括体现此案例核心内容、价值的关键词；

6. 案例应用思路：包括但不限于培训项目或课程使用、在线及移动学习平台、针对特定对象教学使用等。

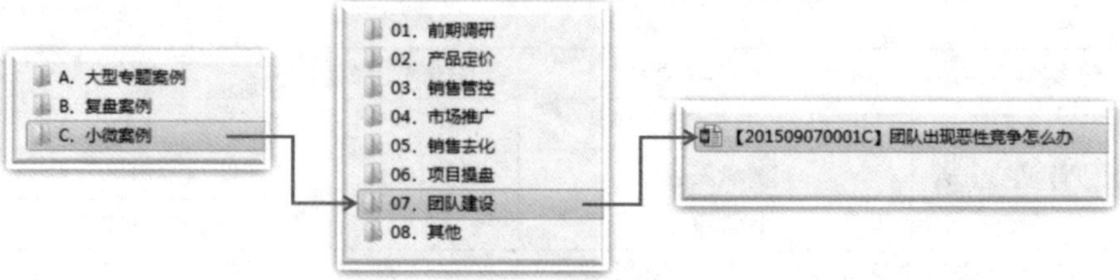

图 11–5　案例库架构示例

如果企业内部有在线学习系统，显然我们就可以把案例按照业务价值链进行梳理、入库。图 11–5 就是按照 A、B、C 三类案例，结合营销专题的价值链梳理而成的案例库架构。当学员登录在线系统之后，就可以快速地根据案例类型结合业务价值链查找相关的案例。

- **“3 个维度”与“6 个方向”**

经过案例制作、收取、入库管理，就完成了“天下粮仓”的前端工作，我们需要再思考：应该如何使案例系统日渐活跃起来呢？关于教学案例的应用，我们可以从“人员、渠道、创新”3 个维度进行梳理，全面覆盖“学员、讲师、在线或移动学习、区域帮扶、多媒体教学、文化建设”这 6 个方向的案例教学需要。

表 11–15　案例在组织学习端的应用建议

应用维度	方　　向	应用思路
维度一：人员	1. 学员	**匹配案例** 在培训项目或会议上，根据培训主题或会议议程匹配案例，进行案例引导式教学 **内部学习** 为保证案例的有用度，学院应定期在内部进行分享学习，研讨甄别案例准确性及价值
	2. 讲师	**案例推荐** 教学案例库同步对内部认证讲师开放并选取合适案例进行推荐，可供课程开发、讲授使用，在课程设计中根据实际工作中的痛点匹配相应主题的案例
维度二：渠道	3. 在线 / 移动学习	**案例推送** 学院每月于网络教学系统、微信企业号等平台发布最新案例，供人员在线 / 移动学习，并根据人员的岗位、工作板块、工作经验等匹配案例，进行定期、定向推送 **案例集发布** 每半年汇编《× × 优秀教学案例集》，以微信企业号等形式发布

续表

应用维度	方　向	应用思路
维度二：渠道	4. 区域帮扶	**定期共享** 学院每月将最新《学院教学案例库索引表》上传至区域培训工作对接群进行共享。区域在自行组织培训时，可根据培训主题选择案例进行培训教学 **专题研讨** 对于学习价值较大的大型专题案例，学院可统一制作并设计研讨教学方案，通过集中培训、区域现场帮扶、远程指导等方法，协助各区域 / 项目开展研讨并形成成果
维度三：创新	5. 多媒体教学	**呈现形式** 除以往采用的 Word、PPT 等形式，加入附件包、教学视频、案例剧等新形式 **教学方式** 新增巅峰对决、引导式教学等案例教学方式，提升案例教学的接受度、有用度
	6. 文化建设	**团建专项** 通过文化案例的访谈、挖掘、提炼，形成“团队建设”专项案例，将优秀区域 / 项目 / 团队的团建经验留存并分享，在整个中心传播学习，提升管理人员的团建能力，打造更有凝聚力的团队

• **“案例 60 秒”**

有了上述“3 个维度”与“6 个方向”的案例应用，企业的案例系统才能真正地活跃起来。当然，除了上述的一系列应用维度之外，大家也可以利用“互联网 +”等思路，结合本企业特点进行思考。例如，考虑到本企业员工分散在全球，需要随时、随地学习，模仿“逻辑思维”的形式，可设计并实施“案例 60 秒”活动。每天下午五点半之前，公司所有员工的手机微信企业号里，就会弹出一个提示：“新的案例来了，你要学习了”。

表 11–16　“案例 60 秒”活动制作流程

三大要素	制作样例
1. 语音内容模板	（1）自我介绍：各位同事大家好！我是 ×× 学院 ×××； （2）案例来源：今天给大家推介的案例来自 ×× 区域 / 部门的分享； （3）案例名称：案例名称是“竞争对手恶意攻击怎么办”；

续表

三大要素	制作样例
1. 语音内容模板	（4）案例简介：该案例通过 ××× 等措施，有效解决此类问题，相信此次经验对其他项目会有一定启发意义； （5）固定结尾：大家可直接回复关键词“××”获取案例详情，或者点击“每日案例”板块获取最新案例。60 秒语音案例推介，希望给大家最好的经验，最快的学习！
2. 示例	各位同事大家好！我是 ×× 学院的 ×××，今天给大家推介一则经典案例。该案例来自 ×× 区域项目，案例名称是“竞争对手恶意攻击怎么办”，在 ×× 区域，我们是进驻该城市的第一家十强企业，对整个市场冲击力极大，故遭竞品夹击。 该项目通过组织营销爆点活动、开展物业风采巡游、制作展示宣传物料等多种措施，有效增强客户信心、展现项目实力、传递项目能量、解除客户疑虑，破解了竞争对手的恶意攻击，相信此次经验对其他项目会有一定启发意义。 大家可直接回复关键词“攻击”获取案例详情，或点击“每日案例”板块获取最新案例。60 秒语音案例推介，希望给大家最好的经验，最快的学习！
3. 录制注意事项	（1）录制方式：录音笔调至 MY VOICE 模式并贴近声筒录制，或者使用手机录音功能，戴耳麦录制； （2）语音时长：60 秒整（60 秒语音字数约 230—280 字，录制好后请查看时长是否刚好 60 秒）； （3）【关键词】：案例包中的案例分工表最后一列已标明每个案例的关键词（关键词必不可少，是推送案例详情的关键，录音时千万不要遗漏）； （4）录制注意要点：注意控制换气及吞咽的声音，注意避免环境嘈杂及声音空旷感； （5）语音格式：MP3、WMA、WAV、AMR，每条语音大小不超过 5M； （6）语音提交：录制好的语音以“【关键词】案例名”命名，如“【攻击】竞争对手恶意攻击怎么办”，以组汇总打包发送给案例组。

以上就是我关于企业案例系统建设的一系列经验分享，还是那句话，案例对组织的作用，就是“学习经验、避免犯错”。通过案例的手段来降低企业的成本、推动企业创新，这样做蕴含着巨大的业务价值。对企业的人才培养者而言，这一源于业务场景的重要工具，必将创造更大的职业价值。

第十二章

战训结合：三位一体式行动学习系统创新

行动学习对大多数培训管理者来说，都不是个陌生的话题，国内国外也有很多书籍在讲解其中流派。在国内企业中，华润集团算是较早在公司内部推广行动学习的企业，在时任国家行政学院副院长的陈伟兰老师的大力推动下，行动学习已经融入了华润公司的血液里。随着行动学习对公司战略、变革推动的成效，国内企业开始纷纷效仿，倡导以行动学习的方式来解决企业战略及业务重难点问题。传统的行动学习可分为以下关键步骤：

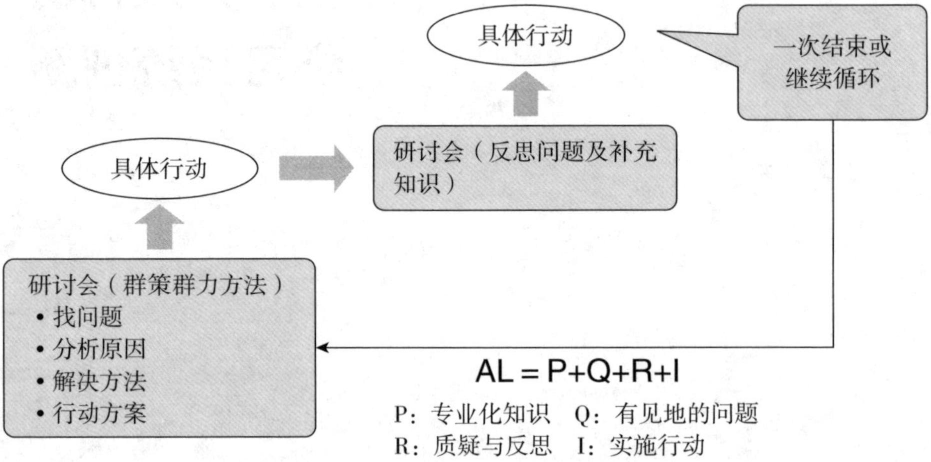

图 12-1　传统行动学习的主要步骤

在应用行动学习的不同企业，其具体实施的方式、方法都有一系列微小的变化，有的侧重于群策群力、注重提升学员思维能力和方法，有的侧重于现场实践、关注问题解决的可行性，还有的则直接用引导技巧作为内部会议、授课的重要工具。以我的工作经验来看，无论行动学习是什么形式、取大还是取小，它的精髓均来源于精心设计的学习过程，以及小组成员对已有知识和经验的相互质疑并在行动基础上的深刻反思。至于到底是一个系统，还是一个工具，则根据各家企业的实际操作需求而定，我的观点是“可操作、能帮助企业解决问题”就是“有用的”，至于它是谁发明的、有什么流派，这样的理论研究，则不在我的关注范围内。大概是在 2008 年，有一家零售企业的 HR 跟我交流，听说我在外企和国企都操作过行动学习，就问我：“何老师，您属于行动学习哪个流派的？”我回答她：“虽然我操作过类似的项目，但我从不知道什么流派，我只知道，我做的这件事在企业资源有限的情况下也能完成，并且能够帮老板解决问题，这就是一个职业经理人的本分。”

接下来，我来谈谈我对行动学习的理解，以及在我工作过的企业的一些实践。

第 1 节　关于三位一体式行动学习系统的原创思考

关键词：调用组织资源、开门见山、引“郎”入室、三位一体

在之前设计并实施行动学习项目的时候，我有个思考：事实上，很多企业，包括我自己操盘的行动学习项目，大都像宋丹丹小品里描述的“枪炮齐鸣、锣鼓喧天”一样，在设计、实施端比较强，但都弱于应用，很多企业的行动学习只是在做，至于能不能落实则不受关注；或者 HR 没有能力单枪匹马推动业务性的变革落地，业务部门也没有精力关注一个“学习类”的项目能否落实，这也就是之前提到的未“密联管理者承诺”现象。我跟不少业务线管理者都有过交流，大家认为行动学习说起来还是比一般的课堂学习要更贴近业务，但不少 HR 或培训管理者在操作的时候，过于形式化（N 宗罪：N 个阶段、N 场汇报会、外部讲师来宣讲 N 次、请老板参与 N 次、启动外部咨询顾问 N 次），耗费的时间太长（很多企业做的行动学习项目动辄几个月、半年），且过于专业（强调培训专业引导技术，业务线不知道该怎么参与进来），再加上最后成效确实一般，所以当业务工作比较忙的时候，这种必须要业务部门参与才能见成效的学习项目，自然容易被边缘化。到最后业务部门的口吻就变成了：培训？有时间就过去上堂课。到那时我想不光是行动学习，连培训体系的其他内容都会受牵连。凡是注重形式、过于强调专业、需要调用组织过多资源才能做的事情，我建议各位 HR 慎之又慎。作为一个职业经理人，最重要是要做到帮老板解决问题、避免老板犯错。要根据老板的实际需求来确定如何使用自己的专业知识，切忌一开工就恨不得把自己的一身本领全都用上，否则到最后没人敢跟你合作，老板需要的事情也没做好。

根据这些年对业务的理解，我开发出一套三位一体式行动学习系统，力求使行动学习的主要思维变为津贴业务的操作方式，简单易行，又比较容易让业务部门理解并看到成效。系统的框架呈现如下。

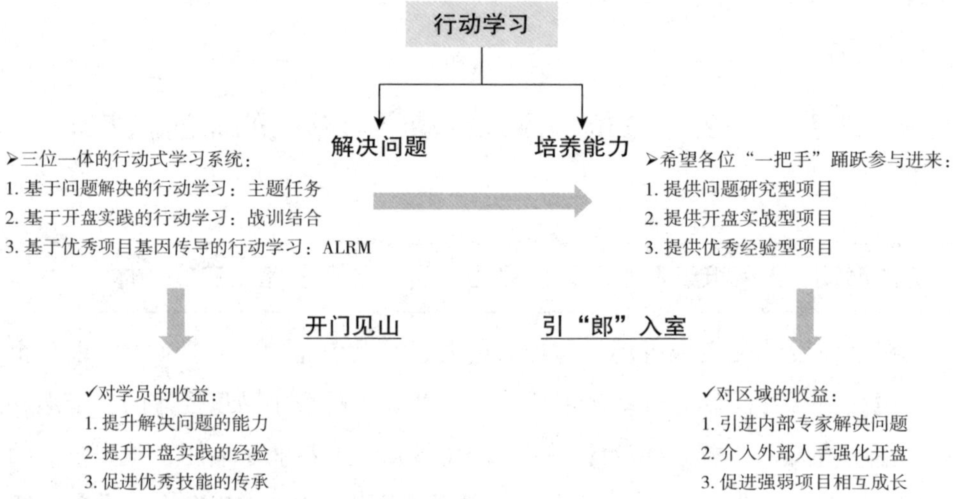

图 12-2　原创三位一体式行动学习系统

这套系统对行动学习的应用端进行了一系列创新，主要体现在以下方面。

第一是行动学习的目的。我认为行动学习是“解决问题”和“培养能力”并重的，对业务线来讲，项目最重要的价值是解决问题，而对学员来讲，其最重要的作用是培养能力。如果只强调学习本身，那么对业务线而言“无利可图”；如果只强调解决问题，那么对学员而言，则感觉针对性不强。同时，越接近真实的学习，越能提升能力，学员在通过调研、讨论、实操去解决问题的过程中，本身就提升了能力。因此，我们不必过于强调行动学习到底是能力培养还是问题解决，“一体两翼”最好。

第二是行动学习的三种形式，即“三位一体”。第一种形式是基于问题解决的行动学习，是相对传统的行动学习，华润集团做得比较多的就是这种形式。我将之称为"主题作业"，即通过背景导入、主题研讨、现场实践、专题汇报等形式完成的行动学习，以理论学习与实践作业两种形式展开，在国内大量企业中应用得也很广，但需要注意"形式、专业、时间、效果"这四个问题。第二种是基于业务管理实践的行动学习，我把它叫作"战训结合"。这也是我最推崇的一种模式，通过"战训"的方式，让新入职的或预备晋升的"第二梯队"管理人员通过实践快速成长为"第一梯队"，在人才梯队角度有极强的实践意义。但需要注意对项目关键操盘时间的理解、实践过程的设计以及"第二梯队"管理人员在实践期的职责划分。第三种是基于优秀项目基因传导的行动学习，我把它叫作"ALRM"，全称为"Action Learning Roadmap"，即实战行动式学习地图。它的特点是巧妙利用了组织内的优势资源，促进不同项目之间的强弱帮扶，同时像运营旅行社那样去运营培训项目，更体现了HR"密联业务"的培训设计思路，"理论、参访、复盘、提升"一气呵成。但需要注意对公司各项目优劣势的深刻理解，以及学员参访和复盘过程中的有效安排。关于这三种设计形式的具体思路，会在本章接下来的第2、3、4节进行庖丁解牛式的分析。

表 12-1 三种学习形式的特点和注意事项

主要形式	主要特点	注意事项
主题作业	通过背景导入、主题研讨、现场实践、专题汇报等形式完成的行动学习	形式、专业、时间、效果
战训结合	通过"战训"，快速让新入职或预备晋升的"第二梯队"管理人员通过实践快速成长为"第一梯队"	对操盘时间的理解、实践设计及"第二梯队"管理人员在实践期的职责划分
ALRM	巧妙利用了组织内的优势资源，像运营旅行社那样去运营培训项目	对公司各项目优劣势的深刻理解，以及学员参访和复盘过程中的有效安排

第三是需要业务线管理者提供的课题。行动学习既然是基于业务的一种学习方式，那么自然少不了业务管理者的参与，他们对于课题、评审、落地等环节起着至关重要的作用。而在三位一体行动学习系统中，对于主题作业型的行动学习，业务管理者需要提供问题研究型项目，如××区域竞争策

略、×× 产品价格优化策略、×× 客户深耕策略等，策略一定要真实可行；对于战训结合型的行动学习，业务管理者需要提供运营实践型的项目，且正在运营过程中，尚未成功或失败，新项目最好，如房地产的开盘实战、零售的新店筹备、海外市场开拓等，在“第一梯队”（原班人马）存在的情况下，学员作为参与项目的“第二梯队”存在，只允许参与实践，不允许提建议、做决策；对于 ALRM 型的行动学习项目，业务管理者需要提供优秀实践经验型的项目，即该项目已经获得了运营上的成功，值得其他项目学员学习、复盘推广，也可以考虑失败项目，学员可以研讨其失败原因，反思自身项目运营的思路。

表 12-2　三种学习形式所需要的课题

主题形式	需求课题	项目举例
主题作业	问题研究型项目	×× 区域竞争策略、×× 产品价格优化策略、×× 客户深耕策略等
战训结合	运营实践型项目	如房地产的开盘实战、零售的新店筹备、海外市场开拓等
ALRM	优秀实践经验型项目	成功经验项目、失败教训项目

第四是学员及业务单元的收益。对学员来说，是“开门见山”：打开门，见到问题的挑战和优秀的管理经验。参与主题任务、战训结合、ALRM 三类行动学习项目，提升了他们解决问题的能力，丰富了他们项目运营的经验，也让他们学到了优秀技能。对于提供课题的业务线来说，是“引‘郎’入室”：通过课题的提供，引进了外部优秀的人才进入本项目。这种方式，既是教学相长，也是互联网环境下的一种“众筹学习”。所谓“无利不起早”，设计任何学习项目，都要兼顾学员和业务线的双向收益，不能或减少做“纯福利”型的学习，要让业务的收益也体现在前端，这样才能充分调动起业务管理者参与的热情。在碧桂园实施这三类项目的时候，我在中心高管会上专门对各业务线一把手说：实施行动学习的项目，并不只是为了让学员学习，我们的重点是通过一种学习的形式，来帮助大家解决业务当中的痛点，帮大家节约精力，使用公司内的“外脑”来解决自己的问题，同时，也让参与问题解决的学员能更好地反哺自己本身的项目，实现教学相长。

表 12-3 三种学习形式的收益

主题形式	学员收益（开门见山）	业务线收益（引“郎”入室）
主题作业	解决问题的能力	内部专家解决问题
战训结合	项目运营的经验	介入外部人手强化开盘
ALRM	优秀技能的学习	促进强弱项目相互成长

第 2 节 主题作业：基于项目问题解决的行动式学习

关键词：小微主题式、学习框架、学习分工、前中后控制

- **小微主题式的行动学习**

主题作业式的行动学习，就是以常规的“背景导入、主题研讨、现场实践、专题汇报”等形式为基础的行动学习方式。为了避免出现前面提到的“形式、专业、时间、效果”的问题，通常设计操作的过程也就是一周左右（7—10 天），以某一个聚焦式的项目问题为主，如 ×× 项目产品推广策略、×× 产品关键工艺改良、“×× 客户维稳计划”等，一般一个主题解决一个具体问题，而不针对大而全的公司级战略问题、大型变革问题，可以称之“小微主题式的行动学习”。这样的操作消耗资源比较少，而且由提出主题的业务线管理者和企业大学、培训管理者联动就可以操作，主要的人员、项目都从所在的业务区域“就地取材”，即便要操作战略类的问题，也最好是区域级、项目级的地方战略，而不是公司级的大型战略；一般情况，大型战略问题可用“咨询公司 + 内部学员”混编的方式去解决，因为公司级战略问题，从上到下面临很多问题，是个系统问题，而且需要相当专业的人员花相当长的时间，对行业趋势、市场、客户情况，以及对老板战略的预判角度进行全方位分析，同时需要推动公司大面积部门参与才可能有所成效，并不是一个培训管理者单枪匹马、说做就能做的。在操作行动学习的时候，与其老是看一些大而全的问题，如战略、文化、系统变革等，还不如把焦点先放在各业务单元急需解决的具体问题上，“解决一个问题、应用一套打法”，这样反而更容易获得具体业务单元的支持，同时由于项目不是那么大，只需要一些业务单元“一把手”（如区域总、大区总）支持就能比较容易地落到实处，反而更容易凸显价值。

- **学习框架**

根据主题作业式行动学习的逻辑，在整合了华润集团、万达集团、碧桂园的很多操作实践之后，框架设计如下：

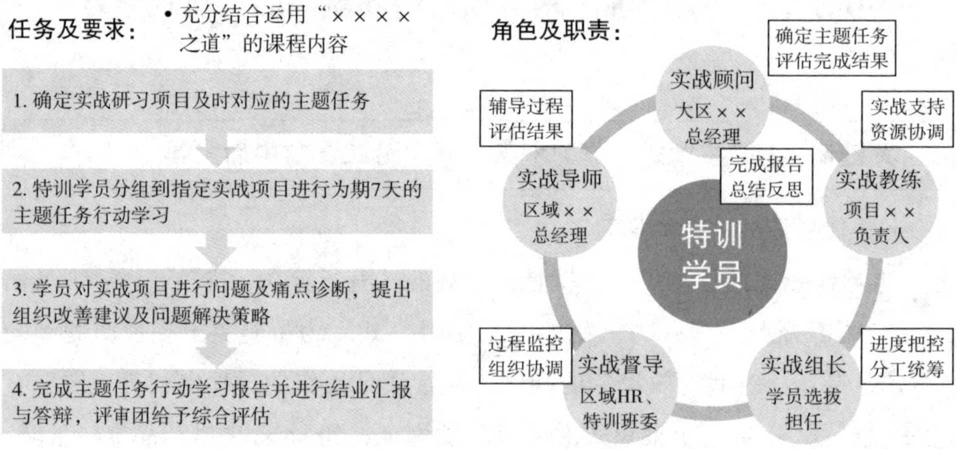

图 12-3　主题作业式行动学习框架及角色（样例）

在这个框架里面，主要任务都来自业务一线的具体问题（市场、工艺、流程、客户等），行动时间在 7 天左右；角色方面，大家能够直观地看到，主要都来自业务一线，如大区总经理、区域总经理、项目负责人、企业大学、区域 HR 等，这样对于培训管理者而言，沟通成本也不大，只要征得大区总同意，获得其他人的同意也就不是问题了。大家应该还记得在第一章里提到的“管理者承诺”的话题，它的应用是无处不在的。最后的评审团，也是来自业务一线，甚至评审的时候，可以集中在总部，也可以直接在业务一线，这样业务线管理者“足不出户”就能协同企业大学或培训管理者完成行动学习。

- **学习分工**

那么，从工作流的角度，我们如何看待这样工作与角色的匹配呢？我做了一个梳理，用下面这个表格呈现出来，便于大家理解。

表 12–4　主题作业式行动学习分工表（样例）

关键工作	工作内容	实施	分　工
1. 实战项目工作前期对接	铺排工作安排，明确分工和工作对接人	×× 学院	1. 主持设计主题任务方案 2. 给予实战期间必要的资源支持
2. 主题任务确定	确定实战项目及对应主题任务 划分各学习团队并告知主题任务	×× 学院	1. 布置任务，明确要求和标准 2. ×× 学院组织安排培训
3. 学习团队制订及落实计划	学员到位项目，制订计划并落地开展	各学习团队	与实战导师（实战项目所有区域总经理）共同铺排工作计划，落实实战期间主题任务的行动学习
4. 过程管理	随时把控任务进展，了解和反馈学员出勤状况、表现状况、需求建议和观察评估	实战项目及区域 ×× 学院	1. 区域 HR 依据计划铺排，即时了解出勤表现、需求建议和观察评估 2. 实战项目所在区域总经理作为导师指导学员铺排工作计划，并评价 3. ×× 学院汇总反馈信息，总体管理
5. 结果评估	结业答辩，由业务管理团队、学员导师、各职能板块的专家联合组成主题任务评审团开展评估和评分	业务管理团队 ×× 学院	1. ×× 学院组织开展毕业答辩 2. 评审团对学习成果评估和评分 3. 各任务成果反馈项目及所在区域

上表是从整体工作流与角色匹配的角度来看待主题任务的（侧重于分工），那么从一个具体的主题任务来说，它的大概过程是什么呢？接下来我举一个实际操作过的主题任务为例，跟大家分析五个关键的工作节点（侧重于单项目操作过程）。

表 12–5　主题作业式行动学习操作表（样例）

工作节点	实施时间	工作安排	产出成果	备注
1. 报到	× 月 24 日	团队学习学员抵达各自实战项目报到	/	/

续表

工作节点	实施时间	工作安排	产出成果	备注
2. 沟通对接会	× 月 24 日	区域总经理、区域 HR、项目第一负责人与学习小组对接任务安排，学员根据关键任务拟定工作安排和计划，并与导师确认	工作计划表	请实战项目协助安排学员在项目的食宿，费用由学员自行承担
3. 阶段汇报	× 月 24—30 日	学员按照工作计划开展并完成相应的产出结果（工作计划中产出成果需写明）	阶段汇报	参照附件表格
4. 学习反馈	关键任务期间每日晚九点	每位学员汇报学习经历、总结、收获和启发	实战交流	于班级微信群，纳入学员表现评估
5. 结业答辩	× 月 31 日上午	各学习团队按照组别进行结业答辩，由人力资源部汇总交评审团评估和评分	学员学习成果	需提交答辩 PPT 和论文，答辩 20 分钟 / 组

从上面大家能看出来，在操作一个主题作业的时候，要经历“报到、沟通对接会、阶段汇报、学习反馈、结业答辩”五个关键节点，大概耗时一周左右，其间有和导师见面、微信群沟通、现场评估和评审团评估等细节工作，如果要问什么最重要，简单来说，沟通最重要。任何跨部门、跨业务区域的学习活动，首先需要的是作为企业大学或 HR 的良好的沟通能力，如何让业务管理者看到价值、愿意参与，如何减少当地 HR 不必要的工作，如何沟通使当地的辅导导师工作简化，如何让学员清楚实战步骤，这些都是考验沟通能力的。培训管理者最大的工作逻辑应该是：复杂的问题简单化，简单的问题流程化，流程的问题客户化，而这个客户，就是我们内部的业务学员和业务管理者。

- **前中后控制**

接下来再回归到培训管理的功能，从培训管理者角度来看如何有效地全盘把控一个主题作业。大家试想，一旦主题作业式行动学习开始运作，那么各个主题作业就在不同的项目进入实战状态，而后台的 HR 或培训管理人员人数较少，难道全部都扑到业务一线去跟进？显然不现实，而且很多企业大学在运作行动学习的同时还有很多其他项目需要交付，因此绝对不可以“小题大做”。但是这个“题”又很关键，必须要有管控，不然很容易在各个战场乱成一团。那么，如何有效管控主题作业实施的前、中、后期呢？我将相关工作实践经验做成三张简单的表格：《前端控制：任务计划书模板》《中端控制：进程控制表》《后端控制：主题作业评价表》，便于大家理解从后台管控主题作业项目的思路。

表 12-6　前端控制：任务计划书模板

<table>
<tr><td colspan="4">实战项目：</td><td colspan="3"></td></tr>
<tr><td colspan="4">实战时间：</td><td colspan="3"></td></tr>
<tr><td colspan="4">小组名称、组长、组员</td><td colspan="3"></td></tr>
<tr><td>序号</td><td>关键动作</td><td>关键节点（里程碑）</td><td>工作方式</td><td>计划完成时间</td><td>节点负责人</td><td>成果产出</td></tr>
<tr><td>1</td><td></td><td></td><td></td><td></td><td></td><td></td></tr>
<tr><td>2</td><td></td><td></td><td></td><td></td><td></td><td></td></tr>
<tr><td>N</td><td></td><td></td><td></td><td></td><td></td><td></td></tr>
<tr><td colspan="7">成员签名：</td></tr>
</table>

在上表里，我们能看到一个逻辑清晰的任务计划书，里面包含 5 个基本要素：项目、时间、人员、节点、承诺。在主题作业启动的时候，每个小组需要通过对主题任务的理解来填写这份表单，使主题任务分解到各个节点，并且签名承诺。该任务计划书也会变成主题任务执行过程中学员、管理方（企业大学、业务一线）协同工作的节点判断。

表 12-7　中端控制：进程控制表

<table>
<tr><td rowspan="3">序号</td><td rowspan="3">主题内容</td><td rowspan="3">组长</td><td rowspan="3">组员</td><td rowspan="3">导师</td><td colspan="4">进展阶段（红绿灯，绿灯为已完成）</td></tr>
<tr><td colspan="2">节点 1</td><td colspan="2">节点 N</td></tr>
<tr><td>计划</td><td>实际</td><td>计划</td><td>实际</td></tr>
<tr><td>主题 1</td><td></td><td></td><td></td><td></td><td>× 月 1 日</td><td>× 月 6 日（亮红灯）</td><td>× 月 20 日</td><td>× 月 18 日（亮绿灯）</td></tr>
<tr><td>主题 2</td><td></td><td></td><td></td><td></td><td></td><td></td><td></td><td></td></tr>
<tr><td>主题 N</td><td></td><td></td><td></td><td></td><td></td><td></td><td></td><td></td></tr>
</table>

上表的结构更为简单，但“总控”的意味却很明显。它主要解决的问题是，在各个主题任务开动的时候，作为一个后台管理者，如何管控各个项目的进展。除了和当地的 HR、项目组的组长随时保持联络外，有一张“一览全局”的总控表是很重要的。管控主题任务的后台管理人员，根据各个主题任务的关键节点提前和项目组长、当地 HR（或指定的对接人）进行沟通，然后将了解到的对应主题的节点完成情况填写入这张表单，作为过程管控的依据，也同时作为结束后打分的依据。每个节点都有计划，如果实际完成时间在计划内，那么就是绿灯；如果超出计划时间，那么就是红灯，这时需要后台管理者和项目组长对接，了解是否需要支持和调整，避免整体主题执行失败。“红绿灯”是总体管控节点的一个有效创新，一目了然，便于理解。

表 12-8　后端控制：主题作业评价表

实战项目：	
实战时间：	
小组名称、组长、组员	
A. 关键任务完成结果自评（学习团队组长填写）	
1. 是否按期完成	□是　□否（申请延期后完成）
2. 输出成果	
3. 成果的价值描述	
4. 待改进及优化部分	
5. 组长对组员打分（A—D）	
B. 评审团评审结果（由评审团填写）	
1. 完成质量排名：	
2. 汇报质量排名：	
修改完善意见及点评（是否建议应用）：	
组长签名：	班主任签名：

上表用于任务结束时的质量评价，分为学习团队自评和评审团评价两部分。由出题方（即主题任务的提出者，如“×× 工艺改良方案”是某区域总经理提出来的）、执行任务所在的项目负责人、企业大学管理者、HR 代表联

合组成评审团（当然，也欢迎相关业务管理者自愿加入），在学习团队自评的基础上，对整个项目进行评价，同时对多个主题作业完成情况进行质量排名并提出应用或整改建议。在团队自评里，组长要对组员打分，以确保组员在行动学习过程中配合组长工作。在现场汇报的时候，学习团队可以根据培训管理者提供的文档模板总结项目实施的心得、价值，这份文档如果被评价为优秀，还可以通过案例课程、在线课程、项目小组直播等形式，推广给更多的业务学员学习。

第 3 节　战训结合：基于业务管理实践的行动式学习

关键词：沙盘模拟、“第二梯队”、及时复盘

“战训结合”就是“理论联系实际”。在碧桂园的时候，我们面临了营销条线组织快速裂变，营销项目总供给不足的问题，为了加强组织的造血，需要一种比培训上课更加快捷的方式，让学员尽快掌握一线项目的营销打法。经过内部大量的讨论，我们决定每季度选取一批待开盘的项目，将新入职的项目总直接按照待开盘一周左右时间倒推，安排到待开盘项目做“第二梯队”，用“以战训战”的方式来培养人才。下面我以碧桂园的案例为例，给大家谈一谈“战训结合”式行动学习的操作思路。首先，当时面临的背景和项目框架思路如下：

表 12-9　战训结合项目背景及框架（样例）

1. 为什么——关于背景的分析	
管理人员剧增	新管理人员需求预计超 ××× 人，新入职按 50% 预计逾 ××× 人，每季度约 ××× 人
文化稀释问题	随着新入职管理人员的大批加入，管理文化逐步被稀释
学习经验、避免犯错	新入职管理部要快速了解企业的经典打法、相应的业务案例

续表

2. 怎么做——关于工作框架的分析				
动作	立项	运营	成果	所需资源
动作 1	分析确定培训需求：学院与人力部共同分析全年新入职管理人员人数分布	培训班的组织：按照战训结合的设计思路，为期一周左右	培训评估、入职情况反馈	总经理层级担任培训讲师
动作 2	讨论确定全年战训项目交付日程	组织：每季度 1 期，开盘前一周 实训基地：选取有代表性的项目	学习班刊、开盘案例整理	站点交流支持
动作 3	结合当期新项目开盘计划，初步确定开盘实战特训时间安排	定期对学员进行跟踪管理，并全年组织 4 期营销经理人沙龙	转正考核评价	/
时间	× 月 × 日前	每季度一期	/	/

以这样的思路，就需要选取当期待开盘的项目作为实训基地，每季度由学院同时对接不同的区域，了解各区域项目的开盘时间，然后汇总成《待开盘项目汇总表》，向各区域发放“英雄帖”，告知各区域负责人，可以安排本区域当季度新入职的项目总来成熟区域待开盘的项目进行战训，以快速了解公司项目开盘的打法。学员报名结束后，在开盘前一周会被带到项目现场进行为期一周的“战训结合”。

那么，单期“战训结合”项目又是如何操作的呢？接下来给大家展示一下单期“战训结合”操作过程的基本情况。

表 12–10　战训结合项目操作表格（样例）

日期	实战项	辅导人	形式	内容
第 1 天	1. 项目操盘分享会	××	说明会	如何融入 ××；如何理解老板思路、如何提升业绩
第 2 天	2. 特训目标说明	××	讲解学习	学习操盘打法、企业文化、团队管理三个维度

续表

日期	实战项	辅导人	形式	内容
第 2 天	3.×× 项目概况学习	××	讲解学习	项目的定位、区位、配套、户型以及市场基本状况
第 3 天	4. 市场与竞争产品调研	××	实地研讨	项目所在市场的实际位置，了解竞争产品的实际情况
	5.×× 的推广与拓客	××	团队研讨	了解项目的推广手法与拓展方式，解决各自操盘疑问
第 4 天	6. 渠道以及拓客管理	××	实战学习	渠道管理以及拓客管理，日常工作的“瓶颈”问题
	7. 开盘流程研讨	××	讲解学习	学习开盘设计的全流程，重点解决开盘的难点问题
第 5 天	8. 筹备岗位实战	××	实战学习	开盘相关板块的筹备工作，与一线员工交流开盘反馈
第 6 天	9. 动员与流程演练	××	参与演练	了解开盘动员大会模式，参与部分组别流程演练
第 7 天	10. 全流程学习	××	实战学习	参与开盘全流程，实地掌握 ×× 的开盘模式
第 8 天	11. 项目总结研讨	××	研讨	立体复盘，总结研讨、提交学习报告以及改善建议

需要说明的是，派去的学员在现场的身份是“第二梯队”，他们只能以学员的身份参与会议、研讨、开盘准备等过程，但不能替代老员工的工作，老员工永远是“第一梯队”。而当他们学习结束之后，会进行复盘总结，并向派出单位的区域负责人汇报，然后带着经验到自己的新项目任职。这样，在他任职之前，就已经积累了足够的项目开盘经验，“开盘”是房地产营销过程中的关键运营动作，通过战训方式快速学习到开盘经验，并快速对新项目形成反哺，减少因不熟悉打法而出现的失误。培训的目的就是学习经验、避免犯错。因此，复制优秀的经验，既可以避免组织重复发明，减少犯错的概率，又可以减少企业的成本。这就是战训非常有意义的地方。

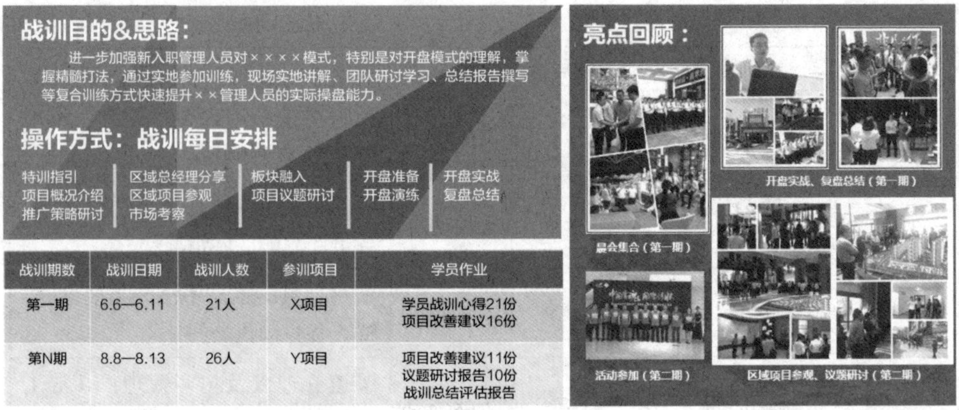

图 12–4 战训结合项目实施案例

不仅仅是上文所说的碧桂园，其他企业也存在这种运营的关键动作，需要快速让新人或刚晋升的员工、管理者掌握，这样的动作、场景，我们都可以用“战训结合”的方式来操作，时间长短不一。例如，零售行业的新店筹备、银行业的新支行开业、手机终端卖场的筹备开业、生产型企业的商品盘点、海外新区域的开拓等，这些需要实践才能快速习得的系统性技能，通过选择实训基地的战训方式，让学员在实践中边实践学习边总结，可以使他们用最快的速度学习并成长。战训的方式和一般的“人才支援”“轮岗实践”有着明显的区别：

1. 战训学员只能是“第二梯队”，不能是“第一梯队”。“战训”的本意是“通过自己公司的真实项目来培养人才”，自己公司的项目就是学习过程中的“沙盘”。如果让新人或新晋升者直接拿新项目做演练，那么一旦项目失败，后果是很严重的。这就像战场上用一群新兵去和敌人的特种部队搏杀，无异于以卵击石。同时带给公司的损失也是培训部门难以弥补的。所以，“第二梯队”必须老老实实学习，千万不要插手“第一梯队”的工作，他们的任务就是去现场学习，然后反哺给自己的项目，不是去给别的项目干活，和人才的调用有本质的区别。

2. 战训时间要短，集中在某一个关键业务动作即将发生的阶段即可。千万不要一个战训搞半年，那叫轮岗不叫战训。战训的目的，就是直接到关键的地方快速学习，所以“进入部队、快速战斗、及时复盘”是非常重要的，切不可拖泥带水。上面举了房地产行业的例子，实际上一个房地产项目从拿地、规划、建造到营销、开盘需要相当长的时间，如果只需要快速打造“开盘能力”这个关键动作，那么就直接在开盘前期准备战训就好。其他阶段如果需要学习，本项目的老员工、HR 都可以安排，不要过早“杀”过去，毕竟学员的主战场不在那里，那里只是给学员以实战灵感的地方。

第 4 节　ALRM：实战式行动学习地图

关键词：“旅游路线”、经营意识

读万卷书不如行万里路。一到假期，经常会有很多人跟着旅游团到处游玩，既娱乐身心，又增长见闻。那么企业大学是不是也能从旅行社的项目运作中得到一些启发呢？

如果学员就是游客，而企业大学的项目就是旅游景点，那么不同的项目有不同的优势，是不是可以合成一条“优势学习”的线路呢？而且除了常说的向外参访交流、向优秀企业学习，那当自己的企业变大之后，内部有不同的区域、项目和产品线，是不是也可以相互交流呢？如果项目正好分布在全国各地，那么是不是就可以规划出一条学习型的“旅游路线”呢？

带着这个想法，我们做了如下的思考：

××学院 ALRM 地图设计思路

为提升内部学习针对性及业务能力点的完备性，××学院开展“向优秀项目学习（升级版）”——ALRM 实战行动学习地图。

设计思路：像运营旅行团那样运营培训项目，不同“能力点”组合学习，建立业务能力实战行动地图。

参训学员：整体面向区域或项目××负责人，学员与学习对象“能力点”匹配。

运营模式：

1. 由相应职能部门依据“能力点”推荐优秀项目；

2. 同时建议对应能力较弱的区域或项目负责人作为参训学员，针对性加强其能力点；

3. 线上线下多种学习形式组合，完成完整的“能力点”学习链。

然后，安排对接不同区域的同事，与区域的业务线详细交流，结合业务管理的关键能力，将“能力”与“公司项目优势”匹配，即构成了一条“ALRM 行动学习地图线路”。

优势能力链	科学定位	产品定位	客户拓展	市场推广	环境体验	费用管控	销售运营
首期学习计划	A区域 1号项目	B区域 2号项目	C区域 3号项目	D区域 4号项目	E区域 5号项目	F区域 6号项目	G区域 7号项目

图 12-5　× × 学院 ALRM 行动学习地图线路（样例）

在这个价值链里，大家能看到，需要了解不同区域、项目的优势，将优势能力点抽出，构成一条“旅游线路”，当有新员工或管理者入职的时候、当现存员工希望提升自己某方面能力的时候，我们就可以让他在“旅游线路”里选择关键能力，然后根据能力所匹配的公司项目，安排一条“学习路线”，定期开班、发布公告、组团参加，让学院像运营旅行社那样运营培训项目。

图 12-6　× × 学院 ALRM 现场学习剪影

学员去到不同的业务线现场学习之后，我们需要进行工作复盘，做好后续评估，并及时推动优秀案例的延伸学习，确保学员的学习能够对本项目有所启发。以下为学习的后续评估表样例，供大家参考。

表 12–11 ALRM 行动学习后续评估表（复盘）

区域：	项目：
姓名：	职务：
所学项目亮点	
自身项目如何改善	
需要支持的事项	
其他建议或意见	

学员去到现场，可以参观、交流，并且和当地的管理人员座谈、答疑，还可以自发组织“旅游团”内的研讨会，我们帮助学员整理出 Q&A 手册以及复盘材料，推送到学习群、在线学习平台，给更多的人学习。同时，参与“旅游”的人群，都要回到本项目做转训，他们会将所学、所感交流给本项目的同事们，带来新一轮学习的转化。

图 12–7 ALRM 行动学习项目宣传实践（样例）

就像旅行社需要宣传旅游线路一样，为了使 ALRM 获得更多的关注，我们尝试了很多内部宣传的方式方法，包括企业号、公众号、视频录制、Q&A 手册、“案例 60 秒”等。这也是一种基于商业运营在培训运营端的思考。培训也是一门生意，虽然我们是内部的培训管理人员、是 HR 管理人员，但经营意识必不可少，客户在哪里，宣传就在哪里；而如何宣传，用一句广告词来说：别看广告，看疗效。

第十三章

创新不止步：五大紧贴业务的企业人才培养工具

前面我们聊了很多关于人才培养、培训建设的工具和方法，在本章，我将更进一步结合工作实践中“互联网+”式的创新思路，以及以“有用”为焦点的培训观点，跟大家分享经过实践验证的五大紧贴业务的企业人才培养工具。

表 13-1　五大紧贴业务的人才培养工具

五大工具	属性	特　点
1. 动态问题挖掘工具：雷达侦测	雷（快如雷电）	随时立项，快速协助业务问题解决
2. 客户化运营工具：前台打分	火（风风火火）	业务单元、培训管理者互换评价
3. 能量开发工具：“雁过拔毛”	风（风卷残云）	让组织高效掠夺人才智慧
4. 资源供给工具：产品说明书	水（贴心细致）	培训项目及工具的客户化速递
5. “空降兵”工具：生存宝典	地（人才软着陆）	有效降低“空降兵”阵亡率

第 1 节　动态问题挖掘工具——雷达侦测

■属性：雷（快如雷电）

■特点：随时立项，快速协助业务问题解决

我现在听得最多的一句话就是培训无用。

我有一位朋友，他长期从事服装外贸生意，辛苦打拼了七年，个人资产千万，员工上百人。但是，由于互联网电商的冲击，他的生意一落千丈。

于是，我问他：“如果现在有个咨询公司的讲师跟你说‘来，哥们儿，我帮你们做场培训吧，保证能提升业绩’，你会怎么回答？”我这哥们儿回了句：“没兴趣，我都没钱，你还想来分钱？”由此可以看出，老板每天想得最多的就是业务、客户从哪里来、产品怎样才能保持品质以及怎样在赚钱的同时不让钱无端地溜出去，如此这般。15 年来，我接触的多数业务管理者、公司副总裁，无论他们是在央企、外企还是民营企业，不外如是。

2010 年前后，移动互联网席卷了所有行业，业务嗅觉灵敏的创业者开发了大量的互联网服务、科技和金融公司。而直到智能手机、微信（人际 APP）等互联网软硬件的兴起，部分培训从业者才开始借助互联网进行培训的设计、实施等。

以前，依赖互联网做 E–Learning、提供学习内容的时代，我们称为“互联网 +”式培训；现在，培训设计的“痛点、引爆点”“众筹、圈层、跨界思维”，这些都在朝着“互联网 +”式培训迈进。但是，万变不离其宗，“互联网 +”只是个壳，培训“有用”的本质未变。培训的任何创新必须来源并服务于战略和业务，我将这一思路总结为三句话：客户化运营，专业化生存，项目化运作。

互联网时代，企业有一种运营策略，即“大胆设想、小心求证、快速迭代”，这代表大部分企业主面临的状态。市场瞬息万变，以前强调制定 3—5 年的企业战略，现在可能缩短到 1—2 年，下一步甚至会缩短到半年，为什么？因为市场是个变量，它的参与者有很多不按常理出牌，“超限战”这样的竞争方式随处可见。

按照我的实践经验，5 年前或更早的培训计划都比较“重”，动辄多少天，多少个模块，冠以“× × 集训营”“× × 发展项目”等。这些是有存在的必要，因为很多人才培养的项目，的确需要一定的时间来实现能力的变化（学习、实践、评估对比等）。但近些年，随着互联网思维在各行各业的融合，“重型”学习越来越少，长时间、大投入量的培训项目只能用于关键人才，其他的都应以“轻型”培训为主，即随时发现业务问题，随时立项解决。

在实施静态培训需求管理（即传统年度培训计划、框架）的同时，按周期进行一些即时、快速应对、解决随发性业务问题的培训项目（动态培训管理），将会实现培训需求管理的“动静结合”。而动态的计划，就是“雷达侦测”。

所谓“雷达侦测”，其实是一种动态培训问题挖掘及实施工具。它的特点为：通过有效的业务痛点侦测手段（渠道），推动培训从业者快速发现、研讨业务需求，再从培训角度进行有效立项。

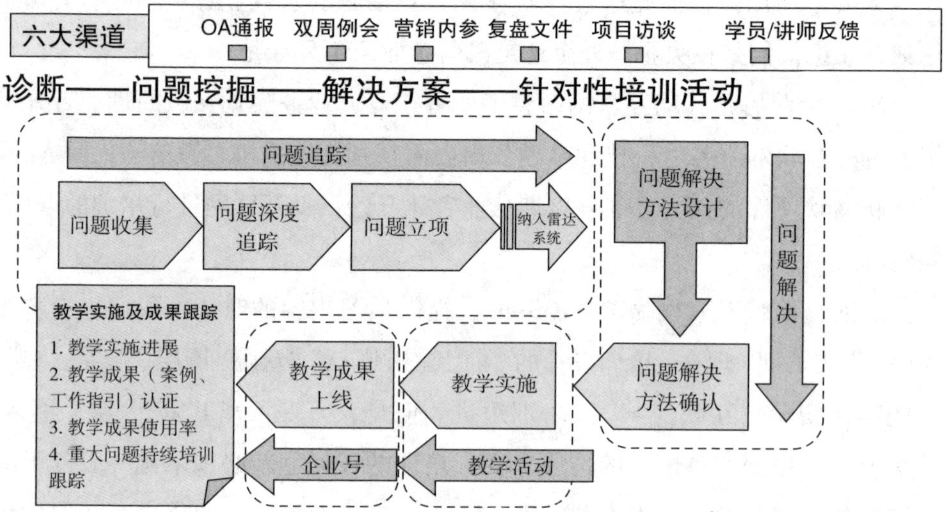

图 13-1 雷达侦测全貌：动态培训需求管理流程

接下来，可以对“雷达侦测”工具进行分解：

诊断（六大渠道）：这一步主要解决“业务痛点从哪里来”的问题。类似医生问诊，他得先了解你的症状发生在什么部位。

有六个可借鉴的痛点来源渠道，包括企业的 OA 平台通报、业务会议、公司内刊、业务复盘的会议或文件、业务一线的交流、培训学员或讲师的反馈。诸如业务部门值得内部学习、推广的做法；避免再次犯错的经验教训；可复制或避免重复发明的工艺流程；因业务变化、竞争对手挑战、组织变革带来的培训需求等问题，都能从以上六个渠道获得，这也是雷达侦测的“消息树”。

问题挖掘：该环节需要关注对问题的理解，这不代表发现问题或痛点就需要马上立项，而应该有所甄别。

凡培训可以参与解决（如人才能力、团队建设、业务认知问题等），则可以考虑进入立项环节；但属于业务改进建议（如优化某工艺流程、调整某项管理动作、完善作战策略等），则需要直接反馈给业务部门，不必专门培训立项。如果在这种业务改进建议的问题上培训立项，那么极有可能“看起来热闹非凡，实际上隔靴搔痒”。

此外，当出现归属不太明确的问题，即不清楚是否该培训立项时，就可以联络业务部门的管理人员或老员工进行讨论、确认。同时，了解业务线的员工怎么看待这个问题，有没有培训参与解决的可能。

解决方案：培训管理团队通过内部讨论，并根据所确认的培训需求，研讨出对应的解决方案。培训解决方案不局限于线下、线上、跨界、师带徒、导师指导、行动学习等，只要有助于问题的解决，都可以"混搭"。

针对性培训活动：此时，基本上快到传统的"培训交付"步骤。我们要考虑培训活动过程当中的一些课程、研讨、Q&A 等设计元素，作为解决方案当中的具体内容。

"雷达侦测"这项工具，每月可使用一次，在不同渠道发现的培训团队各成员的问题，经过上面的步骤后即可进行立项。不过，既然是"立项"，就需要"销项"。

表 13-2 "雷达侦测"销项示例表

类 别	序号	问题标签	信息核心内容	信息来源	计划落实举措	实施进度
当期新立项目	1	业务主题				
往期流入项目	2	团队建设				
已完成项目	3	人才培养				
已完成项目	4	……				
……						

注：1. 雷达获取信息渠道：各级领导讲话、公文通报、营销内参、业务例会、职能例会、各职能部门 / 区域 / 项目访谈、各培训班级学员 / 讲师反馈、客户投诉等。

2. 为使雷达侦测更为有效，可在本表中加入类别颜色，即红色代表当期新立项目，黄色代表往期流入项目，绿色代表已完成项目。

每月初，我都会召集同事开展业务问题立项会，研讨"雷达侦测"发现的问题，然后将其分类、列表，并指派相关学院小组完成。每月末，我会对培训成果梳理一次，填写此表并汇报给领导。

以前大家都说培训要密联业务，怎么联系？光靠静态培训计划远远不够，还需这样的动态结合需求管理，真正把业务单元当作客户，随时发现业务问题、随时立项解决。每月公司领导拿到的立项达成表，比起大多数培训从业者做的年度总结等，更加轻、更加紧贴业务，这才是互联网时代下的客户思维。

如果能够做到这一点，那么就做到了培训需求管理的“动静结合”。更重要的是，在培训密联业务的大路上，你已经开始起步。

第2节　客户化运营工具——前台打分

■属性：火（风风火火）
■特点：业务单元、培训管理者互换评价

互联网时代，无论培训管理者把一场培训设计得多么巧夺天工、精彩绝伦、荡气回肠，培训的吸引力还是要用参与度或者说员工的积极性说话，即到底有多少学员选择来参加培训，或者说不是被组织强迫来参加培训的。同样，培训的效果，也应该是由参与者来说话，由提出培训痛点的人、需求方来评价培训工作的好坏。这样的做法，看起来是把培训工作赤裸裸曝光在阳光下，实际上是对客户的尊重。因此，培训的前、中、后期，实际上就是完整的和客户对接、落实客户需求的过程。作为培训从业者和企业大学“一把手”，我一直以来就是把业务部门当作内部客户、把“一把手”当作内部客户。企业为什么要花钱做企业大学、为什么要雇用做培训的人员，那一定不是希望你天天卖弄专业，在讲台上拼凑出一堆大家都知道的理论，而是要通过培训解决企业问题。因此，我一直奉行一个紧贴业务的培训管理思路，叫作“前台打分”。

前台打分，即是让业务线的管理人员给培训工作打出分数。为了使这个分数足够客观，就需要培训工作者从前端（需求端）就做好和客户的对接，免得闷头干到最后，发现并不是业务部门、“一把手”所期望的。否则就很像明朝时期那个叫作“清谈派”的朝廷帮派，其成员只谈时事，附庸风雅，看似专业，满腹经纶，但不能解决实际问题。

在第五章中，我们提到了和业务部门在培训时的需求调研、交付环节的联动，有了前段的联动为基础，就可以放心地拿出一张《前台打分表》，让业务部门给培训成效打分。结合我在培训绩效考核端的思考，觉得可以将业务客户对我们的“点赞”（即成果的认可）作为一个评价手段，这就跟大家在超市里购物填写的《商品质量调查表》是一个道理。在组织里，如果按一定的频率实现业务单元给培训团队打分，占到50%的绩效分值（前台）；而后台由培训或人力资源部“一把手”为培训团队打分，占到50%的绩效分值（后台）。由此，就实现了培训的前后台打分相结合：后台是从职能专业角度为培训管理打分，而前台则是从业务客户认可的角度为培训管理打分，充分体现了培训项目运营后端的“密联业务”。

下面以企业内的实践表单为样例来呈现“前台打分”机制。

表13-3　前台打分表——五大沟通渠道密联业务（样例）

沟通渠道	责任人	沟通频次	拿到的成果
业务总经理	院长	每月至少一次	上阶段培训工作评价打分（百分制） 下阶段培训中心工作需求
业务培训对接人	各培训组组长、院长	每月至少一次（院长抽查）	培训工作改善点 培训工作进一步配合落地思路
分部总经理	各培训组组长、院长	每月至少一次（院长抽查）	区域培训工作配合及成果
分部培训对接人	各培训组组长、组员	日常对接，不限次数	培训工作改善点 培训工作进一步配合落地思路
业务讲师、学员	各培训组	每月和当月授课老师、学员沟通（院长抽查）	授课需求、安排和课程优化 授课效果及进一步需求

第五章里也曾提到过“沟通层级对等”这一要素，同样的，《前台打分表》里的责任人也是有对应的沟通层级的。而培训“一把手”和业务总经理之间每月至少进行一次沟通，以充分确认这个阶段业务客户对培训工作的“点赞”情况。可以用百分制来进行评价，也可以有反馈方式上的创新，但建议越简单越好。这种培训运营方式，从前、中、后三个角度密联了业务，极大地确保了培训解决业务问题的动因、关键动作、结果评估。业务管理者关注的往往是是否解决了问题（结果），而培训专业者关注的往往是用什么技巧解决了问题（过程），这两者的结合是最好的组合。因此培训工作者到底有多“专业”，应该是业务线管理者和培训“一把手”一起说了算，一个从业务角度

给予评价，一个从培训专业本身给予评价。

同时，这个机制还有效地推动了培训团队与业务部门的日常沟通交流，只有既在业务上有效联动，又在情感上成为一体，才能真正地服务好内部客户，做到“密联业务”。

第3节　能量开发工具——“雁过拔毛”

- ■属性：风（风卷残云）
- ■特点：让组织高效掠夺人才智慧

一所企业大学、一个培训中心的价值基础是什么：课程？讲师？师傅？还是领导？实际上，上述四类人或资源都不是。在第一章中，我们提到，培训是作用于人才供应链，进而支撑企业战略落地的。人才在培训中表现为什么？表现为学员。

因此，企业大学的基础是逾千名优秀干部，是他们在一线工作中所积累的知识、能量。企业大学挖掘其精华，加以传播，帮助所有企业员工能够高效、快乐地工作，完成年度任务——这是企业大学要做的核心的事。

企业大学或培训管理者拥有自己的专业技术，如课程开发、案例建设、师带徒、引导技术等，完全可以用一种“雁过拔毛”的思维，来开发几千名干部的能量，能量挖掘出来之后成为企业的管理精华。

“雁过拔毛”，通俗地讲就是：培训实施的过程，就是生产产品的过程。谁来生产产品——参训学员，谁来组织生产——培训管理者。在这个过程当中，我们把每一次的培训都设计为两个方向：

表 13–4　“雁过拔毛”VS“传统学习”的方向

方向	辐射角度	操作思路
正向（传统学习）	培训方——学员方	培训管理者组织培训，安排老师讲课，将知识通过“平台＋内容”传递给学员，变为学员的能力
逆向（“雁过拔毛”）	学员方——培训方	培训管理者在培训过程中，通过一定的流程、方法将学员本身的经验、智慧“掠夺”过来，沉积给企业

以下以我实际操盘“雁过拔毛”这一工具为例，跟大家做一个解读：

表 13–5　某企业大学“雁过拔毛”组织过程

流程	训前：准备产品内容	训中：制作产品内容	训后：提交产品
产品线 A	1. 实践项目开盘	1. 培训地图研讨	1. 学习路径图
产品线 B	2. 项目管理经验分享	2. 项目管理能力指标	2. 项目打法指引
产品线 C	3. 准备生存故事	3. 生存宝典制作	3. 干部生存宝典
产品线 D	4. 草拟微课 PPT	4. 录制专业微课	4. 每人一门微课
产品线 E	5. 预习案例片	5. 案例片拍摄	5. 小组案例片大赛

在上面这个案例当中，培训除了安排一张课程表给学员，让其按照日程安排学习，走一条传统学习的“明线”之外，还可以安排一条“暗线”：让其在学习的同时，按照“训前准备产品”“训中制作产品”“训后提交产品”的逻辑，把所需要的培训产品制作出来。例如，我们想梳理制作一个“项目打法指引”，将优秀、成熟的项目的共性抽取出来，供大家学习，但我们自身又不是做业务的，如何产出呢？此刻，正好有一批项目管理者找上门了，他们要参加中层管理人员集训，一共三天时间，那么，我们就可以借助他们在这三天之内开发出“项目打法指引”。如何操作呢？我们可以在训前给他们一个“经验梳理模板”。

表 13–6　项目管理经验梳理模板

<table>
<tr><td colspan="4">公司项目开发过程中积累了众多成功经验，请以案例形式总结优秀经验。学院将针对各部门提报的优秀案例组织相关人员进行研讨、推广</td></tr>
<tr><td>案例概述</td><td colspan="3"></td></tr>
<tr><td>提出部门</td><td></td><td>提交人</td><td></td></tr>
<tr><td colspan="4">案例背景（时间、地点、涉及人物、关键事件）</td></tr>
<tr><td colspan="4"></td></tr>
<tr><td colspan="4">二、案例描述及图片（说明案例的背景情况，遇到的挑战，采取的具体措施，要求翔实、具体，并附图片说明）</td></tr>
<tr><td colspan="4"></td></tr>
</table>

续表

三、案例分析
四、解决方案及案例最终结果（经集团相关部门研讨认可后，将组织在全国公司项目中进行推广）

参训学员在培训之前将自己的一些项目管理经验以案例的形式进行填写，在培训过程中，安排专门的环节让他们研讨案例、抽取“项目管理能力指标”。除了专门的环节研讨外，晚上或课余时间都可以利用，由各小组组长组织。在第三天培训结束前，各小组将自身的研讨成果汇总，完成“项目打法指引”（指引的模板也由培训管理者提前准备好），作为课堂作业提交。这就是三天学习当中的“暗线”，他们的“明线”——三天的课程还是照旧进行，只不过，在他们学习安排的内容的同时（正向），我们也从他们身上抽取了智慧，形成了一个新的培训产品。金庸笔下慕容复的“以彼之道，还施彼身”，指的就是这个逻辑。

每年我们都有很多的培训班级、培训课程，如果能够前瞻性地、有意识地以“明线＋暗线”的方法，就能够让学员在学习的同时，也能为组织贡献智慧。今后的每一堂课程、每一个人才项目，大家都可以考虑一下“明线”的设计（以正向学习为主），组织将智慧给到学员，再辅以“暗线”的设计，学员将智慧分享到组织。要更多地利用业务线的力量，产出更多的培训产品。

总体而言，“雁过拔毛”就是一种使组织有效地“掠夺”人才智慧的方法，无论你来到公司一天、一个月、一年，只要你来培训，我们就会让你在学习的同时，“掠夺”你的智慧，让你在本公司或其他公司的优秀实践经验留存给组织，让组织像海绵吸水一样越来越强大。组织是一个管控机构，权力是由上至下的，而智慧则是由下至上的。“雁过拔毛”式的培训操作，不仅创造了一种“组织自学习”的氛围，也有效弥补了培训管理者对业务理解的短板。

第4节　资源供给工具——产品说明书

■属性：水（贴心细致）

■特点：培训项目及工具的客户化速递

企业大学的产品说明书，实际上是培训管理者作为产品经理角色的一种体现。作为客户，你去购买任何产品，都会在产品包装内找到一本产品说明书，制造业、快消品、电器等行业的读者们对它应该是很熟悉的。在互联网时代，无论是实体或是虚拟产品都有产品说明书，而后者无非是在纸质版之余，增加了电子版、互动版等。比如，你去买一部iPhone手机，在激活的过程中，其实就是一个产品说明书的描述过程，而Windows10的每一次升级，都会在升级后的界面列出产品的主要特性，这些都属于虚拟的电子说明书。培训产品其实也是一种虚拟产品，作为市场的培训机构，像益策、众行、竞越等机构每年都会有自己的产品说明书，便于客户了解自己发布的项目、课程、师资等，目的是做市场；作为内部人才培养的企业大学，做培训说明书除了有培训的作用之外，还有很重要的内部资源、工具输送的作用。

既然是以客户为本，那么好的培训工作者必须理解内部客户的需求，并且使得客户在使用产品时变得更加专业。很多大型的企业都有分支机构、业态板块、事业部等，作为总部或中心的培训管理者，主要职责应该是制定、支持、监督和指引，而不可能有大量的精力去负责所有业务单位、部门的一切基础培训活动。而业务单位、分子机构里的培训专兼职人员、对接人员其实是日常一线培训落地的执行者，他们也是总部培训管理者的“客户”。他们的专业度，直接决定了培训管理人员对整家公司培训成熟度的管理；在很多公司的“总部—区域—项目”的三级管控之下，让这些培训专业人员、对接人员具备良好的培训操作和执行思路变得更加重要。

国内很多培训机构、企业大学都会有产品说明书这样的内容，不光是乙方机构，甲方企业大学或培训中心也需要为内部客户设计这样的产品手册，帮助大家增进了解、协同工作、提升技能。

以下是我设计的一个企业大学产品说明书的框架，供大家参考。

表 13–7　某企业大学产品说明书框架

结　构	涵盖内容
序 1. 董事长寄语	董事长内部人才培养的期望
序 2. 卷首语	企业大学工作思路、主要内容
一、概述	产品说明书的主要大纲设计
二、培训策划（3 个渠道）	A. 领导关注的问题　B. 部门组织问题　C. 学员个人的问题
三、培训筹备（4 种资源）	A. 课程资源　B. 讲师培养　C. 案例资源 D. 教学工具与方法（课堂工具、研讨工具、拓展工具等）
四、培训实施（3 个平台）	A. 培训项目： 社招新员工、校招新员工、后备干部培养、跨部门合班课、送课上门等
	B. 教学服务
	C. 在线学习平台
五、培训成果（4 种形式）	A. 问题解决方案　B. 制度、指引、规范　C. 知识沉淀成果：案例库、岗位宝典等　D. 企业文化传播：故事、案例片等
六、培训效果评估及改进	A. 培训效果评估　B. 教学复盘改进

一份产品说明书的完成，需要调用整个培训团队的力量，整合大家过往的所有资源、工具、渠道，因此在制作过程中，合理分工是很重要的，以下是我操作一个企业大学产品说明书时对内部小组的一个分工样例。

表 13–8　某企业大学产品说明书框架及工作安排（样例）

板块设置	板块主责	内　容	对应组别
总概述	教学一组	首页卷首语	教学一组
		目录	
		领导寄语	
		学院简介（定位、架构、工作思路等）	
企业文化	教学二组	企业文化（结合“四个一批”）	教学二组
		×× 团队文化	

续表

板块设置	板块主责	内　　容	对应组别
培训项目	教学一组	总部组织的一级培训项目	教学一组
		总部支持区域的培训项目	
		业务精英俱乐部项目	教学三组
		向优秀项目学习项目	教学二组
培训课程	教学一组	管控主题类课程	教学一组
		专业力课程	
		通用力课程	
		业务系列课程	教学三组
认证讲师	教学一组	总部认证讲师	教学一组
		区域认证讲师	
培训工具	教学一组	常用培训工具（“11130教学法”、世界咖啡、四步法、能量集市等）	教学一组
精品案例	教学三组	学院主导总结沉淀的精品案例	教学三组
		培训或会议分享过的区域优秀案例	

以上内容对产品说明书这一工具从框架到操作进行了一个具体的介绍，至于产品说明书本体，由于内容较多，在此不再占用篇幅描述。明白了“作战”方法，大家可各自根据本企业的实际需要进行操作。

第5节　“空降兵”工具——生存宝典

■属性：地（人才软着陆）

■特点：有效降低“空降兵”阵亡率

企业进行人才管理时，总会遇到人才流失的情况，尤其是一些招聘过来的中高管，不仅花了招聘时间成本，有的还涉及更多的猎头费用，之后还涉及人才的看护成本。还有一些辛辛苦苦招聘过来的“人才”，在试用期或很短的时间里因为个人、企业、管理者、任务安排等原因，还没来得及证明其价值就产生了流失，令人极为痛惜，也带来了 HR 招聘、培养的较高成本。我接触的某企业，试用期内中层以上的流失率曾达到了惊人的 46%，给企业在人力、物力、运营管理三方面都带来了巨大的损失。

我们再从业务管理者角度做一个反思，大部分业务管理者很务实，不会为了培训而培训，而是要解决企业业务及人才发展中的关键问题，如何降低新入职干部阵亡率就是关键问题之一。对于大量的企业“空降兵”而言，一个“老江湖”往往死于原来的成功，而一个新人往往死于无知，找到“死亡陷阱”对“空降兵”至关重要。

在这个基础上，我们就有必要思考，是否可以有一个培训工具，帮助“空降兵”找出“死亡陷阱”，探究预防及越过“死亡陷阱”的方法，形成一套“生存宝典”呢？这个宝典，可以利用现有组织内所有的学习、流程、信息资源，以课上、在线、移动学习三线联动，进而降低新干部阵亡率。

经过几家企业大学的实践，我们对此进行了有益的探索。首先，为了完成这套宝典，需要企业内几种角色的“加盟”：

角色 1：企业大学或 HR 培训板块，负责生存宝典课程策划、课程引导、宝典编辑、测评施测；

角色 2：新学员（即“空降兵”本人），新员工学员参与宝典策划研讨，贡献宝典基础内容，接受测评；

角色 3：老员工，贡献宝典框架内案例，参与宝典研讨及测评点评；

角色 4：业务单元领导（中层以上），参与宝典研讨阶段、测评阶段点评，对生存宝典版本提出修改意见，安排并组织学员在线学习、考试。

有了这些角色的加盟，接下来就能组织一次关于如何降低“空降兵”流失率的生存宝典研讨课，这门课程分为三个章节、持续三个小时、提出三项任务，通过讲师使用引导技巧来引导学员完成生存宝典的现场研讨及制作。当然，时间只是个概数，重点是以解决问题为主。以下我以在某企业大学实践的三张工具表，向大家展示一下生存宝典研讨课的结构设计。

表 13–9 生存宝典章节 1（任务起点：找出“死亡陷阱”，1 小时）

<table>
<tr><th>1. 引导：陷阱分类</th><th>2. 释义：涉及内容</th><th colspan="2">3. 问题第一次呈现</th></tr>
<tr><td rowspan="2">内容类（应知应会）</td><td>1. 应知应会的岗位专业内容</td><td colspan="2" rowspan="5">结合在公司的工作经历、培训中的课程、案例舞台剧所感，各组组内讨论“死亡陷阱”，每类讨论出 3 个，并按照对自己的紧急、重要度排出 1、2、3 的顺序，同时填入“重要紧急象限”表格 1 内</td></tr>
<tr><td>2. 公司制度规定的文本内容</td></tr>
<tr><td rowspan="2">观念类
（价值观与追求）</td><td>1. 对事业与公司的观点及处理</td></tr>
<tr><td>2. 对事业与家庭的观点及处理</td></tr>
<tr><td>告知类</td><td>公司的红线、不可触碰的内容</td></tr>
<tr><th colspan="3">4. 引导：获取渠道
（其实，你可以从学院的以下渠道获取避开“死亡陷阱”的技巧）</th><th rowspan="2">5. 问题第一次修正</th></tr>
<tr><th>在线学习</th><th>文化课堂</th><th>专业课堂</th></tr>
<tr><td>在线课程、在线考试案例片、微访谈</td><td>案例舞台剧、管控之道、公司执行力、员工手册、在线学习、文化课堂</td><td>安全防控、商业道德、审计及风控管理类课程</td><td>结合讲师引导的渠道，小组内再次讨论，去掉从渠道中能够轻易获取到解决内容的“陷阱”，重新修正本组答案，每组讨论出 2 个，并按照对自己的紧急、重要度排出 1、2 的顺序，同时填入“重要紧急象限”表格 2 内</td></tr>
</table>

表 13–10 生存宝典章节 2（任务中段：PK“死亡陷阱”，1 小时）

问题第二次呈现	问题第二次修正	能量集市
每组派代表向大家陈述本组讨论的“陷阱”，以及对“陷阱”的重要、紧急性的认知	讲师根据各组呈现的问题，去除掉重复的问题，剩余问题做保留	将每组的 6 个“陷阱”张贴出来，全体学员自发在教室内张贴自己对感兴趣的“陷阱”的看法，每位限张贴 5 个帖子

续表

问题第一次处理	问题第二次处理
选出张贴最多的帖子，当场公布，其他问题放入“收纳柜”。讲师宣读学员的跟帖，由提出问题的小组进行反馈是否解决了问题：如解决，将问题及答案放至“停车场”；如未解决，将问题保留至“集市”内	请老员工代表（2位）对“停车场”内的问题进行点评，如确认解决方案完善，予以通过；如建议进一步深化完善，则将问题从“停车场”重新转移至“集市”内

表 13-11　生存宝典章节 3（任务结尾：找到“问题解决之道”，1 小时）

张榜纳贤	成果呈现	专家点评
由各组组长认领一个问题，由感兴趣的学员自发加入战队（每组 4—6 人），分组深入讨论未完全解决的问题	各组组长带领新战队成员整理讨论成果，将成果编辑成“问题解决之道”（包括：问题分析、解决方案、所需资源等，学院提供模板）	每组出一位代表对“问题解决之道”进行呈现，由老员工代表对“问题解决之道”进行点评，其他学员可以补充
宝典框架 / 内容完善		
首次课程结束后一周内：将确认后的“问题解决之道”编辑在一起，形成电子版的生存宝典框架（案例部分由后续专业班来学院参训学员训前提供，学院编辑）		后续每次课程结束一周内：根据新员工班不断举办、学员反馈，不断完善生存宝典 N.0 版

有了这半天的讨论，我们就能梳理出组织当中的一系列新员工“死亡陷阱”及相应的“问题解决之道”，在课堂中可以将这些“死亡陷阱”归类，按照告知类、研讨类、技巧类分为三类，每类的学习方式不一样，构成了一整套学习模式。每家企业具体的“死亡陷阱”表现形式不一样，以下内容仅供参考。

表 13-12　生存宝典“死亡陷阱”归类（样例）

告知类（内部 OA、流程资料学习）				研讨类（师徒、案例学习）		技巧类（培训学习）	
修改集团既定方案	只顾效率，不顾质量	不注重团队	对安全工作不重视	业绩连续排末尾	无法按时完成指标	没有正确理解公司要求	专业能力

续表

告知类（内部 OA、流程资料学习）				研讨类（师徒、案例学习）		技巧类（培训学习）	
客户严重投诉	生产伤亡	伤害企业名誉形象	拉帮结派	节点红灯	产品质量严重不合格	上下级沟通	管控力
责任感缺失	欺上瞒下，管理风险	不切实际的承诺	违规招标	群体事件	媒体负面影响	对下属管理失控	破坏政府关系
贪污、小金库	严重泄密	诚信	作风问题	–	–	沟通不顺畅	–

第一次课程当中可以产出“死亡陷阱”和对应的“问题解决之道”，构成生存宝典的 1.0 版本，培训管理者可以输出电子版供大家内部学习，建立在线专栏方便学习与研讨，并定期根据“空降兵”入职的情况组织对生存宝典的再研讨，让大家增强意识、降低流失率。因此，生存宝典的制作过程是一个研讨与引导的过程，而输出的是一系列学习成长建议，由培训管理者、业务单元联合组织落实，整体是一个“O2O 式”不断完善的过程。以下是不断完善的后续步骤。

表 13–13　生存宝典课程产出物及持续步骤

课程产出物：1. 生存宝典（电子版）及 N.0 完善版；2. 生存宝典在线学习专栏；3. 生存宝典微信订阅号（每周推送一个案例）	
操作步骤	
宝典框架	（首次课程结束时）将确认后的“问题解决之道”编辑在一起，形成电子版的生存宝典框架
纳入案例	将生存宝典框架版发布，由来学院参训的专业班学员在训前提交生存宝典案例（每人从框架中选一个问题，填入自己的案例）
完善发布	将纳入案例后的生存宝典制作成电子版，进行在线推送学习： 1. 在线系统设置生存宝典专栏 2. 微信平台定期逐一推送，每次推送一个“死亡陷阱”及“问题解决之道” 3. 根据新员工班的学员实时反馈，不断完善生存宝典 N.0 版

最后，为了检验学员的学习成果，还要引入一定的测试评估方式，构成

生存宝典整体的制作、使用、评估、完善的产品闭环。

表 13–14 生存宝典测评方式及操作步骤

<table>
<tr><td colspan="5">测评方式：在学院现有测评、实践反馈活动基础上，增加评价中心技术，使用文本框测试法，由学院各教学部分业态编辑文本框虚拟测试（每教学部出 12 道题目），学员现场压力测评 12 道问题，由老员工进行导师点评</td></tr>
<tr><th rowspan="2">“死亡陷阱”分类</th><th rowspan="2">涉及内容</th><th colspan="3">测评方式</th></tr>
<tr><th>在线学习</th><th>评价中心</th><th>文化活动</th></tr>
<tr><td rowspan="2">内容类（应知应会）</td><td>1. 应知应会的岗位专业内容</td><td>在线考试</td><td>文本框测试</td><td>案例剧</td></tr>
<tr><td>2. 公司制度规定的文本内容</td><td>在线考试</td><td>文本框测试</td><td>案例剧</td></tr>
<tr><td rowspan="2">观念类（价值观与追求）</td><td>1. 对事业与公司的观点及处理</td><td>–</td><td>文本框测试</td><td>巅峰对决</td></tr>
<tr><td>2. 对事业与家庭的观点及处理</td><td>–</td><td>文本框测试</td><td>巅峰对决</td></tr>
<tr><td>告知类</td><td>公司的红线、不可触碰的内容</td><td>在线考试</td><td>文本框测试</td><td>–</td></tr>
</table>

第十四章

未来已来：
面向未来人才培养的思考

第 1 节　管理者承诺：HR 密联业务的五大方式

上文提到过管理者承诺，获取业务管理者承诺通常有两大办法，一个是“上级承诺”，即通过撬动更高一级管理者的影响力，在权力端推动业务管理者介入；另一个是“效果实证”，通过呈现实际参与或未参与后达到的效果（成功或失败的案例），来说服业务管理者介入。

除了上述两个方式，还有如下三种方法：

1. 业务转岗：人力资源定期补充一些从业务线转岗过来的专业人才，这些人才应有志于从事 HR 工作，同时有一定的专业能力和意识，有助于 HR 团队本体加强对特定业务的认知，同时，内部也可以定期采用类似于“业务价值链”学习、培训的方式，进行密联业务的认知强化。当然，反过来说，HR 也可以考虑定期去业务部门轮岗，既有助于了解业务，也有助于在返回 HR 团队后，在关联时刻和业务部门实现人际协同。这也是一种“教学相长”。

2. 条线对接：我尤其建议多业态公司或大型集团公司使用这种方法。人力资源按照业务条线对接工作，包括招聘端，分别对接不同业务单元，通过日常的协同性工作，加强认知并强化彼此的工作理解，从而达成默契。例如，某企业商业地产的总部人力资源就按照商业地产的不同条线，如工程、成本、规划等，进行招聘工作的协同，甚至与业务条线 HRBP 形成一个虚拟工作组，联动工作，从而大大提升业务线招聘的精准度。

3. 难度下降（Level Down）：人力资源需要学会“Level Down”的技巧，在和业务单元对接的时候，主动分解、承担起一部分专业性工作，让业务部门专心发挥其专长。如果希望业务管理者介入人才面试，那么就清晰地告诉他，在面试当中，希望他判断好对方的专业深度以及与他个人在管理风格上的匹配度，关于对方之前工作经历的真伪、职业生涯规划的想法等问题会通过背景调查及 HR 面谈的方式提前帮他确认好。如果希望对方介入一次绩效面谈，就直接告诉他，这次面谈他的重点是根据他的专业判断，以及下属在上一工作阶段与他工作要求的匹配程度进行交流，肯定进步，弥补不足；帮他梳理这次和下属面谈中所有可能涉及的点，并形成表单方便他使用。同时我们也以人力资源的口径到他的下属处打好招呼，做好准备。

类似这样的沟通方式，就是 HR 和专业部门各自发挥专长的一种沟通模式，也即"让专业的人干专业的事"。HR 在和业务部门进行联动性工作之前，应该充分考虑对方的难点，将自己的专业部分首先承担起来，让对方觉得难度上已经"Level Down"了，剩下的就是发挥作为业务部门专业的部分了，这样就极大增强了合作的融洽度。这种对接方式适用于 HR 和业务工作对接的各个环节，如绩效面谈、人才盘点、专业课程开发、企业文化建设等。

表 14–1 HR 与业务部门有效联动的五大方式

方式标签	方式释义	关键能力	时间需求
上级承诺	通过撬动更高一级管理者的影响力，在权力端推动业务管理者介入	考验对更高一级领导的沟通能力	短
效果实证	通过呈现实际参与或未参与后达到的效果（成功或失败的案例），来说服业务管理者介入	案例选取要客观、有说服力	中
业务转岗	HR 与业务部门相互转岗，有助于 HR 团队本体加强对特定业务的认知	转岗要控制好时间，总结复盘	长
条线对接	按照业务条线对接工作，通过日常的协同性工作，加强认知并强化彼此的工作理解	对人员编制有要求，可兼任	长
难度下降	在对接的时候，主动分解、承担起一部分专业性工作，让业务部门专心发挥其专长	区分协同工作中不同的专业项	短

第 2 节　面向未来的八大培训能力

作为培训管理者，我们应该从不断的项目运营过程中通过总结、复盘、评价去有效地提升自己的能力。我以在五家世界五百强运营企业大学的经验，整合成“培训管理者的八大能力”。

表 14–2　培训管理者的八大能力——自我提升依据（样例）

<table>
<tr><th>要求能力点</th><th>能力点描述</th><th>期望值</th><th>自评值</th><th>挑战点（示例）</th></tr>
<tr><td>1. 问题挖掘</td><td>对业态的问题 / 需求（痛点）挖掘，课题分析组织的能力</td><td>9</td><td>7</td><td rowspan="3">A. 通过有效手段精准获取业务需求，并设计成培训方案</td></tr>
<tr><td>2. 方案撰写</td><td>围绕业态问题 / 需求（痛点）进行方案撰写（包括 PPT 制作）</td><td>9</td><td>7</td></tr>
<tr><td>3. 培训组织</td><td>培训交付行政组织、课堂引导及安排工作</td><td>9</td><td>8</td></tr>
<tr><td>4. 课程开发</td><td>通用课程的主力开发，以及对业态专业课程的优化</td><td>9</td><td>8</td><td rowspan="2">B. 微课的制作和使用</td></tr>
<tr><td>5. 课程讲授</td><td>熟练运用教学方法 / 工具进行课程的讲授或引导</td><td>9</td><td>8</td></tr>
<tr><td>6. 网络学习</td><td>学院在线资源的策划使用、课程安排及优化建议</td><td>9</td><td>6</td><td>C. 网络平台的搭建，功能的设计及日常运维</td></tr>
<tr><td>7. 案例建设</td><td>案例的获取、制作、传播、管理及落地推动的能力</td><td>9</td><td>7</td><td rowspan="2">D. 优秀案例的制作，以最快的速度传播落地</td></tr>
<tr><td>8. 协同沟通</td><td>与协同部门、区域的沟通及配合能力</td><td>9</td><td>7</td></tr>
</table>

这张表里对八大能力点的介绍非常详细，就不再一一展开。需要着重说明的是，问题挖掘、方案撰写、协同沟通这三项能力，是我认为一个密联业务的培训管理者亟待提升的能力重点，尤其是培训或人力资源的高级管理者。如何理解业务，如何挖掘业务的痛点，做到“由痛点起，由点赞落”，这是一个需要长期打磨的关键能力。

后记

本书起笔于2017年下半年，虽然我已经是一名经验丰富的职业经理人，但由于是第一次写书，写作历时近一年。总结个人经验并不困难，但在书面用词和工具梳理上着实花了一番功夫打磨。

写这篇后记时，我正在日本游学，有幸与原TOTO（东陶）副社长田端先生进行了交流。TOTO成立于1917年，到2017年正好100年，是名副其实的百年企业。TOTO的整个工厂采用机器与人工制造相结合的方式，比较特别的是，很多工序需要由人工先摸索出来，然后由资深工人教给机器人——这是一种人机交互的“教学相长”。TOTO现有员工3万多人，每年新入职3%左右的员工，员工流失率不到1%，通过优秀的企业文化以及员工成长机制、师徒制的建立，保证了大量员工对企业的忠诚度。产品设计制造的每一个细节，都有人工的参与，达到99%以上的良品率，人的感性判断与机器的量化制作相结合。没有细节的战略是空洞的战略，没有战略的细节是盲目的细节。

以文化来建设企业是日本企业的常态，culture大于power，是一种管理的艺术。对于企业而言，业务、文化与人才应该是一个完整结合的整体，三者相互促进、彼此依存。

Making money is art and working is art and business is the best art. 作为人力资源工作者，我们既应该努力工作，实现自身的专业性，也要关注利润，意识到“凡是不能转化为利润的，都是成本”这个逻辑，当然最后也是最重要的，我想就是对业务、对business的关注。后台是另一种形式的前台，它通过打造“人”这种产品来参与到业务，促进业务成果的有效实现，这是一体的，从来都是这样。

在互联网时代，我把学员在培训中能够有所收获的方式提炼成一个公式：

体验感 × 参与感 = 获得感

感谢您阅读我的书籍，我想这个阅读的过程，也是我们用心交流的过程。套用我的 EMBA 恩师储小平教授的一段话：每个人都是一本书，有缘份走到一起，打开各自的书，彼此读读，会发现很多令人惊叹、钦佩 、感悟的精彩，但同时也会发现书中可能或难免有错别字，有标点错误、语句不通和逻辑矛盾。在阅读交流中彼此完善着各自的书，并在每一天书写新的内容。当再聚时，再读、再悟、再提升，使我们的人生更充实、更丰富、更精彩、更有境界。

学习、实践，才能更好地转化为能量——你行走的半径决定你的视野。行笔至此，窗外是静谧的夜晚，这艘游轮的周围依然是苍茫的大海，而思考的星星点点，已经闪着光而散播在海中。

何欣

于前往日本大阪的邮轮上

图书在版编目（CIP）数据

重新定义培训：让培训体系与人才战略共舞 / 何欣著. —北京：中国法制出版社，2018.10（2024.7 重印）

ISBN 978-7-5093-9753-4

Ⅰ. ①重… Ⅱ. ①何… Ⅲ. ①企业管理－职工培训 Ⅳ. ① F272.92

中国版本图书馆 CIP 数据核字（2018）第 213318 号

策划编辑：潘孝莉

责任编辑：潘孝莉 马春芳（machunfang@zgfzs.com）　　封面设计：一本好书书籍设计

重新定义培训：让培训体系与人才战略共舞

CHONGXIN DINGYI PEIXUN：RANG PEIXUN TIXI YU RENCAI ZHANLUE GONGWU

著者 / 何欣

经销 / 新华书店

印刷 / 北京虎彩文化传播有限公司

开本 / 730 毫米 ×1030 毫米 16 开　　印张 / 17 字数 / 214 千

版次 / 2018 年 10 月第 1 版　　2024年 7 月第16次印刷

中国法制出版社出版

书号 ISBN 978-7-5093-9753-4　　定价：59.00 元

北京市西城区西便门西里甲 16 号西便门办公区　　值班电话：010-66026508

邮政编码：100053　　传真：010-66031119

网址：http://www.zgfzs.com　　**编辑部电话：010-66038139**

市场营销部电话：010-66033393　　**邮购部电话：010-66033288**

（如有印装质量问题，请与本社印务部联系调换。电话：010-66032926）